혼자가
좋다

혼자가 좋다

온진히 나에게 집중하는 삶

프란치스카 무리 지음 | 유영미 옮김

심플라이프

이 책을 읽은 독자들의 찬사

_아마존 독자 서평 중에서

"고무해주고, 마음을 만져주고, 말을 걸어주는 놀라운 책이다. 다 읽고 책을 덮었을 때 하염없이 눈물이 났다."

"누구나 인생을 살다 보면 혼자 있는 시간을 피할 수 없다. 프란치스카 무리는 혼자 있음을 적극적으로 받아들이고, 혼자 있는 시간을 성장의 기회로 삼을 것을 조언한다. 이 책은 하룻밤에 심심풀이로 뚝딱 읽고 던져버릴 수 있는 책이 아니다. 보석 같은 통찰을 얻을 수 있다. 문화적 배경, 일상적인 사고 패턴, 나아가 우리 깊은 곳의 영성까지 터치하는 가운데 깊이 있는 조언을 해준다."

"싱글들에게 용기를 주고 혼자 있음의 좋은 면들을 깨닫게 해주는 놀라운 책. 저자가 내 마음을 들여다본 것 같은 기분이 들었다."

"혼자 있음이 갖는 다양한 면들을 깊이 있게 조명해주는 것에 놀랐고 저자의 놀라운 시각, 감수성, 사랑에 장을 더해갈수록 점점 더 책에 매료되었다. 내 마음을 고스란히 표현해주는 것 같았으며, 아울러 여행에 대한 새로운 영감을 얻을 수 있어 좋았다. 독서가 얼마나 감미로웠는지 모른다! 혼자 있음은 이 시대의 놀라운 선물이며, 이 책은 이 시대의 매우 중요한 책이다."

"홀로 있음을 택한 모든 사람들에게 진정한 용기를 주는 책."

"유려한 문체로, 홀로 있음을 무조건 미화하지 않는 가운데 그 긍정적인 면을 이야기하는 책이다. 여성들을 대상으로 쓴 책이지만, 남성들도 소중한 자극과 신선한 통찰을 발견할 수 있을 것이다."

"혼자가 얼마나 좋을 수 있는지를 보여주는 책. 처음에는 싱글 독자들만을 대상으로 한 책인 줄 알았는데, 읽다 보니 싱글로 살건, 파트너십 가운데 살건 상관없이 모든 사람들에게 가치 있는 제안들이 담겨 있었다."

"홀로 있음의 좋은 점을 발견하고 누리라. 홀로 있음의 좋은 점은 참으로 많다. 혼자서도 잘 지내는 법을 배우면 스스로를 더 신뢰할 수 있으며, 주어지는 만남에 더 충실할 수 있고, 그로써 타인에게 더 풍요로운 존재가 될 수 있다. 이 책은 혼자 있는 시간의 여러 측면을 조명하고 위로와 행복을 선사해준다."

"나의 삶, 나의 느낌이 이 책에 오롯이 담겨 있었다. 시시때때로 홀로 있는 시간을 갖건, 싱글로서 삶을 선택하건 간에 혼자 있음은 커다란 선물이며 기회다. 홀로 있음에 대한 욕구는 내향성이나 예민함과 비슷하다는 생각이 든다. 이런 특성들을 감추지 않고, 자신감 있게 드러내 보이면, 이런 특성들로 인해 삶이 더욱 아름다워진다는 점에서 말이다."

"혼자 있음을 이렇게 잘 조명해낸 책이 있을까? 홀로 있음은 우리 모두 자신을 위해 발견할 수 있는 소중한 보물이다. 여성들이 점점 더 독립성을 획득하고 있는 이 시대, 홀로 있음이라는 주제는 그 어느 때보다 중요하게 다루어져야 할 것이다. 주변에 사람이 얼마나 많건 간에, 우리는 결국 혼자 인생길을 걸어가야 하는 존재들이다. 무엇보다 마지막 길은 혼자 가야 한다. 그러므로 이 책을 통해 혼자 있는 능력을 미리미리 습득해두면 좋을 것이다."

시작하며

홀로 있으라, 더욱 적극적으로

이 책을 쓰기 시작한 건 내 자신을 위해서였다. 그러므로 이 책은 내가 늘 원했던 책이 되었으면 한다. 외로움이 밀려올 때, 버림받은 듯한 기분이 들 때, 뭔가 잘못한 것 같고 '잘못 산 것 같은' 느낌이 밀려올 때, 원래는 혼자 있는 걸 좋아하는데도 혼자 있는 시간이 굉장히 괴롭고 외롭게 다가올 때, 내가 의지할 수 있는 책이 되었으면 한다.

나는 의식적으로 홀로 있음을 연구 대상으로 삼았다. 처음 싱글에 대한 책을 써야겠다는 생각을 했을 때 말할 수 없는 안도감을 느꼈다. 이제 더 이상 지인이나 이웃들의 그 동정 어린 시선을 받지 않으리라. 심리치료사나 아마추어 심리학자들로부터 '사회의 건강한 표준에 맞출 능력이 없는'('사회의 건강한 표준에 맞추고 싶지 않은'이라고 표현해도 더 낫지는 않다.

그런 말은 더 심각한, 무의식적인 무능력으로 해석되니까) 병리적인 사람들로 취급당하는 일에 종지부를 찍으리라. 무엇보다 나 스스로 뭔가 문제가 있지 않나 의심하는 것을 그만두리라. 그도 그럴 것이 내가 몇 년 전부터 싱글로 살아온 이래 두루두루 성장을 경험하고 있으며, 삶의 만족감도 점점 높아지고 있기 때문이다. 나를 비롯한 모두가 원했던 방향이 아닌, 반대 방향으로 갔더니 그렇게 된 것이다. 내게 무슨 일이 일어난 걸까, 이 세상에 무슨 일이 일어난 걸까?

나는 열심히 물었고, 열심히 연구했다. 강연을 듣고, 책과 잡지를 탐독했으며, 사회학자, 역사학자, 심리학자, 뇌과학자, 부부 및 가족 치료사, 철학자, 영적 스승 들의 이야기를 들었다. 홀로 있음이라는 주제와 관련하여 미디어를 보았고, 주변 사람들에게 묻고, 그들의 답변을 주의 깊게 들었다. 아울러 늘 내 마음의 움직임을 자세히 살폈고, 명상하고, 직관의 소리에 귀를 기울였다.

이 과정에서 깨달음이 찾아오기 시작했다. 홀로 있어도 혼자가 아님을 깨달았을 때의 그 감사와 감동이란! 내가 중요한 사회적 흐름의 한가운데 있음도 깨닫게 되었다. 오늘날 우리는 개성화의 걸음에 발맞추어 구태의연한 관계 패턴과 결별하고 있다. 여성의 자의식과 자율성은 날로 신장되고 있으며, 여성들은 자신에게 맞는 새로운 형식의 삶과 관계 패턴을 모색하고 있다. 점점 많은 여성들이 일시적이건 장기적이건 싱글 라이프를 선택하며, 기성 종교를 초월하여 영성을 추구한다. 이렇듯 영성을 추구하는 삶은 고요히 내면으로 침잠하는 자신만의 시간을 필요로 한다. 이 모든 것이 새롭고 열린 삶으로 나아가는 표지들이며, 이런 새로운 삶에서 홀로 있음이 소중한 역할을 담당하고 있다.

이것을 깨닫는 것은 얼마나 멋진 일이었는지 모른다! 레스토랑의 간이 테이블에서 편치 못한 마음으로 식사를 했던 일, 외로운 저녁에 눈물지었던 일, 일요일 오후 산책하는 커플들과 가족들 사이에서 나만 혼자인 것 같아 씁쓸한 기분에 사로잡혔던 일, 인생을 제대로 살아가지 못하는 것 같아 두려웠던 일……. 갑자기 그 모든 것들이 의미 있게 다가왔고, 나는 그 모든 것이 건강하고 자연스러운 태도임을 확인했다. 그때까지 깨닫지 못했으나 나는 자못 유혹적인 길을 걷고 있었다. 이 길은 기이하면서도 조화로웠고, 내 안의 어떤 것이 이성에 반해 이런 미지의 길을 가기를 원했다.

내적인 힘을 신뢰하자 모든 것이 쉽고 좋아졌다. 생명 자체와 결속된 것 같은 기분이 들었다. '평범한' 삶을 소심하게 갈망할 때는 경험할 수 없었던, 형언할 수 없이 아름다운 경험들이 찾아왔고, 혼자만의 시간에 누리는 감미로움은 나를 충만히 채워주었다.

때로는 다시금 두려움과 의심이 밀려오기도 했고, 눈물짓고 약해지는 외로움의 순간들이 있기도 했다. 하지만 바로 이런 과정 덕분에 나는 계속해서 추구하고 찾는 자가 되었고, 홀로 있음의 신비한 힘으로 더 깊이 들어갔다. 그리하여 긍정적인 홀로 있음을 누리는 것이 나의 주된 일상이 되었다. 어느 순간, 불과 몇 년 전까지만 해도 나를 굉장히 힘들게 했던 많은 것들이 더 이상 별로 어렵게 다가오지 않는다는 걸 깨달았다. 문젯거리로 여겨졌던 것 안에서 빛나는 보석들을 발견했다. 그런 보석이 이 책의 핵심이다. 혼자가 좋은 21가지 이유!('혼자가 좋은 21가지 이유'는 이 책의 원제로, 21개의 장이 각각 이유를 설명한다.-옮긴이)

______ 자신에 맞게 활용하라

비혼 싱글이긴, 이혼했건, 사별을 했건, 오랜 세월 혼자 살았건, 싱글이 된 지 얼마 되지 않았건, 결혼 생활을 하고 있는데도 홀로 있다고 느끼건, 홀로 있음을 좋아하건 싫어하건 간에, 당신은 이 책을 통해 홀로 있음의 가치를 새롭게 평가하게 될 것이다. 이 책을 언제든지 활용할 수 있는 힘의 원천으로, 삶이 당신에게 선사해준 (늘 달콤하지는 않은) 치료약으로 여기라.

노발리스가 "모든 인간은 작은 사회"라고 말했을 때, 그 말은 혼자 있는 사람들을 격려하기 위한 말은 아니었다. 그러나 그는 우리가 때로 모순과 감정의 동요를 경험하는 것은 우리 안에서 여러 가지 인격적 요소가 활동하기 때문임을 알려준다. 마찬가지로 홀로 있음에도 여러 가지 측면들이 있고, 어떤 날은 이런 측면, 어떤 날은 저런 측면이 기쁨이나 의미, 위로를 선사할 수 있다. 어떤 날들에는 이 책의 21가지 이유 중 3번째 이유가 더 다가올 것이고, 어떤 날에는 9번째, 혹은 15번째, 혹은 21번째 이유에 눈길을 주게 될 수도 있다. 어떤 날에는 이성적인 이유가, 어떤 날에는 감정적인 이유가 호소력 있게 느껴지고, 어떤 날에는 영적 이유에 끌릴 것이다. 끌리는 제목들을 선택적으로 적용할 수도 있고, 길을 걷듯 차례차례 밟아나가도 좋다. 그것들을 체험하고, 받아들이고, 부분적으로는 힘써 이루어가길 바란다. 홀로 있음은 길을 열어주지만, 그 길을 통과하는 것은 당신 자신의 몫이다.

파트너십이나 가족 가운데 사는 것이 좋은 이유도 21가지 이상 열거할 수 있을 것이다. 그러나 그런 이유들은 어차피 우리의 머릿속에 맴돌고 있고, 온갖 잡지와 책에서 떠들어댄다. 그리고 바로 그것들이 홀로 있기를 좋아하는 많은 사람들을 불편하게 만든다.

나는 어느 쪽이 더 좋고 어느 쪽이 더 나쁘다고 말하려는 것이 아니다. 혼자 있든, 함께 있든, 이 둘 모두 자연스러운 삶에 속한 것이고, 각각의 장단점이 있다. 각 사람의 성격과 처한 삶의 시기에 따라 더 맞는 형태가 생겨날 것이다. 좋고 나쁨이 문제가 아니다. 혼자 살기를 원한다며 충만한 파트너 관계를 떠나는 사람은 없을 것이다. 싱글들도 마찬가지로 관계를 원한다고 아무하고나 덥석 함께하는 건 좋지 않다는 걸 알고 있다. 맞는 상대를 발견하지 못하면 혼자 있는 것이 자연스럽다. 중요한 건 지금 처한 상황에 건설적으로 대처해나가는 것이다. 홀로 지내는 것은 마냥 쉽지는 않지만 살아볼 만한 삶이다. 홀로 있음에 숨겨진 선물이 생명에 대한 더 깊은 사랑으로 인도해준다. 이런 보물을 발견하는 것보다 더 좋은 일이 있을까?

당신은 홀로 있음과 친해지기를 원치 않을지도 모른다. 얼른 괜찮은 파트너를 만나 행복하고 충만한 관계를 꾸려가는 시나리오만이 눈에 아른거릴지도 모른다. 하지만 슬픔과 좌절에 빠져 빨리 기회를 잡으려고 안간힘을 쓰는 것은 상당히 비생산적일 수 있다. 바꾸어 생각해보자. 얼른 여자를 만나려고 조급하게 구는 남자들이 매력적으로 느껴질까? 오히려 홀로 잘 지낼 수 있을 때, 자신에게 맞는 파트너를 만날 확률도 더 높아진다. 지금 처한 상황을 좋아하도록 해보라. 일시적으로는 힘들지도 모른다. 하지만 홀로 있음에는 많은 사람들이 아직 모르는 멋진 면들이 숨어 있음을 의식하라.

어떤 선을 넘어가면 홀로 있음은 즐겁고 유익하다. 홀로 있음을 누리는 많은 사람들에게 이런 삶의 형태는 파트너십으로 사는 것과 다를 것

없는 대등한 삶의 형식이다. 하지만 어떤 사람들은 아무도 곁에 없음을 힘겨워하고 괴로워하고 외로워하고 지루해한다. 그래서 이 책에서는 홀로 있음의 그늘진 측면과 싱글에 대한 이미지가 안 좋은 이유에 대해서도 다루고자 한다. 그리고 무엇보다 이런 선 위로 올라가는 길과 방법을 소개하고자 한다. 홀로 있음의 밝고 아름다운 면들이 현재 그 선 아래에 있는 사람들을 선 위로 끌어올려줄 수 있기를 간절히 바란다.

나는 홀로 있음을 좋아하게 되기까지는 그리 오래 걸리지 않았다. 하지만 내가 홀로 있음을 좋아한다는 사실을 인정하고 독신의 삶에 오케이를 선언하는 데까지는 꽤나 오래 걸렸다. 이 책으로 말미암아 나와 비슷한 사람들이 홀로 있음을 더 수월하게 허락했으면 하는 바람이다. 자신에게 적절한 만큼, 자신에게 적절한 방식으로 말이다.

개인적으로 잊을 수 없는 순간들이 떠오른다. 쾌적하고 고요한 여름밤이었다. 나는 창가에 서서 창공에서 쏟아질 듯한 수많은 별들을 바라보았다. 그때 나는 깨달았다. 이 모든 것이 같은 근원에서 왔음을, 지구를 비롯하여 이 모든 것이 (나의 상상을 초월하는) 불가해한 빅뱅에서 시작되었음을! 별들의 먼지가 수십억 년이 지나면서 무수한 생명과 삶의 방식이 되었으며, 우리는 지금까지 그에 대해 아는 것이 거의 전무하다는 사실을! 이 얼마나 광대하고, 숨 막히게 아름다운가! 별의 먼지로 이루어진 미미한 존재인 내가, 이 작은 파란 행성에서 주어진 삶의 시간을 이렇게 홀로 보내도 되는가를 몇 년이나 고민하고 있다니! 나는 이런 주변의 놀라운 것들과 떼려야 뗄 수 없이 연결되어 있는데 말이다!

새롭고 깊은 연대로

오늘날 세계 각지에서 의식 있는 사람들은 인류에게 당면한 도전들을 해결하고 인류의 미래를 열어가기 위해 함께 뭉쳐야 한다고 입을 모으고 있다. 새로운 단합심이 필요하다는 것이다. 바로 이런 시기에 홀로 있음의 좋은 면들에 대한 책을 써도 되는 걸까? 써도 된다. 홀로 있는 사람들이 늘어나고 있기 때문이다. 1인 가구로 사는 사람들이 점점 늘어나고 그보다 더 많은 사람들이 외로움을 느끼는 것이 현실이다. 다른 모든 것처럼 이런 현상도 기회를 품고 있다. 그러므로 홀로 있음을 건강하고 건설적으로 다루어야 한다.

나는 이 책에서 개별화를 미화하려는 것이 아니다. 개인주의나 자기애의 편을 드는 것도 아니다. 대신에 나는 홀로 있음을 새롭고 더 깊은 유대에 이르는 길로 본다. 홀로 있음이 주는 선물을 누리면 고독에서 벗어나 새로운 결속으로 들어갈 수 있다. 자신과, 자연과, 다른 사람들과, 세상과, 영적인 것들과 생명 자체와 결속될 수 있다. 이런 경험을 하는 사람들은 무엇보다 이 사회에 긍정적인 영향을 미친다. 사회 전체에 꼭 필요한 면모들이 그들을 통해서 일깨워지기 때문이다. 그렇게 사회는 새로운 균형에 이르게 된다.

우선은 여성들에게

나는 이 책을 주로 여성들을 대상으로 썼다. 생물학적, 무엇보다 사회학적 이유에서 남성과 여성의 홀로 있음은 많이 다를 것이기 때문이다. 남성들에게 이런 삶의 형태가 어떻게 다가오는지 여성인 나는 정확히 파악할 수 없다. 하지만 남성 독자들이 이 책을 읽어준다면 환영하는 바이다. 혼자가 좋은 이유 대부분은 남성들에게도 동일하게 해당할 것이기 때문이다. 그 외 다른 부분들에 대해서는 앞으로 남녀 사이에 솔직한 토론과 나눔이 있기를, 그래서 서로를 더 잘 이해하게 되기를 소망한다.

사랑을 담아,

프란치스카 무리

차례

1 자유롭고 성숙해지는 일생일대의 기회

삶은 홀로 있는 사람에게 뭔가를 기대한다.
혼자 사는 것은 쉽지 않다. 우리는 혼자 사는 데 익숙지 않고, 사회는 혼자 사는 것에 긍정적인 시선을 보내지 않는다. 홀로 서야 한다면 삶이 당신에게 뭔가를 기대하고 있다고 보라. 성장 과제가 당신을 기다리고 있다. 이런 시각을 가지면 홀로 서기가 한결 쉽다. 삶에 자신을 맡겨 한 차원 높은 삶으로 업그레이드하라.

▽ 삶이 열어주는 창문

집 안에 들어온 무당벌레나 다른 곤충들이 밖으로 나갈 수 있도록 도와줄 때면 으레 몇 년 전 불가피하게 혼자 지낼 때의 내 모습이 떠오른다. 창문 한쪽은 환히 열려 있는데도 곤충들은 그것을 까맣게 모른 채 계속 닫힌 창문에 붙어 가냘픈 날개를 퍼덕이거나 부지런히 기어 다닌다. 나무 창틀만 넘으면 밖으로 나갈 수 있고, 그곳에 자유가 기다리고 있는데도 가다가 창틀을 만나면 어김없이 되돌아선다. 창틀은 가서는 안 될 길로 보이는 듯하다. 밖은 보이지 않고, 동경하는 곳은 너무 멀게 느껴진다. 그런 세계는 마치 존재하지 않는 것 같다. 그래서 때로는 정말이지 여러 시간 동안 힘 빠지는 싸움을 계속한다. 시도와 좌절을 되풀이한다. 창문은 그들을 놓아주지 않는다. 한쪽 창은 넓게 열려 있는데, 그것도 모르고 승산 없는 싸움을 계속하는 것이다.

내가 도와주러 나서도 금방 좋아지지는 않는다. 패닉이 더해진다. 무지막지하게 커다란 존재가 작은 동물을 어둠 쪽으로 내모는 형국에 이들이 다시금 환한 쪽으로 돌아오려고 안간힘을 쓴다. 하지만 그렇게 내버려두면 유감스럽게도 계속 밖이 보이지 않는 불투명 유리창에 붙어 고통스러운 실존을 이어가야 할 뿐이다. 불안하고 절망스럽다. 이제 나는 이런 절망적인 곤충들을 도와주는 데 꽤 이골이 나서, 종이 한 장을 이용해 날개 달린 곤충들이 자연스럽게 나무 창틀을 건너게끔 한다. 또는 곤충들을 일단 유리컵에 가둔 다음, 아래에 엽서를 대고 조심스럽게 옮겨준다. 하지만 이렇게 갇히는 잠깐 동안 곤충들은 정말로 패닉에 빠지거나 이미 포기한 듯한 몸짓을 한다. 그러다 열린 창 앞에서 유리컵을 열어주면 잠시 머뭇거리다 날아가버린다. 그렇게 날아가는 모습을 보면 해방감과 안도감이 느껴진다. 방금 전 그들에게 개입된 무지막지한 힘은 곤충으로서는 당황스럽고 절망적이고 무서운 것이었다. 하지만 이제 그 일을 통해 다시금 자유가 온다. 막다른 골목에서 끝날 것같이 보였던 삶이 계속된다. 넓은 곳에서 자유를 누리며, 무한한 잠재력을 펼치는 삶!

딱정벌레나 파리나 벌이 다시금 광활한 세계로 훨훨 날아가는 순간, 때로 이런 생각이 든다. 내가 곤충을 대하듯 삶도 우리를 비슷하게 대하는 건 아닐까? 삶이 우리를 사랑스러운 몸짓으로 출구로 인도하는데, 정작 우리는 한사코 그쪽으로 가지 않겠다고 발버둥을 치고 있는 건 아닐까? 두려움과 어둠을 뚫고 나가면 환한 빛을 만날 수 있건만 그것을 알지 못한 채 자꾸 회피하는 건 아닐까? 곤충이 불투명 유리 너머 무엇이 있는지 알지 못하는 것처럼, 우리도 삶의 너 높은 법칙을 알지 못하고 있는 건 아닐까? 우리가 한사코 가지 않으려는 그 길이 우리를 동경하는 곳으로 인도해주고, 우리를 한 단계 더 성숙하게 하는 건 아닐까?

우리가 세상에 오기 위해 맨 처음 통과한 길도 미지의 길이었다. 그때 우리는 더 큰 힘을 신뢰하면서 자연스럽게 자궁의 산도를 빠져나왔다. 하지만 그 뒤에 만난 위기의 경험들 때문에 우리는 승산 없는 싸움을 벌이게 되었다. 곤충이 그런 싸움을 할 때 내가 일단은 그들을 그냥 내버려 두듯, 삶도 때로 우리를 그냥 내버려두는 건 아닐까? 우리가 발버둥치고 날뛰다가 힘이 빠질 때까지 기다리는 건 아닐까? 우리는 종종 지치고 난 다음에야 우리를 인도하는 부름에 응하곤 한다. 그러고 나서야 우리에게 자양분이 되어주고 우리를 성장시키는 하늘과 땅 사이 광활한 곳으로 나아간다.

도망가는 대신 뛰어들기

홀로 있음은 놀라운 경험일 수 있다. 그러나 대부분 처음에는 그렇게 느끼지 못한다. 오히려 상당히 괴롭고 두렵게 다가온다. 하지만 누구나 계속해서 홀로 서야 하는 시기를 겪는다. 혼자 됨을 받아들이면, 홀로 있음은 상당히 긍정적이고 소중한 경험이 된다. 더 이상 도망가지 않고 돌아서서 혼자 됨을 마주할 용기를 내면, 삶이 우리에게 고개를 끄덕이는 것을 경험한다. 우리를 향해 미소 지으며, 그를 신뢰하고 그를 통해 성장하도록 초대한다. 진정한 자기 힘으로 자라가게끔 한다.

홀로 있음은 인생길에 우리와 함께하는 친구다. 어떤 때는 더 가까이

다가오고 어떤 때는 좀 더 멀리 떨어져 있지만, 이 친구가 우리를 찾아올 때면 빈손으로 오지 않는다. 반드시 선물을 들고 온다. 혼자 됨에 응하고 그것에 잠기면, 고독은 충만한 시간을 예비해준다. 동시에 다른 이들과의 더 새롭고 깊은 결속도 가능케 한다.

심리학자 퍼트리샤 튜더산달(Patricia Tudor-Sandahl)은 이렇게 말한다. "인간은 사회적인 존재인 동시에 고독한 존재다. 혼자 있기를 원하면서, 또 다른 사람과 긴밀한 관계 속에 있기를 원한다. 성숙하고 온전한 사람이 되려면 이런 두 상태를 자유롭게 넘나들 수 있어야 한다."[1] 많은 사람들이 혼자 있는 시간들을 잘 견디지 못하지만, 이런 시간들을 통해 우리는 온전해지고 성숙한다. 안셀름 그륀(Anselm Grün)에 따르면 "단독자로 서기 위해서는 고독을 받아들여야 한다. 고독은 내게 속한 것이다. 고독과 친할 때라야 진정 성장할 수 있고, 관계 속에서 자신과 타인에게 열린 사람이 된다."[2]

처음에는 홀로 있음을 인생의 위기로 느낄 수도 있다. 실연을 당했든지, 이혼을 했다든지, 아이들이 커서 독립을 하는 바람에 집이 텅 비었다든지, 아는 사람이 아무도 없는 낯선 도시로 이사를 했다든지, 여러 번 시도한 끝에 파트너 찾기를 포기했다든지, 가족들과 함께 있지만 역시나 사람은 단독자임을 뼈저리게 느낀다든지……. 우리는 인생이 상상이나 꿈처럼 진행되지 않는다는 것을 깨닫는다. 예상이 빗나가고, 바람이 이루어지지 않으며, 설상가상으로 힘든 마음을 함께 나눌 사람도 없을 때, 우리는 홀로 서기를 해야 한다. 그동안 사람들에게 얼마나 의존하고 있었는지, 의존심이 얼마나 컸는지에 따라 홀로 서기는 정말로 힘들 수 있다. 홀로 서야 하는 자신이 한없이 작고 보잘것없게 느껴질 수도 있다.

하지만 인간은 어느 때 성장할까? 모두가 박수를 보내주는 장밋빛 순간들, 모든 것이 척척 풀려나가는 시기에 성장할까? 그렇지 않나. 오히려 사람은 예상이 '빗나가는' 순간들에 성장한다. 삶이 우리의 바람대로 되지 않아 괴로울 때, 아니 더 정확히 말하면, 우리가 삶의 바람을 따라 주지 않아 괴로울 때 말이다. 삶은 우리가 계획한 대로 되지 않는다. 하지만 바로 그 안에 커다란 선물이 숨어 있다. 대부분 그런 선물은 세월이 지나고 나서야 눈에 들어오는 경우가 많다.

구조가 깨질 때, 우리가 할 수 있는 일은 무엇일까? 파편들을 얼른 다시금 얼기설기 끼워 맞추는 것일까? 오히려 파편들에서 어떤 새롭고 소중한 것이 탄생할 수 있을지 보아야 하지 않을까? 위기를 의식적으로 기회로 활용하는 것은 위기를 극복하는 최상의 길이다. 뿐만 아니라 위기를 통해 더 성숙하고 강하고 새로운 사람으로 거듭날 수 있다. 이런 마음이 있는 사람은 '이 또한 지나가리라' 하면서 위기를 묵묵히 견디는 것을 뛰어넘어 위기를 능동적으로 형상화할 수 있다.

심리치료사 카를로 춤슈타인(Carlo Zumstein)은 우울증을 예로 들어, 어려운 위기는 자기 치유의 계기가 될 수 있다고 지적한다. 춤슈타인에 따르면 "우울증은 모든 질병이 그렇듯이 신체가 스스로를 치유하려는 노력"이다.[3] 모든 위기가 다 그럴 것이다. "우리는 생명의 씨앗이 모태 속, 땅속 어두운 곳에서 움텄음을 잊어버렸다." 외로우니까 사람들과 더 많이 어울리라고 하는 뻔한 조언은 "어둠 뒤에 있는 생명력으로 나아가는 중인" 우울한 이를 "도로 해가 나는 곳으로 돌려보내려는" 형국일 수 있다.[4] 리처드 로어(Richard Rohr) 신부는 외로움의 치료제는 역설적이게도 혼자 있는 것이라고 말한다.[5]

이 길을 갈 준비가 되어 있는가? 홀로 있음과 외로움을 안 좋은 것이나 자신의 잘못으로 보지 않고, "어둠 속 보이지 않는 별들"을 신뢰할 준비가 되어 있는가? 파블로 피카소는 이런 별들은 오래 찾지 않아도 발견할 수 있다고 말했다.

이런 질문에 '그렇다'라고 대답할 수 있다면 한결 쉽다. 지금의 홀로 있음은 좋지도 않고 나쁘지도 않다. 그냥 현실일 따름이다. 당신은 혼자가 된 이유를 (전기적으로, 심리적으로, 사회적으로, 사회학적으로) 설명할 수 있으며, 홀로 있음 가운데 어떤 바람직한 것을 이끌어낼 수 있을지 볼 수 있다.

뇌과학자 게랄트 휘터(Gerald Hüther)는 두뇌를 '문제 해결 기관'이라 칭한다. 두뇌는 결코 우리를 지속적으로 힘들게 하지 않는다. 끊임없이 새로운 길과 긍정적인 해결책을 찾는다. 우리를 다시 충만케 하고 행복하게 할 수 있는 것, 최소한 아프지 않게 할 수 있는 것을 찾는다. 우리가 외롭지 않게, 좋은 만남에 대한 동경을 채우기 위해서도 최선을 다한다. 우리는 두뇌를 신뢰할 수 있으며, 감정도 신뢰할 수 있다. 감정은 우리가 지금 어디에 있는지, 누구인지 보여준다. 우리를 구성하는 모든 기관을 우리를 위해 일하는 팀으로 파악하면 신뢰와 공감을 느낄 수 있고, 주어진 삶을 받아들일 용기가 생긴다. 삶은 계속 변하는 것이며, 예기치 않은 멋진 놀람들을 예비하고 있다. 그리하여 사람에 따라 갑자기 닥친 싱글라이프를 그 어떤 라이프스타일보다 더 좋아하게 될 수도 있다.

삶이 내게 무엇을 원할까?

살루토제네시스(Salutogenesis)라는 새로운 개념이자 학설이 있다. 이는 무엇이 인간을 건강하게 만들까, 혹은 (장해가 있는 경우) 무엇이 인간을 다시금 건강하게 만들까를 이야기한다. 질병이 아닌 건강이 중심이고, 질병이 아닌 건강을 지향해야 한다는 것이다. 살루토제네시스는 사람이 어려운 상황을 극복하려면 다음 세 가지 요인이 중요하다고 본다.

- 이해하기 — 자신에게 일어난 일과 그 일이 일어난 이유를 이해해야 한다.
- 형상화하기 — 상황에 능동적으로 대처하고 영향을 미칠 수 있다는 느낌이 필요하다.
- 의미 부여하기 — 자신에게 닥친 일에서 의미를 발견할 수 있어야 한다.

성공적인 홀로 있음에서도 이 세 가지가 중요하다. 다음 장들에서 이 세 가지를 위해 여러 가지 제안을 할 것이다. 우선은 상황을 지금까지와는 다른 시각으로 보는 열린 마음이 필요하다. 파트너를 만나려고 애를 쓰다 실패하고 다시금 혼자가 되었는가? 인간관계를 넓히고 싶었는데, 결국 다시금 혼자라는 걸 뼈저리게 느끼고 있는가? 홀로 지내는 경험은 처음이라 몹시 불안하고 위기감을 느끼는가? 그렇다 해도 지금 무엇이 잘못되었나 묻는 대신, 삶이 내게 무엇을 기대할까 물어보자.

이런 태도를 가지려면 약간의 용기와 호기심이 필요하다. 홀로 있음에 어떤 가능성과 과제가 있을까? 나 자신과만 함께하면 어떤 일이 일어날까? 무엇이 건강한 쪽으로 변할까? 내가 알지 못했던 내 모습을 발견할 수 있지 않을까? 삶은 이러이러해야 한다는 고정 관념보다 주어진 삶 자체를 더 신뢰할 수 있을까?

발견할 것은 무한히 많다. 시도해볼 것도 무한히 많다. 남편, 아내, 아이로 이루어진 평범한 모델에서 떨어져 나온 사람에겐 이런저런 불편도 따른다. 하지만 여성이 꼭, 남자 없이는 안 되는 그리스 여신들인 아프로디테나 헤라처럼 살아야 하는 것은 아니다. 아테네나 아르테미스처럼 파트너 없이 독립적인 솔로로 사는 것도 가능하다. 여자가 싱글로 사는 것은 결코 이상한 일이 아니며, 여러 삶의 형태 중 하나다.

홀로 있음은 자신을 더 사랑하고 자신에게 집중하는 계기가 될 수 있다. 자기 본연의 모습을 되찾고 자신의 감정에 충실할 수 있는 기회가 될 수도 있다. 이제 삶에서 당신 스스로를 발견해야 하는 시기가 된 것인지도 모른다. 홀로 있는 시간들을 통해 자기 본연의 모습을 발견하고 그 모습으로 당당하게 나아가면, 타자들과도 더 새로운 관계를 맺을 수 있을 것이다.

외로움을 느끼는가? 혼자 있는 것, 외로움을 느끼는 것은 이상한 일이고 잘못된 것이라는 생각과 결별하라. 삶이 던져주는 성장 과제를 기꺼이 받아들이라. 탐구하라. 보물을 찾아 나서라.

혼자 있어도 괜찮다고 생각하면, 모든 것이 달라진다. 외로운 마음도 사라진다. 위기 때에는 자기조직화(self-organization) 혹은 창발성(emergence)이라 일컫는 일들이 일어날 수 있다. 자연에서든, 우리 내부에서든, 특별히 개입하지 않고 그냥 내버려두어도 카오스로부터 새로운 질서가 탄생하곤 한다. 기적이란 위기를 만난 시스템이 살아남기 위해 스스로 완전히 새롭게 조직하는 현상인 경우가 많다. 이성적으로는 설명이 되지 않는다. 카를 구스타프 융은 이를 '초월적 기능'이라 부른다. 명상이나 기도에서, 최소한 옛것과의 결별 속에서 무의식, 직관, 영감이 작용하고, 초월적인 것들에 마음이 열린다. 그리하여 한 단계 더 성장하고 성숙한다. 홀로 있음은 이런 것들을 작동시키는 요인이다.

▽ 때로 힘들게 하는 것들

어느 공간에 한 사람이 홀로 있다. 오랜 시간 홀로일 수도 있고, 홀로인 시간이 함께인 시간과 교대할 수도 있다. 나쁠 것 없다. 크게 보면 전혀 나쁘지 않다. 어릴 적 나는 공중에 붕 떠서 우리 마을을 내려다보았으면 했다. 내가 사는 마을, 도시, 전 지구를 높은 곳에서 바라보면 얼마나 좋을까 싶었다. 그러면 사람들이 사는 모습을 멀리서 볼 수 있을 것이고, 어른들이 그렇게 심각하게 생각하는 것들이 별로 심각하지 않아 보일 터였다. 이런 시각으로 싱글 라이프를 바라보면, 이렇게 묻게 될 것이다. 세상은 사람들로 가득해. 어떤 공간에는 혼자씩 살아. 그게 무슨 문제가 될까? 대체 뭐가 문제란 말이지?

물론 혼자이기에 외롭고 힘들다는 사람들에게 그렇지 않다고 반박하고 싶지는 않다. 그들의 괴로움을 경시하고 싶지는 않다. 정말 힘들고 아픈 나머지, 만사가 의문스러워질 수 있다.(시큰둥해질 수도 있다.) 신경생물학에 따르면 실연당했거나, 배신당했거나, 따돌림을 당했을 때, 외로움을 느낄 때, 두뇌 속에서 신체가 아플 때와 같은 영역이 활성화된다.

두뇌는 '사회적 아픔'을 신체적 아픔과 동일한 것으로 평가하는 것이다. 마음의 아픔과 신체적 아픔 모두 위험할 수 있다. 인간은 완전히 혼자서는 살아갈 수 없기 때문이다.

그런데 정신적 아픔은 무엇보다 생각에서 비롯한다. 현실이 자신의 표상과 맞아떨어지지 않아서 괴로운 것이다. 그런 표상이 자신이 주변 환경에서 넘겨받은 집단적인 이미지인가, 자신의 생각인가? 유래를 좀 더 자세히 살펴보는 것이 중요하다. 생각과 표상은 세월이 흐르면서 변한다. 그것들은 절대적 진실이 아니다. 생각을 조금만 바꾸어도 편협하고 잘못된 표상 아래 묻혀 있던 보물들이 반짝이기 시작한다. 따라서 이렇게 물어보자. 홀로 있음은 왜 그리 힘들게 느껴질까? 홀로 있음은 왜 그리 이미지가 좋지 않을까? 간략하게 살펴보면 다음과 같은 이유들 때문이다.

——— 감정

한 시간만 혼자 있어도 힘들어하는 사람들이 있는가 하면, 독신으로 살고 일까지 혼자 하는데도 만족하는 사람들이 있다. 그러므로 객관적으로 혼자 보내는 시간의 양만으로 당사자의 외로운 정도를 판가름할 수는 없다.

홀로 있음은 객관적 사실일 뿐이다. 그저 다른 사람과 함께 있지 않은 상태다. 반면 외로움은 감정이다. 혼자 있어서 괴롭다는 마음이다. 바라는 현실과 실제 현실 간의 간극을 아프게 느낄 때 외로움이 밀려온다. 타인의 시선을 지나치게 의식하고 자신을 드러내고 과시하는 사회 분위기에서는 혼자 지내는 것이 상당히 낯설게 느껴진다. 뭔가 적절하지 않은 삶을 사는 듯한 기분이 드는 것이다.

여기에 인간이라면 어쩔 수 없이 마주할 수밖에 없는 실존적 고독이 더해진다. 더욱이 유한성을 강하게 의식하는 사람은 공허감에 빠질 수 있다. 언젠가는 흙으로 돌아갈 건데, 대체 무엇을 위해 사는 걸까? 타자와 함께할 때는 이런 실존적 고독을 견디기가 좀 더 쉽다. 하지만 그렇다 해도 유한성과의 대면을 피할 수는 없다. 파트너가 우리를 즐겁게 해주고, 말을 걸어주고, 존재를 확인해주면, 실존적 고독을 느낄 겨를이 없을 수도 있다. 하지만 인간이 유한하다는 사실에는 변함이 없다. 그 무엇도, 누구도 이런 사실을 바꿀 수는 없다. 우리는 유한성을 의식하며 살아야 한다. 유한성에 대한 뼈저린 의식을 회피하려고 이것저것 기분 전환거리들을 찾는 것보다는 영성을 추구하거나 종교에 천착하는 것이 도움이 된다. 인류는 아주 오래전부터 이런 노력으로 유한성에 대처해왔다.

우리 안의 네안데르탈인

과거 인간은 혼자서는 생존이 불가능했다. 야생 자연의 삶은 특히 그러했다. 그리하여 인간들은 오랜 세월 함께 집단을 이루어, 서로를 보호하고, 협동하면서 생존해왔다. 그편이 더 즐겁기도 했다.

하지만 오늘날 우리는 노동이 세분화된 사회에 살고 있다. 삶의 요소마다 그것을 담당하는 '사람들'이 있다. 그렇기에 이제 주변에 직접적으로 나를 지키는 사람들이 필요하지 않다. 계속 주변에 사람들을 거느리고 있을 필요가 없다. 하지만 두뇌의 오래된 영역은 주변에 사람이 있어야 한다는 생각과 쉽게 결별하지 못한다. 우리의 행복을 염려하면서 계속해서 타자들과 함께하라고 주문한다.

사회적 규범과 이미지

혼자 사는 것이 사회적으로 좋은 이미지가 아니기에 우리는 괴로워한다. 그리고 그 때문에 다시금 싱글의 이미지가 좋아지지 않는 악순환이 생긴다. 이런 악순환이 깨졌으면 좋겠다. 자극이 넘쳐나고 분주한 현 시대에 한편으로는 몇 시간, 며칠만이라도 재충전하고 자신과 마주하는 혼자만의 시간이 꼭 필요하다는 소리들이 만연하다. 하지만 정작 "파트너 없이 완전히 혼자 사는 건 좀 너무한 것 아니야?"라는 것이 이 사회의 지배적인 견해다. 이미 수많은 사람들이 독신으로 살지만 때때로 그 점을 그리 자랑스럽게 내보이지 못하는 것은 그런 이유에서다. 파트너와 함께하는 것이 좋다는 사회 규범을 여전히 내면화하고 있기 때문이다.

물론 오늘날 과거에 비하면 싱글 라이프가 훨씬 더 용인되고 있다. 그러나 프랑스의 사회학자 장클로드 카우프만(Jean-Claude Kaufmann)의 말마따나 그것은 "수많은 상황에서 의문시될 수 있는 피상적 정당성"[6]이다. 그는 막 21세기로 넘어오는 시점에 이런 말을 했지만, 아직도 상황은 변하지 않았다. 싱글 라이프는 많은 사람들에게 기껏해야 과도기적 상태로만 인정될 뿐이다. 불가피하게 일시적으로 싱글로 살더라도, 더불어 사는 삶으로 어서 옮겨 가야 한다고 생각한다. 점점 많은 사람들이 (특히 여성들이) 마흔을 훌쩍 넘겨서까지 싱글로 살며, 이런 생활이 나쁘지 않다고 생각하지만, 이들조차 온 세상이 그들에게 얼른 짝을 찾고 '사람들 속에' 섞이라고 부추기는 듯한 느낌을 너무나 자주 받는다. 하지만 그 말이 맞을까? 그런 생활이 당신에게 더 맞을까?

행복한 싱글들은 기혼자들의 생활을 미심쩍어하기도 한다. 하지만 그러면 사람들은 그들이 사실은 부러워서 그러는 것이라고 이야기한다.

그런 생각은 삐딱하고 짧은 것이며, 잘 생각해보라고, 사실은 외로울 거라고 말한나. 독일의 음악가 크리스티아네 뢰징거(Christianne Rösinger)는 이렇게 지적한다. "사람들은 자신이 느끼는 외로움을 독신자들에게 투사한다. 스스로 혼자서 살 수 없는 사람들은 혼자 사는 것이 다른 사람에게도 상당히 끔찍한 일일 거라고 생각한다."[7] 하지만 그런 말을 들어도 끄떡하지 않는 싱글이 되기에는 아직 갈 길이 멀다.

싱글로서 안정감 있게 살아가는 사람도 싱글에 대한 이런 탐탁지 않은 이미지를 새록새록 느끼는 것이 우리 사회다. 저널리스트이자 작가인 마이케 빈네무트(Meike Winnemuth)는 귄터 야우흐(Günther Jauch)가 진행하는 방송 프로그램에 출연했던 일을 이렇게 회상한다. 귄터 야우흐가 자신을 "미혼에 자식 없는 싱글"이라고 소개했을 때 그 말이 너무나 슬프게 들렸다며, 자신이라면 그렇게 말하지 않고 "사회성이 좋은 독신"이라고 소개했을 거라고 했다.[8]

싱글 라이프에 대한 상이 긍정적으로 변모하면 외로움을 느끼는 사람들이 사회적으로 훨씬 줄어들고, 외로움이 그렇게 고통스럽게 다가오지 않으리라고 확신한다. 마이케 빈네무트가 말한 상황도 바로 그런 것이다. 일시적이든 장기적이든 혼자 지내는 것은 평범한 현상이며, 전혀 이상한 것이 아님을 서로서로 확인해줄 수 있다면, 많은 사람들이 더 안도감을 느낄 것이다. 홀로 있음이 우리에게 특별한 선물을 예비하고 있으며, 우리가 그런 삶을 누리고 좋아할 수 있음을 서로서로 환기해줄 수 있다면, 우리는 주변 사람들의 못마땅한 혹은 동정 어린 눈초리에 구애받지 않고, 길든 짧든 혼자 지내는 시기를 더 창조적으로 활용할 수 있을 것이다.

개인의 심리

오늘날 다 큰 성인의 경우 신체적으로는 남과 친밀하지 않아도 살아남는 데 지장이 없는 반면, 정신적으로는 그렇지 않다. 사람은 주변 사람들과 정신적으로 교감하고 때때로 위로와 조언을 주고받는 데서 기쁨을 느끼며, 주변 사람들의 인정과 확인을 필요로 한다. 이해받기를 원하고, 관심, 존경, 격려를 받고 타자에게 필요한 사람이 되고자 한다. 하지만 이런 정신적인 나눔의 가능성은 생각보다 훨씬 다양해서, 그 정서적 필요를 꼭 파트너 관계를 통해서만 채울 수 있는 것은 아니다. 현재 파트너 관계 속에 있지 않은 사람이라면 더더욱 그렇다.

물론 홀로 있음과 함께 있음을 어떻게 느낄지, 무엇을 추구하고 무엇을 두려워하며 무엇을 힘들어하고 무엇을 즐거워할지는 어릴 적 애착 경험의 영향을 받는다. 하지만 결국 중요한 것은 주어진 상황에 현실적으로 대처하는 것이다. 혼자서는 도저히 헤어날 수 없이 사람을 불행하고 병들게 만드는 외로움도 있다. 이런 경우에는 전문적인 도움이 필요하다.

▽ 더 나은 싱글 라이프를 위한 팁

정치학자이자 요가 전문가인 한스 페터 헴펠(Hans-Peter Hempel)은 "혼자 있는 것에 연습이 된 사람은 외로움을 모른다"라고 했다.[9] 즉 연습을 해야 한다는 것이다! 대부분의 현대인들은 살아가다 보면 혼자서 헤쳐 나가야 하는 시기를 맞이하곤 한다. 따라서 연습이 필요하다. 연습은 상황을 명확히 하는 것에서 시작된다.

______ 정확히 무엇 때문에 괴로운가?

일시적이든 지속적이든 홀로 있음이 힘들다면 이렇게 질문해보라. 내가 정확히 무엇 때문에 힘든가? 내 경험상 이와 관련하여 두 가지 경향이 있다. 내 곁에 신뢰할 수 있는 사람이 없어서 괴로운 건가? 아니면 내가 혼자 됨을 잘못된 것으로 보기 때문에, 유감스럽고 위험하고 나쁜 것으로 보기 때문에 괴로운가? 다르게 말해, 내가 정말로 홀로 있음으로 인해 괴로운 것인가, 아니면 관습과 사회적 통념이 나를 힘들게 하는 것인가? 이것을 정확히 알면 더 잘 대처할 수 있다.

자, 자세히 점검해보라. 외롭다고 느낄 때 내게 무엇이 부족한 것일까?

- 특정한 사람?
- 나를 위해 존재한다는 느낌이 드는 사람?
- 다른 사람과의 솔직하고 친절한 나눔?
- 스킨십, 친밀함?
- 섹스?
- 기댈 수 있는 어깨?
- 발랄함, 웃음, 삶의 기쁨?
- 상대방의 인정?
- 깊은 만남 속의 감미로운 순간들? 사랑의 마법?
- 노후에 의지할 곳이 없을지도 모른다는 두려움?
- 소속감이 없는 것?

- 혼자 지낸다는 걸 다른 사람들 앞에서 말하기가 창피하고 불쾌해서?
- 자신이 정체되어 있다는 느낌? 늘 '이 모양 이 꼴이구나' 하는 느낌 때문에?
- 삶이 나의 바람 내지 상상대로 되지 않아서?
- 지루하고 심심해서?
- 삶의 의미가 없어 보여서?
- 혼자라도 괜찮은데, 혼자서 무얼 해야 할지 도무지 모르겠어서?
- '워낙은' 모든 것이 다 좋은데, 스쳐 가듯 외로움이 느껴지는 것뿐?

이런 질문도 해보라. 지금까지 실현하지 못했던 욕구 중 어떤 것이 혼자 있음으로써 충족될 수 있을까?

이런 질문들에 어떤 답을 했든지 간에, 독자들은 이 책에서 혼자 있는 시간들을 어떻게 형상화할 수 있을지 많은 제안들을 발견할 수 있을 것이다. '나는 앞으로도 계속 파트너 관계를 가장 중요하고 소중한 것으로 여길 거야' 하는 마음이 드는가? 그렇더라도 현재 (일시적으로라도) 혼자 지내고 있다면, 이런 홀로 있음에 사랑스럽게 접근하는 것이 마음이 더 편할 것이다. 그러면 당신은 한결 근사한 아우라를 풍기게 될 것이고, 그럼으로써 소망에 한 걸음 더 다가갈 수 있을지 누가 알겠는가.

2 수많은 싱글, 닮은 듯 다르다

혼자인 사람은 한둘이 아니다. 정말 많은 사람들이 혼자이거나, 혼자라고 느낀다. 혼자라고 하면 우선은 비혼이거나, 이혼 또는 사별을 해서 혼자가 된 사람들을 떠올린다. 하지만 파트너가 있어도 혼자라고 느낄 수 있다. 오해받고 따돌림을 당하는 사람들도 혼자라고 느낄 수 있고, 뒤처져 남은 사람, 배신당한 사람, 다르게 생각하는 사람들도 그렇게 느낄 수 있다. 혼자라는 인간 본연의 감정에는 정말로 무수한 버전이 있다. 혼자라고 느끼는 사람들은 자기 자신만 이런 느낌일 거라고 생각하는데, 사실 이런 느낌은 그렇게 특별한 것이 아니다. 우리는 흔히 혼자됨을 개인적인 실패라고 여기지만, 그것은 사실 자연스러운 삶에 속한 것이며, 홀로 있음에 힘들어하는 것 역시 사회적인 통념에서 비롯한 것이다. 이를 안다면 혼자인 사람은 자신이 커다란 전체의 일부임을 깨닫는다.

▽ 혼자의 삶에는 다양한 방식이 있다

정말 무수한 사람이 지금 이 순간 홀로다. 독일인 다섯 중 하나는 혼자 산다. 인생에서 싱글로 사는 시기가 없는 사람은 거의 없다. 어떤 사람들은 매일 저녁 파트너와 함께 같은 소파에 앉아 있지만, 속으로 고독하다고 느낀다. 홀로 있음을 주제로 한 책들이 많은 것만 보아도, 이것이 비단 한두 사람의 관심사가 아니라, 홀로 있음을 좋아하거나 힘들어하는 수많은 사람들의 관심사임을 알 수 있다. 외롭다고 느낄 때 우리는 으레 자기만 그렇다고 생각한다. 자신의 감정을 아무와도 나누지 않기 때문이다. 그런 느낌이 뭔가 잘못된 것 같아서다. 굉장히 인간적인 느낌이지만 부끄럽다.

삶을 혼자서 헤쳐나가고 있는가? 다른 많은 사람들도 비슷하다는 점을 명심하라. 외롭고 우울한 순간, 모든 것이 다 회의적으로 보일 때, 과거와 현재, 미래에 많은 사람들이 이와 똑같은 느낌과 씨름했음을 상기하라. 그러면 개인적으로 알지 못한다 해도 공감과 독특한 연대감을 느낄 수 있다.

사람은 아주 다양한 방식으로 혼자다. 파트너가 있을 수도 있고 없을 수도 있으며, 친구가 많을 수도 있고 없을 수도 있다. 싱글의 삶도 아주 다양하다. 어떤 사람들은 싱글로 살지만, 친구가 아주 많아서 도무지 혼자 있을 시간이 없다. 따라서 도무지 혼자가 아니다. 한편 파트너가 있지만 혼자라고 느끼는 사람도 있다. 이런 경우는 훨씬 더 견디기 힘들 수도 있다. 원래 상상하던 삶은 그런 것이 아니기 때문이다. 또한 파트너와 함께 살아가는 사람도 긍정적인 의미에서 규칙적으로 혼자 물러나 자신에게 침잠하는 시간을 갖기도 한다. 혼자 있는 가운데 재충전하여, 다시금 기꺼이 상대와 함께할 수 있는 것이다.

싱글 맘은 혼자 사는 삶의 특별한 형태이다. 싱글 맘들은 혼자인 동시에 그렇지 않다. 늘 아이들과 함께 있지만, 다른 어른 없이 홀로 가정을 책임진다. 싱글 맘들은 인터넷 카페 같은 것을 통해 연대한다. 그들 역시 자신과 같은 싱글 맘이 한둘이 아님을 알고 서로 도움을 주고받는 것이 중요하다.

홀로 있음의 형태는 너무나 많고 서로 달라서 비교가 불가능하다. 어떤 사람들은 홀로 있음에 대한 글이나 책을 쓰기 위해 일시적으로 고독한 공간에 스스로를 격리하기도 한다. 혼자 지내는 것이 어떤 것인지 경험하고, 그것에 대해 보고하기 위함이다. 하지만 그들은 집에서 식구들이 자신을 생각한다는 것을 알고 있기에 그들의 경험은 정말로 의지할 가족 없이, 누구의 관심도 받지 못하고 전적으로 혼자 지내는 사람과는 전혀 다르다. 정말로 혼자서만 헤쳐나가려면 일시적으로 혼자 지내는 것과는 비교가 안 되는 정신적 강인함이 필요하다.

통계에서 알 수 있는 것

- 2014년 연방 통계청의 조사에 따르면 독일 가구의 41퍼센트는 1인 가구다. 즉 독일인 다섯 명 중 한 명은 혼자 거주한다. 1인 가구 비율은 더 상승하고 있다.
- 독신자의 상황은 공식적인 통계로 파악되지 않는다. 혼자 살지만 파트너가 있는 사람도 있고, 주거 공동체에서 생활하는 사람도 많다. 독신이란 비혼이거나 이혼했거나 사별한 사람을 말한다. 파트너가 있건 없건 독신자 수는 상승 추세이며, 대부분의 산업 국가가 이런 추세다.[10]
- 부부의 35퍼센트가 결혼한 지 25년 안에 이혼한다. 26년 차 이후의 이혼율도 상승 중이다.
- 파트너 관계가 지속되는 기간이 점점 짧아져서 대부분의 사람들은 일생 중 여러 번 혼자 지내는 기간을 경험한다.
- 헤어지고 이혼하는 비율이 높은 것은 많은 경우 헤어지기 전 상당

한 기간 동안 '둘이지만 혼자인'[11] 외로움의 시간을 보내게 된다는 이야기다.

______ 1인 가구가 증가하는 이유들

역사는 우리 인간들이 점점 개인화하고 고립되고 있음을 보여준다. 오늘날 혼자 사는 사람들이 그리도 많은 것은 무엇보다 여성 해방과 긴밀하게 연관된 경제적 변화 때문이다. 여성들은 몇십 년 전부터 경제적으로 독립하기 시작했다. 따라서 더 이상 금전적 이유로 불만스러운 결혼생활을 할 필요가 없어졌다. 이혼율이 늘어나는 중요한 이유 중 하나다. 게다가 오늘날 전반적으로 점점 더 다양한 라이프스타일이 '용인'되고 있고, 교대되고 있다. 싱글로 살다가 결혼을 하고 자녀를 낳은 뒤 이혼해서 싱글 맘으로 아이와 함께 살아가기도 한다. 그러다가 재혼을 해서 패치워크 패밀리를 이루기도 한다.

사회학자 얀 에카르트(Jan Eckhard)는 싱글이 많아지는 이유 중 하나로 이혼 가정의 자녀들이 증가했음을 꼽는다. 통계에 따르면 이혼한 부모 아래서 자란 아이들은 나중에 독신으로 살 확률이 더 높다. 싱글로 사는 것도 가능하다는 모델을 내면화했기 때문이다.[12] 또한 노동 시장의 유연성이 높아지다 보니 남녀 관계의 구속력도 느슨해지고 있다. 직업상 변화가 많고, 지역을 옮겨 다니는 일도 잦은 탓에 파트너 관계가 깨지는 경우도 많다.

사회적 상황들 외에 심리적인 면도 작용한다. 심리적인 이유에서 원치 않지만 홀로 지내게 되는 일도 있다. 어릴 적 부모와의 관계에서 안정된 애착을 경험하지 못한 경우 파트너십을 지속하기가 쉽지 않다. 이 밖에 자신감이나 사회성이 부족할 수도 있고, 자신이 자유를 누리고 싶은지, 구속 관계에 들어가고 싶은지 헷갈리는 경우도 있을 수 있다.

파트너 관계를 이루고자 하는 소망과 그런 관계에 대한 두려움은 사람마다 강도가 다르다. 사회적 두려움 때문에 파트너 관계를 기피하는 경우는 심리 치료 등 전문적인 도움을 구하는 것이 좋다. 싱글 라이프는 그 자체로 자연스럽고 긍정적인 라이프스타일이지만, 이것은 파트너십을 이룰 수 있는데도 혼자 사는 쪽을 적극적으로 택한 경우에 해당한다. 그런 경우라야 긍정적인 혼자 됨을 누릴 수 있다. 그렇지 않은 경우 혼자 사는 것은 도피에 불과할 수도 있다.

병적인 성격을 띠는, 틀어박히려는 경향도 있다. 일본에서 잘 알려진 현상인 히키코모리(은둔형 외톨이)라는 것이 그 극단적인 예다. 히키코모리는 수개월, 혹은 수년 동안 방 안에만 틀어박혀 부모가 주는 음식을 받아먹으면서 거의 집 밖으로 나가지 않는 젊은이들을 말한다. 기껏해야 사람을 만날 위험이 없는 밤에나 밖으로 나갈까 하는 정도다. 사회에서 부정적인 경험을 했거나(따돌림을 당했다거나) 가정에 문제가 있었거나(헬리콥터 맘처럼 자녀를 지나치게 과보호하는 경우도 이유 중 하나다) 하는 등의 요인이 맞물려 은둔형 외톨이로 자라날 수 있다.

연구에 따르면 히키코모리는 일본과 한국에만 존재하는 현상이 아니다. 프랑스, 스페인, 미국에서도 그런 예가 보고되었다.[13] 경쟁 위주의 문화에서 설 자리를 제대로 찾지 못하거나 자기 자리를 쟁취할 힘이 없는 경우, 모든 기회를 박차버리고 고립을 선택하는 것이다. 이들은 주로 컴퓨터 게임과 인터넷을 하면서 시간을 보낸다. 즉 학생이나 직장인 중에 컴퓨터 게임과 인터넷에 빠져 지내는 사람들과 흡사하다. 개인화와 고립의 경계는 그리 멀지 않다 하겠다.

______ 벗어남에 대한 동경

홀로 있음을 향한 건강한 동경도 있다. 분주한 세계에서 자신만의 시간을 더 많이 확보하려는 사람들이 늘어나고 있다. 많은 사람들은 스마트폰과 인터넷으로 계속 연결된 상태에서 점점 더 가상의 세계에 살며, SNS를 제공하는 모니터에서 시선을 떼지 못한다. 그들은 긴밀히 연결되어 있는 듯하지만, 실체 없는 연결 속에서 괴로움을 느끼기 시작한다. 점점 더 많은 사람들이 자신을 구속하고 계속 요구한다는 생각이 들기 때문이다. 스마트폰을 한시도 손에서 놓지 않고 댓글을 올리는 일에서 그만 좀 놓여나고 싶다고 토로하는 디지털 네이티브(Digital Natives)들이 생겨나고 있다. 여간해서 그렇게 하지 못하는 것은 사회적 퇴출이 두려워서다. 그들 중에는 혼자만의 시간을 긍정적으로 경험한 적이 없는 경우가 많다. 그 경험을 알지 못한 채로 홀로 있음을 동경한다.

오늘날 컴퓨터와 스마트폰 중독 현상은 기이한 중간 지대를 만들어내고 있다. 가상공간에서는 다른 사람과 연결되어 있으면서도 정작 몸은 혼자 있는 상태다. 오늘날 젊은이들 중에는 미국 시트콤 드라마 〈빅뱅 이론〉에 나오는 셸던 쿠퍼와 비슷한 사람들이 꽤 있다. 첫 화에서 룸메이트인 레너드가 셸던에게 친구를 좀 더 많이 만들어야 하지 않겠느냐고 하자, 셸던은 자신은 이미 마이스페이스(MySpace)에 수백 명의 친구가 있다고 말한다. 이에 레너드가 그들 중에 개인적 친분이 있는 사람은 하나도 없지 않느냐고 받아치자, 셸던은 영문을 모르겠다는 얼굴로 "바로 그 점이 멋진 거지!"라고 말한다.

홀로 있음에 대한 이미지가 개선되면서 점점 많은 사람들이 혼자 있는 시간을 좋아하고, 그런 시간이 필요하다고 고백한다. 일반적으로 자극이 넘쳐나는 사회에서, 특히나 민감한 영혼들에게는 잠시 물러나 있는 시간들이 더 절실해진 듯하다. 게다가 앞서 말했듯 파트너 관계가 깨지는 일이 빈번하다 보니, 더 많은 사람들이 인생에서 싱글로 사는 시기를 경험하고, 새롭게 싱글 라이프의 좋은 점을 발견하기도 한다.

약간 더 명확하게 하기 위해 단순한 질문을 던져보라. 앞으로 전혀 혼자 있을 수 없게 되는 것과 오늘부터 쭉 혼자만 있게 되는 것, 이 둘 중 무엇이 더 위험하다고 생각하는가? 이런 극단적인 일이 일어나지는 않겠지만, 이런 질문은 좋은 셀프 테스트가 될 것이다.

______ 싱글에 대한 이미지 변화

싱글의 이미지는 시대에 따라 달랐다. 놀랍게도 대부분은 오늘날보다 이미지가 더 좋았다. 그러나 정말로 혼자 사는 경우는 드물었다. 경제적인 이유만으로도 쉽지 않았기 때문이었다. 그러나 사상가들과 예술가들은 수백 년간 고독을 찬양하고, 고독에 즐겨 몰입했다. 종교적인 침잠과 명상을 위한 '멈춤'도 오랜 세월 아주 소중하게 여겨졌으며, 오늘날 이런 시간은 더 소중해졌다.

예전에 싱글의 이상을 실현하는 사람들은 주로 남자들이었다. 그러나 오늘날에는 주로 여성들이 자기 자신에게로 돌아가, 기꺼이 성장의 고통을 감내하는 가운데 옛 역할에서 벗어나 싱글로서의 삶을 모색하고 있다. 그러면서 여성들은 결혼하지 않고 혼자 사는 것을 잘못된 것으로 여기는 사회적 통념들과 싸워야 한다. 결혼해서 가정을 꾸리지 않는 것이 무슨 커다란 실패인 것처럼 말하는 사람들도 있다. 하지만 그렇지 않다. 여성학자이자 사회학자인 울리케 슐리히트(Ulrike Schlicht)는 여성이 결혼해서 사는 것을 평범하게 여기는 건 다분히 20세기의 현상이며, 가령 1871년에는 여성의 독신 비율이 26퍼센트에 이르렀음을 강조한다.[14] 물론 이때의 독신들이 지금과 같은 의미의 싱글족이었던 것은 아니다. 대가족 속에서 살기도 했고, 하녀로 고용되어 살기도 했다. 결혼을 한다는 것은 자신의 살림을 차린다는 의미였고, 그렇게 할 수 없는 사람들이 많았다.

소가족의 이상이 관철되기 시작한 때는 2차 대전 이후였고, 이때부터 싱글에 대한 이미지가 상당히 나빠졌다. 그러나 오늘날은 다시금 새롭게 평가되고 있으며 점점 더 많은 사람들이 싱글족으로 사는 것을 높이 평가하고 있다. 몇 년 전만 해도 싱글 여성들은 이제 그만 짝을 찾으라는 말을 귀에 못이 박히도록 들었다. 하지만 지금는 결혼하면 고생이니 싱글 라이프를 즐기라는 말을 많이 듣는다. 혼자만 알아서 하면 되니 뭐 거칠게 있느냐면서 말이다.

잡지들만 보아도 이미지가 변하고 있음을 알 수 있다. 잡지들은 싱글 라이프를 주제로 한 기사들을 머리기사로 내보내고 있다. '싱글, 새로운 삶의 욕구'(〈포쿠스〉, 2015년 6월), '혼자서 행복하게. 혼자 있을 때 가장 안전한 이유'(〈오늘의 심리학〉, 2015년 12월), '혼자라고? 멋져요!'(〈브리기테〉, 2016년 3월) 등등. 10년 혹은 20년 전 이런 기사는 생각할 수 없는 것이었다. 2002년만 해도 〈지오(Geo)〉는 '외로움. 혼자일 때 중요한 것. 혼자일 때 위험한 것'이라는 상당히 심각한 제목을 타이틀 기사로 내보냈다. 지금도 외로움이 도마에 오르지 않을 정도는 아니다. 하지만 싱글 라이프를 대하는 태도는 바뀌고 있다.

불론 관계를 이어가려고 충분히 노력하지 않는다든지, 상대에게 기회를 주지 않거나 쉽게 포기해버린다든지 하는 '돌싱'들에 대한 비판도 부분적으로는 일리가 있다. 하지만 사회학 연구에 따르면 우리 시대에 파트너 관계가 자주 깨지는 현상은 사회학적인, 즉 집단적인 원인에서 비롯한 것으로 단순히 개인의 실패로만 볼 수는 없다. 파트너 관계 전문가를 자처하는 사람들이 그렇게 많아도 별 도움이 되지 않는다는 것 또한 우리는 알고 있다. 그리하여 이 책에서는 혼자의 삶이 커다란 기회가 될 수 있다는 점을 자세히 살펴보려고 한다. 홀로 있음은 역설적으로 파트너 관계에도 도움이 될 수 있다.

연구에는 아직 깊이가 부족하다

일시적으로 혼자 지내는 것의 유익에 대해서는 학문도 알고 있다. 자신을 돌아보고, 마음을 정리하고, 새로운 힘을 공급받을 수 있기 때문이다. 하지만 학문적 연구는 늘 '혼자 사는 것은 해로울 수 있다'는 의심을 깔고 있다. 심리학과 심리학의 영향을 강하게 받는 사회에서는 늘 파트너 관계를 어떻게 최적으로 형상화할까를 중심으로 모든 것이 돌아간다. 그리하여 인간에게는 관계 욕구와 대등하게 '거리 두기와 홀로 있음에 대한 욕구'[15]가 있다는 사실을 오늘까지 간과해왔다. 물론 이런 욕구는 사람마다 강도가 다르다. 이런 욕구가 강한 사람들은 선택할 수 있는 경우 긍정적인 동기에서 싱글 라이프를 선택한다. 사회적 두려움이 있거나 수줍거나 사교성이 없어서가 아니라, 홀로 있음을 좋아하고 즐기기에 싱글 라이프를 선택하는 것이다. 그리하여 몇 년 전부터 '홀로 있음에 대한 친근감(affinity for aloneness)'[16]이 나타나고 있다.

학계에서도 전반적으로 싱글에 대한 이미지가 긍정적으로 변모하고 있으며, 심리학적·사회학적으로 더 많은 연구가 필요하다는 의견이 대두되고 있다. 하지만 학문은 잡지, 텔레비전 프로그램, 책, 무엇보다 자신의 생활을 향유하는 많은 싱글에 한참 뒤진다. 〈현대 심리학〉 편집장 우르줄라 누버(Ursula Nuber)는 이 월간지 2015년 12월호 사설에서, 심리학이 성공적인 싱글 라이프에 대해 별로 할 말이 없는 것은, 지금까지는 인간을 관계적 존재로만 보아왔기 때문이라고 지적했다.

학문은 인간에게서 무엇이 잘못될 수 있는지, 내적 상처들이 어디서 연유하며 무엇이 어떤 방식으로 인간을 정신적으로 병들게 하는지에만 수십 년간 천착했다. 이런 측면을 중요시하다 보니 정신의 긍정적인 측면은 오랫동안 간과했다. 그러다가 1980년대에 들어와 심리학자 마틴 셀리그만(Martin E. P. Seligman)을 위시한 학자들이 인간을 건강하게 만드는 것은 무엇인가, 무엇이 인간을 내적으로 성장시키는가, 무엇이 삶을 좋게 만드는가를 묻기 시작했고, 긍정심리학이 탄생했다.

이와 더불어 독신 생활을 흠이나 위험으로만 여기던 시각도 서서히 바뀌기 시작했다. 그전까지는 외로움이 끼치는 해로운 영향에만 관심을 가졌고, 어릴 적의 애착 형성과 그것이 성인이 되어서 파트너와의 관계에 어떤 영향을 미치는지를 주로 연구했다. 이 모든 것이 중요한 건 사실이었지만, 일방적으로 치우쳐 있음은 부인할 수 없었다. 사람은 파트너십을 이루어, 파트너와 긴밀히 결속되어 살 때만이 '제대로' 사는 것이며, 혼자 사는 것은 그 자체로 좋지 않고, 건강에도 좋지 않으며, 바람직하지 않다는 암묵적인 전제가 깔려 있었다. 너무 오래 홀로 있다 보면 분명 정신적으로 문제가 생긴다는 것이 주류적인 견해였다. 아무튼 간에 혼자 사는 사람은 충분한 결속이 없어서 힘들어한다고 보았다. 만일 힘들지 않다면 사회적 두려움이 있어서 혼자 지내는 것을 차선책으로 받아들이기 때문이라고 했다.

1995년에서야 드디어 심리학자 제리 버거(Jerry M. Burger)가 사회생활을 잘하고 있는 사람들도 혼자 있기를 매우 좋아한다는 연구 결과를 발표했다. 제리 버거는 자신의 연구에서 사회 활동을 활발히 하는 사람의 약 10퍼센트가 홀로 지내는 시간이 많은 사람들이라는 결론을 내렸고, 그로써 학술 연구로서는 최초로 싱글 라이프를 긍정적으로 조명해냈다.[17] 혼자 있고 싶은 욕구는 사람마다 상당히 다를 수 있다는 인식이 관철되기 시작했다. (그보다 수십 년 전에 이미) 에이브러햄 매슬로는 자아를 실현한 사람들은 보통 혼자만의 시간을 가지려는 욕구가 크다고 강조했다. 매슬로가 만난 심리적으로 건강한 사람들 모두 홀로 있음을 높이 평가했다.[18]

그리하여 이제 학문 쪽에서도 현실에서 많은 사람들이 경험하는 이미지를 확인해주고 있다. 혼자 있음은 놀라운 선물일 수 있으며, 완고하지만 자애로운 스승일 수 있다.

외로움을 느낀다면 당신만 혼자라는 잘못된 생각을 버리라. 주변을 둘러보라. 혼자인 사람이 한둘이 아니다.

홀로 있음에 관해서는 학문이 많은 사람들의 개인적 경험에 뒤처져 따라올 수밖에 없는 듯하다. 오랜 시간 혼자 있음을 깊이 경험하고, (사회적으로 그런 삶의 방식이 이미지가 별로 좋지 않을지라도) 그 시간을 통해 건강과 행복을 누린 사람들이 있기는 하지만, 학자들이 그들을 대상으로 신빙성 있는 이중맹검 연구를 할 수 있을 정도로 흔하지는 않기 때문이다. 그리하여 지금도 혼자 사는 사람들은 아직 답이 없는 질문들에 봉착한다. 오랜 기간 고정된 동거인 없이 홀로 지내는 경우 심리적으로 어떤 일이 일어날까? 거울 속 자신과 외부 시선들에만 의존할 때 심리는 어떻게 변화할까? 대화 상대가 계속 없을 경우, 경험의 반추는 어떻게 진행될까? 들어오는 인상들이 적어지고, 시차를 두고 다른 사람들과 균형을 맞추게 되는 경우, 사고와 창조성과 지각은 어떻게 변할까? 나눔과 친밀감의 욕구는 어떻게 충족이 될까? 파트너가 없는 경우, 이성에 대한 관심은 어떻게 될까? 사람들과의 새로운 결속 형태는 어떻게 생겨날 수 있을까?

앞으로 연구해야 할 것들이 많다. 하지만 그렇다고 홀로 있음이 건강에 좋은지 나쁜지, 정상인지 비정상인지, 얼마나 많은 사람들이 혼자 살고, 얼마나 많은 사람들이 혼자 사는 것을 좋아하는지 등등 모든 질문에 답이 나올 때까지 기다릴 이유는 없다. 그런 결과가 힘이 될 수도 있겠지만, 어차피 개인마다 다르고, 모든 사람이 '자신만의 홀로 있음'에 대한 답을 찾아야 하기 때문이다. 개인적인 삶의 방식을 발견하고, 자신의 느낌을 신뢰하는 것이 중요하다.

혼자서 행복할 수 있을까?

싱글에 대한 이미지가 개선되고 있음에도 많은 싱글들은 여전히 자신한테 무슨 결격 사유가 있는 듯한 느낌을 가지고 산다. 세상이 계속해서 그들을 동정이나 몰이해의 시선으로 쳐다보지 않으면 아무 문제가 없으련만. 친구라는 인간들조차도 그들에게 어서 빨리 좋은 짝을 찾아 정상적인 생활을 하라고 은근한 압박을 가하지 않는가. 거기에다가 이런저런 말을 듣다 보면 자기 내면의 음성조차 슬쩍 그런 소리를 내비친다. 그러므로 종종은 자기가 진짜 원하는 것이 무엇인지 확인하고 의식하는 작업이 필요하다. 밖에서 들려오는 온갖 속삭임들을 내적으로 다 소화하고, 자신이 원하는 것을 확실히 하고 나서야 선택의 자유를 누릴 수 있다. 최소한 당분간이라도 싱글로 지내기를 원하는가? 아니면 적극적으로 짝을 찾는 것이 내게 더 잘 맞고 내가 원하는 바일까?

출판인이자 작가인 수지 피루(Susi Piroué)는 저서 『자신과 여행하는 즐거움』에서 본인이 혼자서 행복할 수 있을지 자문한다. 그녀는 여행 중에 호숫가에 누워 고즈넉하게 하루를 음미하며 여성지를 읽다가 싱글은 불행하며 수명도 더 짧다는 기사를 만난다. 그러자 이렇게 묻는다. 정말일까? 이렇게 행복한데도! 그렇다면 과연 혼자 살아도 될까?

통계를 믿지 말기를 권한다. 무엇보다 당신 자신의 생의 감정과 경험에 어긋나는 통계는 믿지 말라. 결혼 생활을 하는 사람들이 독신자들보다 더 건강하고 행복하며 수명도 길다고 말하는 연구들이 있다. 그럴 수도 있다. 그것은 누구를 대상으로 조사하는가에 따라 달라진다. 40대 후반에 불행한 결혼 생활을 청산하고 난생처음으로 해방감을 누리며 오로지 자기 자신이 되어 살고 있는 중년 여성에게 묻는 것과, 그전까지 집안 살림을 온통 다 맡아 해주고, 온갖 자질구레한 일을 처리해주던 아내를 잃은 뒤로 냉동 피자와 담배로 연명하고 있는 중년 남성에게 묻는 것은 천지 차이다. 여러 연구에서 알 수 있는 바, 독신자들이 수명이 짧은 것은 먹는 게 부실한 상태에서 음주와 흡연을 하고 운동이 부족하기 때문이다. 이런 상황이 당신에게도 해당하는가? 혼자 있는 것을 즐기며, 새롭게 얻은 자유를 능동적으로 만끽하는 사람들에게도 해당하는가?

나는 언론에 떠돌아다니는 여러 설문 조사 결과들을 흥미롭게 여기고 즐겨 본다. 그런데 실망하는 경우가 다반사다. 질문과 질문에 대한 선택지들이 내 상황이나 느낌, 혹은 습관과 동떨어져 있을 때가 많아서다.

그럼에도 설문 조사 결과들을 한번 살펴보자. 큰 그림을 그려보는 데는 상당히 도움이 되니 말이다. 독신의 행복감은 어떨까? 이미 1990년에 도로테아 크뤼거(Dorothea Krüger)의 연구가 보여준 바에 따르면 여성들은 '의외로' 혼자 사는 것에 상당히 만족하는 반면, 남성들은 상당히 마지못해서 혼자 살아가고, 다시 짝을 찾고 싶어 하는 욕구가 크다고 드러났다.[19] 이후의 연구들에서도 그런 경향은 계속해서 확인되었는데, 처음부터 싱글로 살아온 남성들은 별문제 없이 싱글로서 잘 지내는 것으로 나타났지만, 이혼한 남성들은 평균적으로 가장 불행한 그룹에 속했다.

이런 차이는 여성들이 기본적으로 자기 감정을 잘 챙기고, 새로운 친구도 쉽게 사귀고, 집안 살림도 더 잘하기 때문에 생겨난다. 동시에 지금까지 살면서 스스로 맛보지 못했던, 혹은 자신의 엄마가 늘 그리워했던 자유와 독립을 여성들이 더 소중하게 생각하고 누리기 때문에 그렇다. 전체적으로는 남녀를 막론하고, 전통적인 모델에 얽매이지 않고 사고가 개방적인 사람들이 싱글로서 더 행복한 것으로 나타났다. 반면 가치관이 결혼과 가족을 중시하는 사람은 혼자 살면서 행복해지기가 어렵다. 각각의 연구를 종합한 메타 연구는 싱글들이(특히 장기간 싱글로 사는 경우에는) 파트너가 있는 사람들에 비해 행복감이 덜하지 않음을 보여주었다.[20]

외로움을 느끼는 비율은 전반적으로 증가하고 있는데, 혼자 사는 사람들만 유독 그런 것은 아니다. 1994년에는 독일인의 50퍼센트가 결코 외로워본 적이 없다고 대답했던 반면, 2014년에는 30퍼센트만 그런 대답을 했다. 여론 조사 업체 해리스 인터랙티브(Harris Interactive)와 독일의 페라인 발페어반트샤프텐의 설문 조사에서도 외로움을 느끼는 것은 혼자 사는 것과는 별개라는, 익히 알려진 사실이 확인되었다. 가족이나 파트너가 있고, 많은 사람 가운데 있어도 외로움을 느낄 수 있다. 남자들은 특히나 외로움에 취약하며, 외로움을 극복하려고 적극적으로 노력하지 않는 것으로 나타났다. 그 밖에 약간 놀라운 결과는 자녀 유무가 외로움 체감에는 별다른 영향을 끼치지 못한다는 것이다.[21]

이 설문 조사에 따르면 마흔에서 마흔아홉 살 사이의 연령 집단이 가장 외로운 것으로 드러났다. 노인들이 가장 외로움이 시달릴 거라는 생각은 젊은 층의 선입견에서 비롯한 듯하다. 노인들은 실제로 혼자 사는 경우가 더 많지만, 젊은 층에 비해 그 사실로 그리 괴로워하지는 않는다.[22] 혼자 됨을 어떻게 느끼는가에는 문화적 차이도 영향을 미치는 것 같다. 스웨덴에서는 나이 든 사람 중 5퍼센트만이 외롭다고 느끼는 반면, 그리스에서는 70퍼센트가 외롭다고 답변했다.[23] 그리스에서는 아무래도 혼자 있는 것이 문화적으로 익숙하지 않기에 더 힘들게 다가오는 듯하다.

혼자 사는 것이 사회적으로 용인되는 분위기가 조성되면, 외로움을 느끼는 비율도 더 줄어들 거라고 확신한다. 그러면 우울한 순간들에도 사회에서 배제되어 있다는 느낌이 들지 않고, 홀로 있음을 더 긍정적으로 경험할 수 있을 터이다. 다행히 이런 상 역시 솔로로 살면서 즐거움을 발산하는 사람들과 더불어 서서히 커지고 있다.

홀로 있음을 좋아하는 사람들

캘리포니아대학교의 심리학자 벨라 드파울로(Bella DePaulo)는 'Single at Heart'라는 개념을 도입했다.[24] 즉 진짜로 좋아서, 마음으로 원해서 싱글로 산다는 의미다. 자원해서 홀로 지내는 사람들. 그들은 홀로 있음을 좋아하고, 나아가 필요로 한다. 혼자 있을 때 무게 중심이 잡히고 온전히 자기 자신이 되기 때문이다. 이런 '확신에 찬' 싱글이 독일에만 해도 몇 년 전부터 안정적으로 약 440만 명 선을 유지하고 있다.[25] 혼자 사는 것이 좋은데 한편으로 사회적 편견에 괴로운 사람은 이런 사실을 염두에 두면 좋을 것이다. 그러면 혼자이지만 다른 사람과 연대하고 있는 기분이 되기 때문이다. 개인적으로 만난 적은 없지만 자신과 비슷한 사람들이 많다는 사실에 안도감이 든다.

벨라 드파울로 자신도 그런 자발적 싱글이다. 혼자 지내는 것이 너무 즐거워, 그렇지 않은 사람들도 많다는 사실을 종종 잊기도 했던 그녀는 이에 착안하여 동료들과는 달리 싱글 연구를 진행했다. 그리고 10년에 걸친 연구를 통해 독신자들 모두가 외롭거나 슬픈 삶을 사는 것은 아니며, 얼른 다시 파트너를 찾으려고 안달하는 것도 아님을 보여주었다. 그녀는 혼자 살기에 대한 현실적이고 시대에 맞는 상을 정립하기 위한 연구가 이제 막 시작 단계에 있음도 지적한다.

내향성과 홀로 있음

혼자 있는 걸 좋아하는지의 여부는 성격에 따라 다르다. 내향적인 사람이 외향적인 사람보다 혼자 있는 걸 단연 좋아한다. 자신들이 경험을 처리하고 재충전하기 위해 자신만의 시간을 갖는 것이 필요함을 익히 안다. 내성적인 사람은 적은 자극만 주어져도 쉽게 자극 과잉이 될 수 있는 반면, 외향적인 사람은 늘 만성 자극 부족 상태로 지내며 더 많은 자극을 추구한다. 내향적인 사람은 늘 자신의 내면을 돌아볼 필요를 느낀다. 그리하여 홀로 있음에 익숙하고, 사람들과 어울리는 것보다는 자연으로 나가거나 독서를 하거나 일기 쓰는 것을 좋아한다. 내향적인 사람들은 어릴 적에 종종 제발 좀 나가서 다른 아이들이랑 같이 놀라고 하는 잔소리를 많이 들었다.

수줍음을 타는 사람도 있다. 하지만 수줍음은 많은 경우 자신의 본성을 제대로 펼칠 수가 없었기에 나타난 결과가 아닐까? 어릴 적 성격과 다르게 사회에서 높은 명망을 누리고 인정받는 타입을 지향하도록 교육받고 이런 이상을 내면화해야 했던 사람들이 많다. '활발하고, 사람들과 잘 어울리고, 목소리 크고, 명랑하고, 자기 의견을 확실히 표현하는 것이 잘하는 것이고, 그렇게 할 때 사랑받는다'고 말이다. 하지만 내향적인 사람들은 대부분 아무리 노력해도 그렇게 할 수가 없다. 본성에 맞지 않기 때문이다. 그러면 그들은 더욱 나서지 않게 되고, 결과적으로 수줍음을 타는 것처럼 보인다.

그동안 여러 연구는 내향적인 사람들 중에 수줍음을 타지 않는 사람도 많다는 걸 보여주었다. 내향성과 수줍음은 별개라는 걸 말이다. 수줍은 사람들은 늘 자신이 지금보다 좀 더 사람들을 많이 사귀기를 바란다. 하지만 내향적인 사람들은 사람들을 별로 사귀고 싶어 하지 않는다. 때로는 누구의 방해도 받지 않고 자신의 생각을 정리하고, 자신의 상태를 진단하고, 삶을 반추해보기를 좋아한다. 책이나 영화로 삶의 경험을 대신하고, 그런 매체들을 통해 외부 세계를 알아간다. 물론 그들도 타자와의 교감과 나눔을 필요로 하고, 손가락에 꼽을 만한 소수의 친구들과 친하게 지낸다. 하지만 여럿이 떠들썩하게 어울리는 것은 그들의 적성에 맞지 않는다. 대신에 내면으로의 여행을 즐기고, 이를 위해 혼자 있는 시간을 필요로 한다.

나는 수전 케인(Susan Cain)의 『콰이어트(Quiet)』라는 책에 상당히 큰 감명을 받았다. 전직 변호사로 지금은 컨설턴트로 일하는 그녀는 외향성을 지향하는 우리 세계에서 내향성이 지니는 힘에 대해 이야기한다. 이 책 역시 내향적인 사람들은 홀로 있을 자연적인 필요를 느낀다는 사실을 중요하게 다룬다. 수전 케인의 말마따나 우리는 "사람들과 어울려야 행복하다는 소리를 늘상 듣고 산다."[26] 하지만 심리학에 따르면 모든 이는 각자 자신에게 '적절한 자극 수준'을 찾아야 하며, 그것은 흥미로운 동시에 감당할 만한 수준이어야 한다. 내향적인 사람들에게 필요한 자극 수준은 더 낮다. 그래서 그들은 혼자 있고 싶어 할 때가 더 많다.

내향적인 사람들의 신중하고 주의 깊은 삶의 태도는 사회 전반에 아주 소중한 가치가 있다. 문학, 예술, 학문의 많은 업적은 내향적인 사람들이 이룬 것이다. 동물도 약 20퍼센트는 조심스러운 타입이라고 한다. 외향적인 동물들은 보통 물불 가리지 않고 너무 앞서 나가거나 막 나가다가 에너지를 다 소진해버리므로 내향적인 동물들이 더 오래 살아남는 경우가 많다. 반면 리스크를 감수할 필요가 있을 때는 외향적인 동물들이 더 살아남을 기회가 많다. 진화는 여기서 종의 생존을 최대한 보장하는 쪽으로 (내향적인 동물과 외향적인 동물의) 균형을 맞추어왔다.[27] 글로벌

화된 오늘날 인간 세계에서도 인류의 생존을 보장하기 위해 사려 깊은 사람들의 목소리에 귀를 기울이는 것도 나쁘지 않으리라 본다.

연구에 따르면 내향적인 사람과 외향적인 사람은 두뇌 보상 체계가 다르다. 외향적인 사람들의 두뇌는 모임에 가서 사람들과 어울리고 향연을 벌이고 섹스를 할 때 보상 중추가 활성화되고, 쾌감을 느낀다. 내향적인 사람들도 간혹은 그런 자리에 가지만, 그런 자리에 시간을 많이 투자하지 않는 것은, 그들의 두뇌가 이런 일에 과히 많은 보상을 해주지 않기 때문이다.[28] 그러니 혼자 지내는 데 문제가 없고, 오히려 그것을 더 좋아하는 것도 당연하다. 따라서 내향적인 사람과 외향적인 사람의 행복의 기준은 사뭇 다르다고 할 수 있다. 외향적인 사람들이 행복을 느끼는 일에, 내향적인 사람은 그리 큰 매력을 느끼지 못한다. 하지만 설문조사 같은 데서 설정한 행복의 잣대는 외향적인 사람들의 틀에 맞추어져 있다. 그런 잣대로 보면 내향적인 사람들은 불행하게 비치기 십상이다. 내향적인 사람들이 누리는 소소한 행복들은 선택지에 포함되지 않는 경우가 많다.

▽ 때로 힘들게 하는 것들

이상한 간극이 있다. 잡지나 텔레비전 드라마, 토크쇼, 통계 같은 걸 보면 독신의 삶이 상당히 긍정적이고, 건강하고, 평범하고 자유롭고 멋지게 그려진다. 가정에 얽매이지 않고 자신의 꿈을 이룬 매력적인 중년 여성들이 등장한다. 하지만 우리가 실제로 만나는 싱글의 일상은 아주 다르다. 그들은 못마땅한 시선을 받고 맘 상하는 말들을 듣고 산다. 주변 사람들은 심리학을 들먹이며 관계에 두려움이 있다고 진단하거나, 동정어린 조언들을 쏟아내기 일쑤다. 그 모두가 사람은 자고로 짝을 만나야 '바람직하다'는 고정 관념에 근거한 것들이다. 동성애자들은 더 힘들다. 드디어 공식적으로는 문제 될 것이 없는 시대에 이르렀지만, 사회 곳곳의 편견이 불식되기까지는 상당히 오랜 시간이 걸릴 것으로 보인다.

싱글로서 당신 역시 뭔가 잘못 살고 있는 듯한 느낌인가? 두 다리로 떳떳하게 서 있지 못하고, 늘 한쪽은 곧 치워질 보조 탁자에 걸치고 있는 느낌인가? 이런 마음으로 우리는 곁에 '동지'들이 많다는 사실을 잘 의식하지 못한다.

누구나 인생의 어느 순간에는 혼자 될 수 있다. 그것이 현실이다. 하지만 혼자 사는 것에 대한 좋은 본보기들이 아직 별로 없다. 그러므로 스스로 알아서 바람직한 모델을 찾아나가야 한다. 이런 면에서 싱글들끼리 서로 도우면 좋을 것이다. 내게 영감, 자극, 위로를 주며 생각을 많이 하게 해주는 지인들, 책들, 강연들이 있다. 나 역시 이 책을 통해 홀로 지내는 것에 대한 소중한 제안들을 할 수 있기를 바란다. 혼자 살아내는 데 성공한 사람은 다른 사람들의 모범이다. 이 역시 오늘날 새로 생겨나는 연대 가운데 하나다.

▽ 더 나은 싱글 라이프를 위한 팁

혼자 사는 것은 여러 모습일 수 있다. 날아갈 듯이 좋을 수도 있고 고통스러울 수도 있다. 당신은 어느 쪽인가? 어떤 종류의 만남, 어떤 강도의 만남을 원하는가? 어떤 만남을 동경하는가? 혼자 있음을 어떻게 경험하는가? 전에는 어땠는가? 현재는 어떠한가?

혼자 있는 모습을 솔직하게 돌아본다면, 아픈 부분이 무엇인지 깨닫고 조치를 취하기가 쉽다. 간혹 즐거운 일만 끼워 넣을 수 있다면 기본적으로 혼자 있는 것이 좋은가? 그렇다면 그렇게 하라. 그렇지 않고 관계와 교감이 부족해서 힘든가? 그렇다면 그것들을 추구하라. 이 두 가지 필요와 관련하여 이 책에서 많은 제안을 만날 수 있을 것이다. 중요한 것은 자신을 돌아보고 무엇이 자신에게 맞고 좋은지를 가늠하는 것이다.

3 지적질은 이제 안녕!

혼자 살면 무엇에서 자유로워질까.

싱글 여성들은 대부분 자신의 현 상태에 만족한다. 무엇보다 35세를 넘은 경우는 말이다. 여성지나 사회학 책에서 만나는 그들의 모습은 이러하다. 그들은 더 이상 파트너를 고려해서 격식을 차리고 다닐 필요가 없음에 즐거워한다. 더 이상 내키지도 않는데 예쁘게 꾸밀 필요가 없다. 일일이 가사 분담을 논의하고 주로 혼자서 그 일들을 해결할 필요도 없으며, 내키지도 않는데 의무감으로 섹스를 해줄 필요도 없다. 파트너를 챙겨야 해서 또는 가족 행사 때문에 직업적으로 손해를 감수할 필요도 없고, 취미를 포기할 필요도 없다.

이런 리스트는 더 길어질 수 있지만, 외로움에 시선을 고정하면 이런 점들이 종종 잊히곤 한다. 하지만 어떤 모습이든 간에 혼자 산다는 것은 해방되는 것이다. 다른 사람과 함께 있는 시기에 별로 좋아하지 않았던 것들로부터의 자유! 아예 혼자 살든, 또는 잠시 아무도 없이 혼자만의 시간을 갖든 간에, 홀로 있음은 어느 정도 사회적 간섭에서 벗어나는 것이다. 그리고 이것은 한결 편해지는 것이다.

▽ 관습적인 파트너십과 이별하다

많은 싱글들에게는 이 이유가 혼자가 좋은 이유들 가운데 으뜸이다. 싱글의 삶을 선택함으로써 이러저러한 것들에서 멋지게 해방되었다는 것. 여성들이 이 부분에서 흔히 꼽는 것들은 더 이상 남편 뒤치다꺼리를 해주지 않아도 되고, 집안일을 도맡아하지 않아도 된다는 점이다. 가사 분담이 적절히 이루어지면 좋으련만. 아직도 많은 가정에서는 여자가 거의 모든 것을 도맡아 한다! 싱글 여성은 그냥 자기에게 필요한 것만 하면 되고, 더 이상 집안일을 놓고 서로 왈가왈부하거나, 손해 보고 있다는 느낌을 가질 필요가 없다. 집안일이 진부한 테마라고 생각되는가? 여전히 이런 해묵은 테마를 두고 옥신각신한다는 것이 놀랍지만, 무시할 수 없는 사실이다.[29]

여성들은 나아가 파트너의 잔소리로부터의 해방을 우선적으로 꼽는다. 당신 다시 살이 찐 거야? 아 제발 외모에 신경 좀 쓰란 말야! 여자이길 포기한 거야? 뭐야, 일이 그렇게 중요해? 매일 일 생각만 해? 또 그 친구야? 전화로 무슨 이야길 그렇게 오래 하는 거야? 주말마다 꼭 어딜 가야 해? 그냥 집에서 편히 축구나 보면 안 돼? (남자들 편에서는 여자들의 잔소리를 열거할 수 있을 것이다.)

별로 하기 싫은데 상대방 때문에 어쩔 수 없이 함께 했던 일들에서도 해방될 수 있다. 내가 가끔 떠올리는 장면이 있다. 화창한 일요일, 시골 언덕길. 남자는 세련된 하이테크 자전거를 타고 앞서 달리고, 뒤에서는 여자가 얼굴이 벌게진 채 기어도 없는 단순한 자전거를 타고 남자 뒤를 따라가느라 애쓰고 있었다. 남자는 종종 멈추고는 여자가 뒤따라 잘 오고 있는지를 체크했다. 나는 이런 생각을 해봤다. 저 여자는 지금 즐거울까? 저 남자는 하이테크 자전거를 가진 자기 친구들이랑 하이킹을 하면 더 즐겁지 않을까. 왜 굳이 여자를 저렇게 고생시키지?

물론 상대의 필요에 부응해주는 것도 상대에게 선물이 될 수 있고, 좋은 일이 될 수 있다. 하지만 커플이니 당연히 '뭔가를 함께 해야 한다'는 명목 하에 둘 모두에게 즐겁지 않은 일들을 계속한다면, 그건 둘 다에게 고문 같은 일 아닐까? 함께 하는 일이 고작 매일 저녁 파트너랑 함께 텔레비전을 보는 것이라 해도, 그중 한 사람은 해당 프로그램에 관심이 없다면 그 사람에겐 그 시간이 그냥 시간 낭비가 아닐까? 함께 하는 거라기보단 그저 옆에 앉아 있는 것일 뿐. 종종 습관처럼, 의무처럼 되어버리는 섹스도 마찬가지다. 많은 여성들이 파트너와 헤어진 다음에 자신의 몸이 드디어 자신의 것으로 돌아왔다는 느낌을 받는다.

——— 내가 원하지 않는 특성을 안다는 것

혼자만의 일상을 즐거움으로 만들어주는 건 대부분 소소한 일들이다. 여가 시간, 식사, 주거, 시간 배분, 텔레비전 시청, 여행, 만남, 생활 리듬, 외출 등을 일일이 상의할 필요가 없는 것. 상대방을 챙겨주지 않아도 되고 상대방의 문제에 관여하지 않아도 되는 것. 상대방의 기분이 어떤지 일일이 신경 쓰지 않아도 되는 것.

그것들이 자잘하고 사소하게 다가올지라도, 싱글로서(특히 헤어지고 싱글이 된 경우에는) 자신이 무엇에서 해방되었고 어떤 점이 편해졌는지를 의식하는 것이 중요하다. 삶은 늘 우리의 속마음에 부응한다. 그리하여 우리가 (한편으로는 관계를 간절히 동경하면서도) 무의식중에 파트너 관계를 이루고 싶지 않거나 친밀함에 대한 두려움이 있다면, 친밀한 관계에 들어가지 못하거나 계속해서 파트너를 갈아치울 확률이 농후하다. 관계 그 자체, 친밀감 그 자체를 싫어하는 사람은 거의 없다. 우리가 원하지 않는 것은 관계 자체가 아니라, 관계가 지니는 모종의 특성들이다. 그러므로 자신이 원하지 않는 특성들이 무엇인지를 의식하면, 더 차별화된 상이 생겨난다. '이러이러한 것은 더 이상 원하지 않아. 하지만 이러이러한 것은 뭐 괜찮아'라고 하는 것이다. 명확한 상을 가지고 새로운 만남으로 나아가면, 바람직한 관계를 이룰 수 있을지 확신이 생긴다.

오늘날 싱글로 산다는 것은 '…으로부터 벗어나는 것'이다. 더 이상 겪고 싶지 않은 일들에 대해 노(No)를 선언하는 것이다. 많은 여성들에게 그것은 좋지 않은 경험들만 안겨주었던 '남자들'에 대한 거부다. 일반적이고 관습적인 파트너십에 대한 거부다. 사회적 차원에서 흥미로운 것은, 여성들은 여태껏 다른 선택지가 없었기에 전통적인 관계를 고수해왔다는 사실이다. 무엇보다 경제적인 능력이 없었기에 헤어짐을 선택할 수 없었다. 여성이 자신의 수입을 갖게 되면서 이혼율이 상승했고(다수의 이혼이 여성 쪽의 요구로 이루어진다), 비혼 여성의 비율도 증가했다. 특히나 전통적인 결혼 생활 모델은 여성에게는 맞지 않는다. 세계적으로 수많은 연구가 결혼 생활에서 남편이 아내보다 득을 본다고 이야기한다.[30] 한 침대에서 같이 자는 것은 남자의 건강에는 좋지만 여자의 건강에는 별로라고 한다. 여성은 생물학적으로 어린아이를 옆에 눕히고 자면서도 돌보는 데 맞춰져 있다. 아이의 작은 움직임에도 금방 깨어 아이가 괜찮은지를 살피곤 한다. 그러므로 남편과 함께 잘 때 남편은 이런 돌봄의 유익을 누리는 반면, 여자는 누군가 옆에서 자신의 생물학적 보호 본능을 일깨우므로, 잠을 푹 자지 못한다.[31]

사회적 간섭으로부터의 자유

대부분의 시간을 혼자서 지내는 사람이든 주변 사람들과 긴밀히 결속되어 있는 사람이든 간에 혼자 있는 순간에는 이러저러한 것으로부터 자유롭다. 쇼펜하우어는 이렇게 쓴다. "누구나 혼자 있을 때만 온전한 자기 자신이 될 수 있다. 따라서 고독을 사랑하지 않는 자는 자유를 사랑하지 않는 것이다. 홀로 있을 때만이 자유롭기 때문이다. 함께한다는 것은 늘 속박을 동반한다." 너무 과장된 말 같은가? 물론 사람이 얼마나 사교적인 타입인가에 따라 달라질 수 있다. 섬세한 사람은 타자와 함께 있는 것을 더 민감하게 느끼고, 더 영향을 많이 받는다. 자신이 선택한 사람이라면 그와 함께 있는 것이 아주 즐거울 수도 있다. 하지만 그럼에도 상대의 시선을 의식하고 상대를 경험하고 상대의 생각을 자신의 생각과 조율하는 건 사실 쉬운 일은 아니다. 자신의 삶의 방식에서 떨어져 나와 상대에게 맞추어주어야 하기 때문이다. 그러므로 최소한 잠시라도 의식적으로 혼자 있는 시간을 갖는 것이 정신 건강에 좋다. 1980년대에 플로(Flow) 전문가 미하이 칙센트미하이가 참여한 연구들에서도 이미 청소년과 성인 모두 잠시 혼자만의 시간을 보낸 뒤에 더 기분 좋고 친절해졌다는 결과가 나왔다.[32]

혼자 있는 시간은 사람들과 관련한 모든 역할에서 벗어나는 시간이다. 각 사람과의 관계에서 우리는 자신의 다른 면모를 보여준다. 자신을 온전히 다 보여주기란 여간해서는 가능하지 않다. 보여줄 수 없거나 보여주기 싫은 면모들이나 감정들이 있는 법이다. 아무에게도 보여주고 싶지 않은 것들도 있다. 혼자 있을 때만이 우리는 다른 사람들의 시선에서 벗어나 온전한 자신이 된다. 그럴 때만이 엄마나 교사, 가게 주인, 연인 등의 역할에서 벗어나 그냥 자기 자신이 된다. 그냥 '존재'하게 된다. 자신이 감당하던 역할에 익숙해져 있기에 처음에는 불안할 수 있다. 하지만 우리가 쓰고 있던 마스크를 의식하고, 이제 어떤 모습을 보이고 싶은지, 어떤 존재가 될 것인지를 결정할 수 있다.

사랑하는 사람이나 동경하는 사람에게 온전한 자신의 모습을 보여주고 싶나는 생각이 들시노 보른다. 하지만 혼자 있을 때와 같은 모습을 보여줄 수 있을까? 아마도 그럴 수 없을 것이다. 이런 존재 방식은 오직 자기 자신에게만 속하며, 나뉠 수 없는 것이다. 그러므로 이런 존재 방식을 경험하고 알아가고 맛보지 않는 것은 안타까운 일이 아닐 수 없다.

▽ 때로 힘들게 하는 것들

세상에서 모든 것에는 두 가지 면이 있다. '…으로부터의 자유'에도 반대 측면이 있다. 혼자 사는 사람은 누군가와 함께할 때 싫었던 것들에서 해방되는 대신, 좋았던 것들에서도 해방되어 이제는 경험할 수 없는 것들이 그리워지기도 한다. 스킨십, 소속감, 주말 계획을 세우고 함께 보낼 사람, 그 밖에도 각자 좋았던 것들이 있을 터이다. 무엇보다 사랑하는 사람과 헤어졌거나 사별한 사람은 그 사람과 함께 했던 모든 게 그리울 것이다. 자유로워졌지만 참으로 아픈 자유다. 상처가 남았고, 치유되기까지는 일단 시간이 필요하다. 그 시간 동안 자신을 돌보고, 애도를 해야 한다.

아픔이 약간 누그러지면, 그럼에도 이제 무엇에서 자유로워졌는지를 의식하는 것이 중요하다. 상대를 '디스'하자는 것이 아니다. 당신을 위한 것이다. 어쨌든 당신이 삶을 지속하는 것이 중요하고, 그러려면 상황을 정리하고 새로운 의욕을 내야 한다. 그러기 위해 이제 벗어날 수 있어서 좋은 것들을 떠올려보라.

외롭다고 느끼거든, 함께 있을 때 지금보다 모든 것이 좋았다는 장밋빛 착각을 버리라. 당신이 무엇에서 자유롭고 홀가분해졌는지를 느껴보라.

______ 고독 혹은 도피여도

저녁이나 주말, 허허로운 마음이 엄습하고, '이렇게 잊히고 고독해지는구나' 하는 생각이 들 때 이런 질문을 해보라. 내게 지금 필요한 것이 정말로 다른 사람인가? 내가 지금 누군가를 만날 힘과 만날 마음이 있는가?

지금 당신에게 가장 좋은 것은 쉼을 누리고 재충전하는 것인지도 모른다. 푹 자고, 슬슬 산책이나 하고, 독서하고, 맛난 걸 만들어 먹고, 욕조에서 느긋하게 목욕을 즐기고, 스트레칭을 해주고, 자신에게 힘이 되는 것들을 하면서 말이다. 그러다 보면 자연스럽게 또 사람을 사귈 기회가 온다. 삶이 계속되는 한 만남이 있다. 이 시간은 쉼을 위한 시간이며 자신을 위해 할애할 시간이다.

물론 홀로 있음이 도피인 경우도 있다. 사회적 두려움이 있는 사람은 독일 시인 빌헬름 부시(Wilhelm Busch)의 말마따나 "외로움이 좋은 것은 그에게 무슨 짓을 할 사람이 아무도 없기 때문"인 형국이다. 이 경우 홀로 있음은 최악의 불행을 막기 위한 차선책에 불과하다. 그런 보호 메커니즘도 무시할 수 없다. 나아가 그것에 머물지 않고, (경우에 따라서는 전문적인 도움을 받아) 그것을 극복하면 좋을 것이다. 이런 경우에도 혼자인 시간들을 긍정적이고 즐겁게 보내는 법을 배울 때, 새롭고 신뢰적인 나눔으로 나아갈 수 있다. 혼자인 시간을 통해 마음이 기쁨과 사랑으로 가득 차면, 그런 마음이 다른 사람들에게까지 흘러가게 되어 있다.

▽ 더 나은 싱글 라이프를 위한 팁

싱글이 된 지 오래되었든 얼마 안 되었든 간에, 자신이 무엇에서 해방되었는지를 의식하라. 외로움이 엄습하면 파트너 관계를 전반적으로 미화하고, 예전에 자신이 경험했던 관계를 그리워하게 된다. 하지만 기억은 속이는 것이다. 다시 한 번 예전에 힘들었던 감정들을 떠올려보라.

담담하게 돌아보면 파트너 관계에서 좋은 점만 있지는 않았을 것이다. 헤어짐의 주된 원인을 누가 먼저 제공했건, 좋은 점만 있었다면 왜 헤어졌겠는가. 소중한 것을 포기하고 살지는 않았는가? 자신의 진짜 면모를 죽이고 살지는 않았는가? 속고 이용당한다고 느끼지는 않았는가? 지루한 나머지 다른 사람을 동경하지는 않았는가?

함께 지내며 좋지 않았던 점들을 꼽아보라. 무엇이 마음에 들지 않았는가? 이제 무엇으로부터 벗어났는가? 또, 당신이 아는 커플들의 어떤 점이 당신의 마음에 들지 않는가? 당신이 그런 경험을 하게 된다면 얼마나 싫을까?

다음 사실을 신뢰하라. 헤어지고 난 뒤 어느 정도 지나면, 슬픔과 아픔이 다 물러가고 더 이상 과거를 동경하지 않는 시점이 온다. 대신에 안도감, 기쁨, 호기심이 솟아난다. 이 시기에 얻는 보물은 소중하다. 나는 다시금 온전히 나의 것이 된다. 이렇게 얻는 에너지에 힘입어, 한 단계 성숙한 인생 여정으로 나아갈 수 있다.

4 동경하던 일을 해볼 수 있다

자, 이제 자유로워졌으니 이 자유를 무엇을 위해 쓸 것인가? 아침에도 초콜릿을 먹고, 친구들과 실컷 전화로 수다를 떨고, 밤에 좋아하는 영화를 마음껏 보고? 그런 것도 좋을 수 있다. 하지만 또 어떤 것을 할 수 있을까? 오래전부터 한번 해보고 싶었던 것들은 무엇인가? 드디어 쟁취한 자유를 어디에 사용할지를 모색하다 보면 힘이 솟을 것이다. 혼자 있는 시기에는 많은 것들을 할 기회가 있다. 누구 때문에 못한다는 핑계는 이제 통하지 않는다. 무엇보다 그 자유를 혼자 있는 시간에 숨겨진 선물들을 맛보는 데 활용해보라.

▽ 자기 주도적인 일상

'…에서 자유롭고 해방되기', 이것은 떠나는 것이고, 돌아서는 것이며, 자신을 보호하는 것이다. 반면 무엇을 위해 자유를 활용하고 싶은지를 알면 싫은 것에서 자신을 단절하는 데서 그치지 않고, 동경하는 것을 실천에 옮길 가능성을 모색할 수 있다. 하고 싶은 것이 확실하면 장애물도 사라진다. 처음에는 괴로움 때문에 어떤 상태에서 벗어나 떠났을지도 모른다. 하지만 어느 순간이 되면 새로운 것에 대한 의욕이 생겨나고, 무언가를 하는 데 자유를 활용할 수 있다. 삶을 현실적이고, 능동적이고, 창조적으로 형상화할 수 있다. 그러고 나면 더 이상 휩쓸려 다니지 않고,

앞을 향해 즐겁게 나아가는 삶을 살 수 있다.

여성들에게 혼자 지낼 때 무엇이 좋으냐고 물어보면, 독서도 하고, 욕조에 편안하게 누워 있기도 하고, 영화도 보고, 실컷 잠을 자고, 전화도 하고 싶을 때마다 할 수 있다고 답한다. 소소하고 별것 아닌 것 같아 보여도, 자기만의 리듬으로, 자기 주도적으로 일상을 즐길 때, 삶은 아름답고 풍요로워진다.

어떤 여성들은 혼자 살면서 스스로 삶을 책임지는 가운데 자기효능감이 높아졌다고 이야기한다. 차츰차츰 자신이 어떤 사람이며, 무엇을 좋아하는지, 어떤 상황에서 본연의 모습을 찾을 수 있는지를 알게 되어, 원래 동경하고 바라던 삶으로 나아간다. 파트너와 함께할 때는 가질 수 없었던 여유를 필요로 하는 모든 것을 할 수 있다. (직업이 있건 없건) 엄마와 주부로 지낼 때는 불가능했던 사회생활에 마음껏 참여할 수 있는 자유도 누리게 된다.

——— 무엇을 하고 싶은가?

다시금 〈빅뱅 이론〉의 천재 과학자 셸던 쿠퍼에게로 돌아가보자.(나는 이 미드를 좋아한다.) 셸던 쿠퍼는 특이한 괴짜다. 하지만 그는 평화로운 일상 속, 혼자 있는 시간을 좋아한다. 친구들이 드디어 외출하고 나면 굉장히 기뻐한다. 혼자서 시간을 보낼 줄을 알기 때문이다. 그의 머리는 온갖 아이디어와 계획들로 가득하며, 공상하고, 생각하고, 실험하거나, 이미 여러 번 본 적이 있는 좋아하는 영화를 다시 감상하며 연출에 대해 코멘트를 곁들인다. 이 모든 활동이 너무나 즐거운 나머지, 한동안 혼자 있는 시간을 갖지 못할 때면 혼자 있고 싶어서 안달이 난다. 혼자 있는 시간이 꼭 필요한 것이다.

당신은 혼자 있는 시간들을 무엇으로 채우고자 하는가? 무슨 일이 그토록 하고 싶어서 혼자만의 시간을 간절히 원하는가? 파트너와 헤어졌다면 예전에 내게 어떤 목표가 있었는지 상기해보자. 그런 목표를 눈앞에 그려보면 힘이 날 것이다. 나의 꿈, 소망, 이상은 무엇이었는가? 관심사는 무엇이고, 취미는 무엇이었는가? 그중 어떤 것들을 되살릴 수 있을까? 파트너와 함께 지낼 때 속으로 동경하면서도 실현할 수 없었던 일들을 떠올려보라.

외롭다고 느낀다면, '내가 혼자서 바람직하게 살 수 있을까' 하는 의심을 버리라. 자기 의심은 자신의 진정한 목표와 소망에 다가가는 데 걸림돌이 된다.

아내, 엄마, 주부이자, 맞벌이까지 하는 여성들은 자신을 돌아보고 살필 여유를 갖지 못하고 살아온 경우가 많다. 오랜 시간 오로지 가족들만을 위해 살아온 사람은, 자기 자신을 보살피고 자신을 위해 사는 것도 중요하고 필요한 일임을 새롭게 깨달아야 한다. 파트너와 헤어졌다든지, 아이들이 다 커서 독립했다든지, 안식년을 맞았거나 일을 줄이기로 결정했다든지 해서 혼자 있는 시간이 많아졌는가? 이런 시간들은 자신을 보살피는 데 아주 귀중한 시간임을 명심하자.

______ 그냥 혼자, 혹은 '나를 위해'?

토요일 저녁이다. 나는 힘든 시간을 보냈다. 한 시간 전에서야 컴퓨터를 껐고, 이제 주말에 돌입할 채비를 마쳤다. 내일은 정말로 오랜만에 맞는 스케줄 없는 일요일이다. 어떤 의무에서도 벗어나 온전히 나를 위해서만 사용할 수 있는 첫날. 오랫동안 이날을 기다려왔다. 이제 서서히 멜랑콜리한 기분이 된다. 토요일이면 뭔가 재미있는 일을 만들어야 하는 게 아닐까? 멋진 사람들을 만나고? 불타는 밤을 보내고? 아니면 친한 사람 곁에서 아늑하게? 그래야 할까? 내가 그것을 원할까?

나는 내가 원하는 걸 알고 있다. 나는 우선 고요히 앉아 한동안 멍하니 있고 싶다. 정신이 되돌아올 때까지 기다리고 싶다. 오늘 아무도 만나지 않았지만, 그래도 내 신경은 온통 외부로 향해 있다. 내가 뭔가를 잘못했나 싶기도 하고, 내가 뭔가를 놓친 것이 아닌가 하는 생각이 들기도 한다. 그러나 이미 지난 일들이다. 나는 이미 그곳에 있지 않다. 이렇듯 지나버린 일들에 신경을 곤두세우고 있음을 깨닫자, 서서히 마음이 정리되기 시작한다. 아무리 내 머릿속에서 상황을 재구성해보아도, 이미 지난 일이다. 헤집어보았자 소용이 없다. 공연히 심란하게 만드는 무의미한 행동이다.

이제 서서히 정신을 차리기 시작한다. 멀리 헤매던 마음을 다시금 내 쪽으로 불러들인다. 마음에 일렁이던 물결이 서서히 잠잠해진다. 평온이 깃든다. 토요일 저녁, 나는 이날 처음으로 심호흡을 하고 홀가분해진다. 내가 여기 앉아 있는 것은, 지금 이 순간 내게 이곳보다 더 나은 자리가 없기 때문이다.

내일이면 드디어 좋아하는 일요일이다. 정말 소중한 날이다. 나는 일찌감치 일어나 카페에 갈 것이다. 숲을 산책하거나 호숫가를 거닐며 오리와 갈매기를 보고 지난 일들을 돌아보고, 수첩에 뭔가를 끼적여보고, 책장에 묻혀 있던 책들을 다시 꺼내서 읽다가 졸다가 하며, 행복을 만끽할 것이다. 고요히 삶의 기쁨을 만끽하고 존재 자체의 행복을 누릴 것이다. 아무 과제 없이 시간을 초월하는 시간. 완전히 자신과만 마주하는 시간. 마음속에서 떠오르는 느낌과 생각에 온전히 할애할 수 있는 시간. 애수에 젖기도 하고, 옛일에 화를 내기도 하며, 드디어 친구에게 미루고 미루었던 메일을 쓰는 시간. 그렇게 나는 마음을 약간 정리하고, 온전히 내 곁에 머문다. 활동과 휴식의 건강한 균형을 위해 그동안 등한히 해온 한가로운 시간으로 나아간다. 그렇게 이 주말 혼자 있음을 만끽한다.

______ 싱글 여성과 일

직업적으로 성공하고 본인의 일에 열정을 발휘하는 싱글 여성의 삶은 잡지의 단골 소재다. 많은 싱글들에게 일, 자원봉사, 소명은 상당한 비중을 차지한다. 혼자 사는 사람들에게 사적 영역을 초월한 이런 적극적 활동들은 특별한 의미를 지니며, 그것에 포커스가 맞추어진다. 어떤 일들에는 싱글에게 있는 자유와 독립이 꼭 필요하다.

하지만 아직도 커리어의 세계에서 여성들은 불이익을 당하기 일쑤고, 남성적인 특성들이 판을 친다. 안타까운 일이다. 세상, 특히 경제계는 여성적인 사고와 행동 방식을 통해 커다란 유익을 얻을 수 있기 때문이다. 많은 여성들이 특히나 일에 목숨을 걸다시피 하는 것을 돈이나 커리어, 권력 추구와는 좀 다른 시각으로 바라볼 수도 있다. 수백 년간 여성들은 이 세계에서 거의 배제된 존재들이었다. 일이라고 하면 집안일, 농사일, 가족을 돌보는 일만으로도 감당할 수 없을 만큼 많았다. (대다수의 남성들도 오랜 세월 마찬가지였지만) 여성들은 무슨 일을 할지, 돈을 벌고 싶은지, 어떻게 벌 것인지를 선택할 수조차 없었다. 여성들이 (몇몇 선구자들의 투쟁을 통해) 독립적으로 생활비를 벌 수 있게 된 것은 불과 몇십 년도 되지 않은 일이다. 경제적 독립은 자주성의 토대다. 그 이래로 여성들은 일에서 자신의 잠재력을 시험하고, 커리어를 쌓고 돈을 벌었으며, 때로는 실수도 범하며 수업료를 지불해왔다.

여기서도 기존 질서가 제시하는 대로 무턱대고 따르기보다는 우리 자신의 길을 발견해나가는 것이 좋을 것이다. 점점 더 많은 여성들(그리고 남성들)이 일에서 의미를 찾고 싶어 하고, 주고받음이 지속 가능하게 이루어지는 사회를 원한다. 하지만 무엇보다 일에서 여성들이 의식해야 하는 것은 일이 여성에게 독립을 선사해준다는 점이다. 일은 (물론 스트레스를 동반하기는 하지만) 여성들에게 중요한 선택권을 준다. 어떤 모습으로 살고 싶은지 스스로 주체적으로 선택할 수 있게 해준다. 어떤 삶을 살고 싶은가? 파트너 관계에 얼마나 강하게 얽매이고 싶은가? 남자 뒤치다꺼리를 하면서는 불가능한 소명의 길을 가고 싶은가?

______ 열매 맺게 하기

괴테의 삶은 내게 인상 깊게 다가온다. 작가 지그리트 담(Sigrid Damm)은 『괴테의 마지막 여행』이라는 책에서 괴테가 고령에 얼마나 고독했는지를 묘사한다. 일생 동안 교류했던 사상가들은 거의 세상을 떠났고, 젊은 세대의 견해와는 친해지기가 힘든 부분이 있었다. '아 이제 시대는 변했고 사람들은 다른 삶을 살고 있어'라고 결론을 내리고 되는대로 지냈을 수도 있었을 것이다. 하지만 그는 그러지 않았다. 대신에 그는 자신감 있게 100퍼센트 자신의 세계관, 지식과 경험의 보고로 무장한 가운데 자신의 글들을 정리하고 완성하는 데 착수했다. 자신의 생각들이 후세에게 계속 도움을 줄 수 있도록 말이다. 내적 고독은 여든 살이 넘은 노인 안에서 다시 한 번 모든 힘을 동원했다. 그렇게 괴테는 '세상은 젊은 이들의 것'이라고 치부하며 유행하는 것에 '필드'를 넘겨주지 않고, 나이 든 사람의 고귀한 책임감으로 자신의 지혜를 전달하는 삶을 살았다. 덕분에 우리는 오늘날도 그의 글에서 유익을 얻고 있다.

꼭 외로워야 할 필요는 없다. 혼자 있는 시간이 많다 보면 스스로 의미 있다고 생각하는 것에 몰입해보고 싶은 마음이 들기가 쉽다. 혼자 있는 사람들은 휴가, 초대, 주말이나 휴일 활동, 가족 행사 등에 구애받을 필요가 없다. 때로는 이런 행사가 없는 것이 마음 아플 수도 있지만 그 단출함 덕분에 새로운 것으로 나아갈 수 있는 시야가 열리기도 한다. 여가 시간을 다른 방식으로 보내며 내면생활을 풍요롭게 할 기회가 될 수도 있다. 고요히 혼자 있는 시간에 잠기면 피상적인 생각과 감정이 아닌, 영감이 떠오른다. 이런 시간을 누릴 수 있는 사람은 나중에 함께하는 삶으로 돌아가더라도 그 삶 역시 더 풍요롭다. 혼자 있음이 긍정적이고 유익하며 분주한 일상에 꼭 필요한 것이라는 생각을 가지고 공동체에 들어가기 때문이다.

세상에는 우리가 할 수 있는 의미 있는 일들이 많다. 내면의 성정에 맞는 일이면 더 힘 있게 할 수 있다. 마음이 동하면 말이다. 자원봉사 혹은 예술에서 의미를 찾을 수도 있고, 어떤 사람은 가족이나 조상에게서 내려오는 상처를 심리학적으로 치유하는 데서 의미를 찾을 수도 있다. 혼자 있는 시간은 언제나 자신을 돌아보고 치유하는 시간이다. 힘들지만 아름답고 풍요로운 시간이다. 이 시간은 앞으로의 모든 것을 더 쉽고 건강하게 만들어주고, 주변 사람 모두에게 유익하다.

혼자 지내는 시기는 자신의 잠재력을 개발하고 펼치는 데 아주 이상적이다. 오랫동안 남편의 경제적 부양을 받다가 혼자가 된 여성의 경우는 특히나 이것이 필요하다. 오십이 넘은 상태에서 스스로 원해서든 어쩔 수 없어서든 헤어짐을 뒤로한 여성들은 처음에는 이 일로 인해 상당히 아프고 힘들어하지만, 얼마 뒤에는 혼자 됨을 아주 풍요로운 것으로 경험하며 독립 만세를 부르는 경우가 많다. 그러고는 지금까지 삶에서 시도하지 못했던 새로운 것을 향해 나아간다.[33] 계속해서 관계의 문제를 맴돌며 시간과 에너지를 빼앗길 필요가 없게 되면, 더 커다란 주제로 도약할 수 있다. 정치적, 생태적, 영적인 일에 관심을 가지고 적극성을 발휘하여, 자신의 에너지를 많은 사람을 유익하게 하는 데 쏟을 수 있다.

철학자 페터 비에리(Peter Bieri. 파스칼 메르시어)는 자아상과 현실 사이에 간극이 없는 것이 바로 자주성이라고 본다. 우리에게 맞는 삶을 살 때 자주성을 실현하게 된다는 것이다. 타인이 보는 상은 우리 현실과 다를 수 있다. 하지만 중요한 것은 우리 자신이다. 그리하여 비에리는, 타자들의 발언에 대해 나도 그렇게 생각하는가, 이것이 나의 사고방식인가, "자신의 전기의 논리"[34]에 맞는가를 질문하라고 조언한다. 혼자 있을 때 우리는 이런 논리에 따라 살아갈 자유가 있다.

▽ 때로 힘들게 하는 것들

이런 날들이 있다. 생각이 계속 자기 주위를 맴돌면서, 시시콜콜 자신을 의심하는 날들이다. 난 너무 나이가 많아, 뚱뚱해, 말랐어, 행동이 느려,

혹은 성질이 급해……, 이렇게 계속해서 부족한 점을 떠올리며 '나 자신으로 살아가는 것이 싫어. 다른 사람이 되었으면 좋겠어'라고 생각한다. 완전히 다른 삶을 살아갈 수 있다면 얼마나 좋을까? 너무 힘들지 않은 삶, 사랑스러운 관계들로 가득한 삶. 그런데 이 좋은 날에, 문밖에는 휴일 분위기로 들떠 있는데, 혼자 이렇게 나 자신에 대해 괴로워하다니 정말 웃기지 않은가? 하지만 '오늘은 문밖에 나갈 수가 없다. 오늘은 나가지 말자' 하는 생각이 든다. 그런 날들엔 하고 싶고 할 수 있을 일에도 참여하지 못한다. 친구의 초대에도 응하지 않고, 숲의 고요 속으로도 나아가지 못하며, 일요일에 선 주말 장에도 가지 않고, 떠들썩한 모임에도 가지 않는다.

이런 태도는 도움이 되지 않는다. 어떤 문들이 막혔다면, 다른 문들을 찾으라. 열린 마음으로, 깨어 있는 마음으로 당신을 충만케 할 수 있는 것을 찾아나가라. 당신을 즐겁게 하는 것, 당신이 나눌 수 있고 주고 싶은 것을 찾아나가라.

에리히 캐스트너(Erich Kästner)가 남긴 시 중에 이런 시가 있다. "그대는 혼자 외롭다. / 벽시계에서는 시간이 방울져 듣고 / 그대는 창가에 서서, 바위를 응시한다. / 사랑을 꿈꾸지만, 사랑을 믿지 않는다. / 인생을 아니까. 답을 아니까. / 그대는 혼자서 외롭다. / 가장 나쁜 것은 둘이서 외로운 것이다." 나는 이 시에서 '인생을 아니까. 답을 아니까'라는 구절이 인상적이다. 바로 그것이 외롭게 하는 것이다. 호기심을 잃고, 더 이상 경탄하지 않으며, 더 이상 마법을 찾지 않는 것. 삶은 매순간 그것에 열려 있는 사람을 위해 마법을 예비하고 있는데 말이다.

이 시는 수동적으로 되어버린 사람을 보여준다. 수동적인 홀로 있음은 괴로움을 동반할 확률이 높다. 텔레비전이나 보고, 인터넷이나 기웃기리고, 주진부리나 하고, 술이나 마시고, 나무에서 삼이 떨어지기를 바라면서 시간을 보내는 사람은 외로움에 괴로울 수밖에 없다. 반면 적극적으로 자신의 삶을 형상화해나가고, 취미를 추구하고, 자연을 향유하는 사람, 악기를 연주하거나, 그림을 그리거나 글을 쓰거나, 평소 하고 싶었던 것들을 능동적으로 해나가는 사람은 순간순간 외로울 수는 있지만 여간해서는 외로움에 굴복당하지 않는다. 행동주의에 매몰되라는 이야기가 아니다. 고요하고 한가로운 가운데서도 적극성을 잃지 않을 수 있다. 최소한 내적으로는 말이다. 중요한 것은 삶에 의미를 주는 포커스가 필요하다는 것이다.

▽ 더 나은 싱글 라이프를 위한 팁

홀로 있는 시간을 선물 받았으니 그것을 어디에 활용하고 싶은가? 일단 몇 분간 조용히 생각을 해보라. 당신은 무엇에 열정이 있는가? 어릴 적 좋아했던 활동은 무엇이었는가? 파트너와 함께였을 때 하고 싶었던 일은 무엇인가? 평소 해보고 싶었는데 지금까지 허락되지 않았던 일은 무엇인가? 부당하다는 생각 때문에 어떤 일에 참여하려는 마음이 일어날 수도 있다. 아픔이 어떤 활동을 하도록 당신을 부추기는가?

잘 떠오르지 않는다면, 잡지들을 한 무더기 쌓아놓고, 하나씩 넘겨보면서 마음이 동하는 사진들을 잘라 콜라주를 만들어보라. 내게 의미를 주는 것 혹은 내가 좋아하는 것, 혹은 가치가 있는 것이라는 주제로 말이다.

5

온전히 나의 리듬대로 산다

혼자 있으면 모든 시간이 당신의 것이다.
멀리, 아는 사람이 아무도 없는 곳으로 여행을 떠나면 알 수 있다. 밤이 참 길다는 것을! 혼자 있을 때도 마찬가지다. 모든 시간이 우리 것이다. 누군가와 함께할 때는 그냥 술술 빠져나갔던 시간들이다. 살다 보면 파트너 때문에 뭔가를 해야 할 때가 얼마나 많은가? 물론 나쁘지 않다. 하지만 장기적으로는 인생이 그냥 그렇게 흘러가게 된다.

▽ 외부에 시간을 빼앗기지 않을 자유

나는 늘 '바다처럼 차고 넘치는 시간'을 동경한다. 과제에서 해방되어, 그 무엇도 강제로 할 필요가 없는 무궁무진한 시간들. 한가로이 빈둥거리는 시간들. 그 무엇도, 누구도 내게 아무것도 바라지 않는 시간들. 이런 시간들에 나는 느려지고, 모든 세포가 휴식하고, 이완된다. 심호흡으로 고요와 평화를 호흡한다. 살아 있음을 절절히 느끼고, 시간을 초월한 듯한 영원성이 살아 온다.

점점 많은 사람들이 자신에게 요구되는 여러 일에서 벗어나 때때로 고요를 누리고 싶은 소망을 토로한다. 분주한 우리 사회에서 충분한 시간을 확보하기를 원한다면, 혼자 사는 것이 가장 단순한 방법이다. 설사 혼자 살지 않는다 해도, 텔레비전이나 전화, 인터넷 없이 하룻밤만 혼자 보내도 그 시간은 정말 길다. 마음을 고요히 할 수 있는 기회다. 1970년대 말에 이미 연구 결과가 나왔다. 혼자 있는 시간을 충분히 가지면 스트레스가 줄어들고, 규칙적으로 혼자 있는 시간을 가지면 여러모로 유익하다고 말이다.[35] 혼자 있는 시간을 가지고 난 뒤 사람들과 함께하면 그 만남은 더 편안하고 충만해진다.

시끄럽고 북적이는 세상 속에서 규칙적으로 고요히 홀로 있는 시간을 낼 수 있다면 참으로 감사한 일이 아닐 수 없다. 마법 같은 순간들을 맛보려면 시간과 마음의 여유가 필요하다.

——— 엄마도 자기 시간이 필요하다

홀로 있음을 주제로 한 책을 쓰기로 한 뒤, 나는 주변 사람들과 이 주제에 대해 대화를 많이 했다. 그러면서 적잖이 놀란 것은 혼자 있는 시간을 힘들어하는 사람들이 의외로 많다는 사실이었다. 동시에 예상할 수 있듯이 혼자 있는 시간을 간절히 원하는 사람들도 많았다.

특히 아이를 키우는 젊은 엄마들 중에 자신만의 시간을 가지고 싶다고 내게 토로하는 사람들이 많았다. 아이들을 사랑하고, 돌보고, 가족을 위해 헌신하지만, 그 가운데 간혹 나를 돌봐주는 사람은 아무도 없는 느낌이 들기도 한다는 것이었다. 나는 늘 가족들을 위해 살고 이렇게 심신이 지쳐가는데 하면서 말이다. 직장 여성이건 전업 주부건 휴직 상태에 있건, 이런 마음은 매한가지였다.

이런 경우 해법은 혼자 있는 시간을 확보하는 것인데, 문제는 그런 시간을 내기가 쉽지 않다는 것이다. 아이를 키우는 엄마는 매일 거의 24시간 아이와 붙어 있어야 한다. 일요일에도, 휴가를 가서도 그렇고, 몇 시간 누가 아이를 봐줘도 그리 낫지는 않다. 음식을 해 먹고, 집안일을 하고, 이것저것 할 일이 쌓이기 때문이다.

예전에 나이 든 세대가 육아를 할 때는 상황이 많이 달랐다. 그때는 무엇보다 여러 형제자매가 서로 어울려 자라는 경우가 많았고, 서로 돌봐주면서 알아서 자랐다. 손위 아이들이 손아래 동생들을 보살펴주었고, 동기간 연령 차가 크다 보니 자기 자녀와 동생을 함께 키우는 경우도 있었다. 그렇게 아이들은 더 일찌감치 자율성을 획득했고, 자기효능감이 높았다.

하지만 그 뒤 세대가 바뀌면서 엄마가 '응당 해야 할 일'[36]의 수는 계속 증가하고 있다. 게다가 현대인들은 삶에 대해 과거와는 전혀 다른 표상을 가지고 있고, 이런 표상들은 대가를 요구한다. 그리하여 요즘 엄마들은 사람들과 전자 기기에서 떨어져 약간의 자기 시간을 확보해야지만 비로소 힘을 공급받을 여유를 갖게 된다.

이와 관련하여 얼마 전까지만 해도 침묵해야 했던 주제들에 대해 터놓고 이야기할 수 있는 분위기가 된 것은 바람직한 일이다. 이젠 엄마들도 말할 수 있다. 자녀를 키우는 일은 아주 힘들고, 마냥 좋은 일만은 아니라고. 우리는 터부시되던 것들을 차츰 터놓고 이야기할 수 있게 되었다. 터부로 삼는다고 그냥 묻히지 않음을 알기 때문이다. 공개적으로 이야기하는 건 여전히 상당한 논쟁과 반향을 부른다. 이스라엘의 사회학자 오르나 도나트(Orna Donath)가 자신의 연구 결과를 모아 펴낸 책 『엄마 됨을 후회함』의 경우도 그랬다. 이 책에서 여성들은 자신이 자녀들을 사랑하고, 사랑으로 보살피지만, 그럼에도 한편으로는 엄마가 된 것이 후회스럽다고 입을 모은다. 더 이상 단순히 그냥 인간으로서만, 자기 자신으로서만 존재할 수 없는 것에 대한 아쉬움이 내면에서 일어나는 것이다. 그러므로 자신의 필요를 의식하고 적극적으로 충족해서 조화로운 밸런스를 잡는 것이 건강한 일이라 하겠다.

그렇다. 어떤 사람은 혼자 있는 시간이 너무 많아서 탈이고, 어떤 사람은 너무 적어서 탈이다. 한쪽은 다른 한쪽을 부러워한다. 어느 쪽이든 부족함이 있다. 한쪽은 타자와의 안정적인 결속이 부족하고, 한쪽은 본연의 모습으로 편안하게 있을 수 있는 시간이 부족하다. 모두가 개인적으로 균형을 찾는 것이 중요하다. 아이를 기르는 엄마들에게 될 수 있으면 혼자 있는 시간의 오아시스를 발견하고 잠시라도 누리라고 조언하고 싶다. 잠시라도 온전히 자신만의 시간을 가짐으로써, 혼자 있는 시간에 열리는 내적인 힘의 원천을 활용하라. 혼자 있는 시간의 보물을 발견하고 개발하면, 훗날 어쩔 수 없이 혼자 있게 될 경우에도 그 보물을 활용할 수 있을 것이고 홀로 있음을 두려워하지 않게 될 것이다.

______ 자신의 리듬을 찾으라

좋은 삶을 위해서는 시간적 여유도 필요하지만, 언제 무엇을 할 것인지를 주도적으로 결정할 수 있어야 한다. 자신의 삶의 리듬을 따라 사는 것이 중요하다. 나는 겨울에는 잠을 많이 잔다. 동물처럼 몇 달 내내 자는 것은 아니지만, 나는 이것을 겨울잠이라 부른다. 자연적인 리듬에 의거하여 겨울에는 더 고요하게 보내고 싶어서다. 8월에는 2월보다 일을 더 많이 만들고, 다른 사람들의 제안에도 더 잘 응한다. 하지만 겨울에는 의식적인 쉼을 통해 힘을 충전하려고 한다. 춥고 밤이 긴 겨울에는 그렇게 하기가 쉽다. 식물계도 움츠러들고 우리의 생체 리듬도 변한다. 새로운 한 해를 다시 활기차게 보낼 수 있도록 마음의 준비를 하고 새로운 기대감을 북돋우는 시기다. 나는 겨울에 누리는 이런 여유를 혼자 있음의 선물로 여기며 가능한 한 한가로움을 누린다.

우리는 정말 많은 것들에 떠밀려 살고, 많은 의무를 지고 산다. 혼자 지내는 사람도 여전히 내면의 음성이 해야 할 일들을 가르쳐주고 바람들을 속삭이지만, 그럼에도 자신에게 맞는 리듬을 찾을 가능성이 더 크다. 필요한 만큼 수면을 취할 수도 있다.(최소한 휴일에는 말이다.) 먹고 싶을 때 먹을 수 있고, 자신의 신체가 원하는 만큼의 활동과 휴식을 배치할 수 있다. 자신의 리듬을 유지하고 계속 개발해나가는 일은 아무래도 가족과 함께 사는 사람보다는 혼자 사는 사람이 하기가 더 쉽다. 우리의 신체는 각각 자연이 부여해준 리듬대로 살아갈 때 가장 편안하고 건강하다.

외롭다고 느낄 때면 뭔가를 해야 한다는 생각을 버리라. 고요한 시간을 홀로 즐기라. 그런 시간들은 정말 소중한 보물이다.

▽ 때로 힘들게 하는 것들

많은 싱글에게는 시간이 많다는 것 자체가 바로 문제로 다가온다. 주말이 다가왔군. 뭘 하지? 주말에는 모두가 짝을 지어 여가 활동을 하느라 바쁘잖아. 그래서 난 주말에는 더 집 밖을 나가기가 싫어……. 싱글들은 일요일과 휴일에 마음이 더 힘들 수 있다. 스산한 마음으로 거리를 배회하거나, 심심하고 지루해 한다.

이런 휴일이면 나는 의식적으로 일단 아무것도 하지 않고, 내 존재와 내가 진심으로 하고 싶은 것이 무엇인지를 가만히 느껴본다. 며칠 분주하게 일을 했거나, 며칠간 어디를 다녀왔거나 손님이 다녀간 다음이면, 처음에 마음을 추스르기가 쉽지 않다. 갑자기 혼자 있는 것이 낯설고 어색하다. 이제 이 남는 시간들을 뭘 하며 보낸다? 어제는 그렇게도 일을 얼른 끝내고 혼자 여유를 누리기를 바랐건만 막상 그런 시간이 돌아오니 가슴이 허한 느낌이다. 그런 시간에 나는 소파에 누워 천장을 응시하며(아니 사실은 내면을 들여다보며) 다시금 마음을 추스른다.

처음에는 허전하고 슬프고 불안하다. 하지만 차츰 감각과 생각이 외부에서 내게로 돌아오고, 어느 순간이 되면 다시 단순히 나의 존재만 느껴진다. 호흡, 생명, 감각, 공감. 모든 것이 좋고, 나는 내 자신에 있다. 어느 순간 다시금 의욕이 살아난다. 산책하고 싶고, 요가를 하고 싶고, 누군가에게 전화를 하고 싶고, 영화를 보고 싶고, 독서를 하고 싶고, 산에 오르고 싶고, 잠을 자고 싶고, 뭔가 요리를 하고 싶다. 그리고 적절한 선택지를 고르자마자 기쁨이 찾아든다. 마음으로 '맞아, 그거야'라고 환호한 다음 움직이기 시작한다.

______ 지루함 역시 삶의 자연스러운 요소다

의식적으로 지루함에 풍덩 뛰어들어보라. 그러고는 자신을 지각해보라. 지루함은 어떤 느낌인가? 무슨 일이 일어나는가? 행동하고 싶은 충동이 일어나는가? 어떤 감정이 느껴지는가? 무엇을 해야 할지 모를 때, 깊이 침잠해서 자신에게 다가가보라. 피상적인 기분 전환거리로 그 순간을 모면하는 것은 별로 좋지 않다. 시간의 틈새를 즉각 메우려는 충동에 저항하는 훈련을 해보라. 그러면 그런 비어 있는 시간도 충만할 수 있음을 발견할 것이다. 삶을 그 자체로 느낄 수 있기 때문이다.

당신은 이미 같은 패턴이 되풀이됨을 감지했을 것이다. 포커스가 외부로 치우쳐 있으면 주변에 사람이 있어도 외롭다. 자신의 내적 존재로 나아갈 수가 없다. 계속 외부의 애정, 외부의 자극에 목마르게 되고, 이런 욕구가 채워지지 않으면 힘들어한다.

지루함은 우리가 아직 시간을 어떻게 활용해야 할지 알지 못한다는 뜻이다. 혼자서 시간을 보낼 줄 모른다는 뜻이다. 우리가 가진 유일한 것이 시간인데 말이다. 하지만 현 순간을 망쳐버릴 수 있다거나 값지게 활용할 수 있다는 생각도 일종의 강박 관념이다. 어떻게 시간을 보내건, 활발히 뭔가를 하건, 그냥 지루해하건, 그 역시 자연스러운 삶일 따름이다.[37]

▽ 더 나은 싱글 라이프를 위한 팁

자유 시간을 어떻게 보낼까? 아직 혼자서 여가를 보내는 데 익숙하지 않다면 지침을 마련하는 것이 좋다. 혼자 저녁을 보내려고 하는가? 일요일 하루 종일을 혼자 보내려고 하는가? 어떤 일이 즐겁게 느껴지는가? 어떤 것에 내적 필요가 느껴지는가? 근사한 요리를 해보고 싶은가? 다이어리에 생각을 정리하고 싶은가? 음악을 듣거나 독서를 하고 싶은가?

독학으로 언어, 기술, 명상, 혹은 치유법 등 새로운 것을 배우고 싶은가? 두세 가지 목표를 정하고 그것을 실행에 옮기라.

생일이나 명절 등 감정이 뒤섞이기 좋은 날들을 혼자 보낼 때는 대략적인 계획을 세우는 것이 특히나 중요하다. 생일을 자축해보라. 혼자서 근사한 망년회도 해보라.

6 자극에 거리를 두고 나만의 감각으로

혼자인 사람은 쏟아지는 정보의 홍수에 더 쉽게 대처할 수 있다. 2014년까지 〈현대 심리학〉지의 편집장이었던 하이코 에른스트는 이렇게 썼다. 혼자 있음은 오늘날 "외부 세계의 혼란과 소란에 대한 해결책이 될 수 있다. 내면세계로 침잠한다는 부정적인 이미지를 버리고, 홀로 있음의 치유적인 영향력을 강조해야 한다."[38] 이번 장은 바로 이것을 다루려고 한다.

▽ 무엇과도 접촉하지 않을 때 나는 치유된다

생체 리듬을 연구하는 학자들이 지원자를 받아 고립 생활 실험을 진행한다. 실험 대상자들은 몇 주 동안 지하 실험실에 들어가 햇빛도 못 보고 외부 접촉도 차단된 채 생활을 하게 된다. 이 경우 실험 대상자들이 어떤 리듬으로 생활하는지를 알아내려는 것이다. 아울러 실험 대상자들은 이런 시간을 통해 충분한 쉼을 누릴 수 있다. 아무 할 일도 없고, 외부와 연락도 되지 않는 상태에서 시간만이 흐르는 가운데 스트레스 없이 편안한 시간을 만끽하게 된다.

이런 실험을 진행한 학자 중 한 사람인 위르겐 줄라이(Jürgen Zulley)는 인간은 어느 정도의 자극이 주어진 다음에는 회복을 위한 휴식이 필요한 "휴식 리듬이 있는 존재"라는 결론을 내렸다.[39] 영국 컬럼비아대학교의 심리학자 페터 수엣펠드(Peter Suedfeld)도 자극이 쉴 새 없이 쏟아지는 시대에 주도적으로 혼자 있는 시간을 확보하면 치유적인 효과를 발휘한다는 사실을 증명했다.[40]

스트레스를 많이 받은 환자들의 감각을 차단해서, 즉 자극을 박탈해서 스트레스를 감소시키는 REST(Restricted Environmental Stimulation Therapy)라는 것도 있다. 따라서 때때로 홀로 시간을 보내는 것은 정신건강에 아주 좋다고 하겠다. 혼자 있는 시간을 통해 자기 성찰의 욕구가 충족되고, 결정할 일들을 충분히 숙고하고, 일어난 사건들을 처리하며, 계획을 세울 수 있다. 개인적·철학적·영적 문제들을 다른 사람들의 직접적인 개입 없이 주체적으로 생각하고, 스스로 삶에서 원하는 것들을 점검해보게 된다. 혼자 있는 시간에는 새로운 자극의 수가 줄어들어, 이전의 자극들을 처리하고 정리할 여유가 생겨나기 때문이다.

——— 미디어에서 눈을 돌린다면

혼자 있어도 페이스북에 매달려 있고, 샤워를 하면서도 '스마트폰을 어디에 두었더라?' 하고 생각하는 시대에 과연 긍정적인 홀로 있음의 기술이 아직 살아 있기나 한 걸까? 하지만 이렇듯 많은 자극들이 두뇌와 영혼을 강타하는 시대이기에 오히려 능동적으로 혼자서 작전 타임을 보내려고 노력하는 사람의 수도 늘고 있다. 이런 사람들은 레오 톨스토이의 다음과 같은 말에 잇닿아 있다고 할 것이다. "때때로 번잡한 삶에서 퇴장하여 신적인 것을 생각하는 것은 영혼에 꼭 필요한 양분이다. 신체에 물질적 양분이 필요하듯 영혼에도 이런 양분이 필요하다."[41] 혼자 있는 시간은 "한시도 연결망에서 벗어날 수 없는 사막 속의 오아시스다"[42]라는 작가 마르틴 헤히트(Martin Hecht)의 말도 비슷한 맥락이다.

우리는 서로서로 힘을 앗아가는 시대에 살고 있다. 현대의 커뮤니케이션 방식과 모든 채널에 곧장 응답해야 하는 문화가 힘을 앗아간다. 이런 시대에는 혼자 있을 때만이 스트레스에서 좀 놓여날 수 있다. 물론 때때로 물러서고 싶다가도 그 시간에 뭔가를 놓치지 않을까 하는 두려움이 밀려온다. 하지만 한동안 오프라인 상태로 있는 시간을 가져본 사람들은 안다. 그것이 얼마나 감미로운 시간인지를. 치료 관점에서도 그런 시간이 효과를 발휘한다는 것이 입증되었다.

혼자 있을 힘이 있는 사람은 가상공간에서 연결되고 접촉하기를 중독적으로 추구하는 위험에 노출될 확률이 적다. 자기 자신과 내적인 공허와 불쾌한 감정으로부터 도망갈 필요가 없기 때문이다. 물론 혼자 시간을 보낼 줄 아는 사람들도 부정적인 감정들을 안다. 하지만 이미 이런 감정에 대처하고, 견디고, 나아가 해결해본 경험이 있다. 필요할 때는 인간관계 네트워크도 이용하지만, 다시금 주도적으로 물러설 능력이 있다.

미디어도 마찬가지다. 텔레비전을 통해 우리는 공동체의 일부가 되는 경험을 한다. 물론 그것을 보는 동안에는 말이다. 그러나 텔레비전을 끄면 혼자다. 몸서리쳐지도록 혼자가 된다. 그러니 얼른 다시 켜는 것이 좋을까? 준사회적(의사사회적parasocial) 관계를 경험하기 위해? 하지만 우리가 경험하는 현실이 텔레비전이나 트위터, 소셜 네트워크를 통해 접하는 현실과 괴리될 때 외로움은 더 쉽게 밀려든다. 그 모든 별점들과 알록달록한 포스팅들, 우리가 이런 세계에 맞출 수 있을까?

불안감 때문에 우리는 계속하여 미디어의 살포를 허락한다. 미디어를 통해 신경을 사꾸 나른 곳으로 돌린다. 텔레비전과 인터넷은 외로운 사람을 자기 자신과 자신의 깊은 무의식 내지 반의식에 깃든 것들에서 도피하게 만드는 수단이다. 하지만 그런 도피는 별로 도움이 되지 않는다. 자신과의 만남을 외면하면 평생 그렇게 피해 다니는 형국이 된다. 우리가 자아를 어두운 내면의 방에 가둘지라도, 자아는 늘 우리를 동반할 것이기 때문이다. 그리하여 외로움과 미디어 소비 사이의 연관에 천착한 바바라 메틀러 폰 마이봄(Barbara Mettler-von Meibom)의 말대로 해결책은 초대하지 않은 손님인 고독에 잠기는 데 있다.

나아가 미디어와 거리를 두어야만, 미디어 제작자들의 지각과 세계관에 기초한 세상을 일방적으로 받아들이지 않고, 우리 자신의 눈으로 세상을 지각할 수 있다.

홀로 있음은 계속해서 타자들의 영향을 받는 대신, 자신만의 생각, 자신만의 느낌으로 존재하는 것이다. 우리 모두는 다른 사람들이 우리에게 준 자극들로 가득하다. 때때로 그런 자극들을 곰곰이 처리하여 자기 것과 잘 맞는 경우에만 자신의 것으로 받아들이라. 그럴 때에만 의식적으로 세상에 나름의 기여를 할 수 있다. 스스로 성찰하는 존재가 되라.

자력으로 충전하는 섬

혼자 있는 시간은 온갖 포스팅과 아무 말 대잔치로 분주한 시끄러운 세상 속의 섬이다. 이 시간에 나는 일단 심호흡을 하고, 살아 있는 기분을 느낀다. 모든 작위적이고 가식적인 것들에서 벗어나, 모든 요구와 과제에서 벗어나 살아 있음을 느낀다.

혼자 있는 시간은 내게 놀라운 시간이다. 아무 일도 일어나지 않는 시간, 그 어떤 교류도 없는 시간. 그 시간에 읽는 책의 저자 외에는, 산책하면서 만나는 나무들 외에는 아무런 접촉이 없는 시간! 고요하고 여유로운 시간들이기에 심호흡을 하고, 삶의 속도를 늦추고, 평온하게 무게 중심을 잡는다. 망아적인 순간을 보낸다.

그냥 멍하게 마음 가는 대로 보내는 시간이 두뇌 건강에도 좋다니 기쁜 일이 아닌가. 뇌과학자 앤드류 스마트(Andrew Smart)는 그의 책 『뇌의 배신』에서 아무것도 하지 않고 멍하니 있는 상태에 신경생물학적으로 찬사를 보낸다. 그는 책 첫머리에 "아무것도 하지 않는 것은 삶에서 가장 중요한 행동"[43]이라고 적었다. 두뇌는 휴식을 좋아한다. 뇌과학에 따르면 아무것도 하지 않고 멍하니 있을 때, 두뇌는 어느 때보다 더 활발히 움직인다. 처리하고, 정리하고, 결합하고, 각각의 영역을 연결한다. 이런 시간에 내면의 '쓰레기 더미'가 치워지고, 새로운 아이디어가 준비되고, 창조성이 발휘된다. 신경정신과 의사 만프레드 슈텔치히(Manfred Stelzig)는 저서 『행복을 두려워하지 말라』에서 이렇게 지적한다. 과로와 스트레스 상태에서 사람들은 우선 물러나서 휴식하고 싶어 하며, 그렇게 쉬고 나서 다시금 에너지가 생겨야만 비로소 사람들과 어울리고, 교류하고, 친해지려는 욕구가 생긴다고 말이다.

한스 페터 헴펠은 "휴식이 우리 안에서 사건이 될 수도 있음"을 알아야 한다고 말한다.[44] 우리는 어릴 적부터 아무것도 하지 않고 빈둥거리는 것을 죄악시해왔기 때문이다. 그냥 나태하게 멍하니 앉아 이런 상상 저런 상상에 빠져보는 시간은 마치 시간 낭비처럼 취급된다. 게으르고 비생산적으로 보여서 거부감이 든다. 하지만 이런 시간은 무척 중요한 시간이다. 우리가 자원해서 이런 시간을 내지 않으면 우리의 정신과 신체 체계가 이런 시간들을 억지로 내게 하는 걸 경험하게 된다. 과로하는 사람은 언젠가는 병이 나서 아침에 더 이상 침대에서 일어나지 못하거나, 책상 앞에 앉더라도 일의 능률이 오르지 않고 비생산적인 시간을 보낸다. 때때로 의식적으로 자신만의 시간을 갖는 것이 회복탄력성의 비결이다. 성서의 외경 중 솔로몬이 쓴 집회서도 "활동을 제한하는 자는 지혜를 얻는다"(집회서 38장 25절)라고 말하지 않는가.

예민한 사람들과 혼자 있음

현대 사회는 최근 몇십 년간 다행히도 개성을 용인하고 인정하는 분위기로 가고 있다. 지금까지 통용되던 표준에 맞지 않는 사람들도 점점 더 사회에서 용납되고 있으며, 사회를 더 다채롭고 다양하게 만드는 특색 있는 구성원들로 인정받고 있다. 동성애자들도 그렇고, 우리가 이미 살펴보았던 인구의 20 내지 25퍼센트를 차지하는 내향적인 사람도 그렇다.

또 하나의 그룹은 인구의 약 10퍼센트에 해당하는 예민한 사람들이다. 이들은 평균적인 사람들보다 더 예민하고 민감한 사람들로, 감각 기관으로 다른 사람들보다 더 많은 자극을 받아들이고, 이런 자극들을 처리하고 내면으로 들여보내느라 바쁘다. 그래서 자극을 처리할 시간을 제대로 확보하지 못하면, 자칫 자극의 범람에 허덕이게 된다. 즉 혼자 있는 시간이 더 많이 필요한 족속들인 것이다. 예민한 사람들은 두뇌에서 최근의 사건들과 인풋들을 분류하고 쓸모없는 것들을 걸러내기 위해 자꾸만 혼자만의 장소로 숨어든다. 계속해서 '모든 것을 너무 많이' 흡수하는 사람은 때때로 자극으로부터 자신을 보호할 필요가 있다. 예민한 사람의 입장에서는 누구랑 함께하건 그 사람은 (그 사람이 말이 많건 적건 상관없이) 자극의 원천이므로, 무엇보다 혼자 있는 시간이 소중하고 건강에 이롭다. 그렇다 보니 자기만의 시간을 갖는 것을 좋아하고, 혼자 시간 보내기를 어려워하지 않는다. 시끄럽고 자극이 마구 밀려드는 곳에서는 잘 견디지 못하고 상당히 외롭다고 느낀다. 그러므로 자기가 예민한 사람에 속한다면, 나는 왜 이 모양일까 생각하지 말고, 자신의 특성을 존중하고, 스스로 잘 돌보는 것이 좋다.

나는 이런 예민함을 때로 길을 갈 때 어른보다 훨씬 더 많은 시간을 필요로 하는 아이처럼 여긴다. 아이는 꽃봉오리에 멈추어 향기를 맡아 보고, 날아가는 참새에게 말을 건다. 시간 여유 없이 무심코 지나가는 어른들의 눈에는 보이지 않는 많은 것을 보고 느낀다.

______ 내면을 청소하는 시간

의식으로 들어오는 자극이 많건 적건, 때때로 그것을 정리하고 청소를 해야 한다. 책상이나 방이 어질러지는 것처럼 우리의 내면도 어질러질 수 있다. 매일같이 노출되는 무수한 영향이 우리 안 어디엔가 축적되어, 어느 순간 들어주고 보아주기를 원하는 영상, 생각, 이야기, 감정 더미가 쌓인다. 어떤 것들은 새롭고 신선하며, 어떤 것들은 시끄럽거나 주목을 끌지 않지만 해묵은 것들이다. 조상 때부터 물려받아 더 오래된 것들도 있다.[45]

많은 사람들이 홀로 있음을 그렇게 참을 수 없어 하는 것도 이런 이유일 수 있다. 내면의 쓰레기를 어떻게 다루어야 할지 알지 못하기 때문이다. 하나하나 정리해나가는 대신, 그것들을 외면하고, 텔레비전을 보거나 인터넷 서핑을 하거나, 다른 사람들과 수다를 떪으로써 그 위에 더 많은 인풋을 쌓기 십상이다. 가벼운 기분 전환은 얼핏 긴장을 풀어주는 것 같지만, 사실은 처리해야 할 자극들을 더하는 형국이 된다. 그리하여 고요가 찾아들자마자 금세 불쾌감이 치밀고 올라온다. 집이 엉망진창이 된 것이나 마찬가지 모양새다.

쌓인 잡동사니들을 직시하기가 불쾌해서 당신은 되도록 집에 있지 않으려고 밖으로만 돌지도 모른다. 친구 집에 가서 며칠 지내고, 되도록 사무실에 오래 머물고 휴가도 간다. 그러다 집에 돌아와, 밖에서 지내면서 사들이거나 얻은 것들을 기존의 잡동사니 더미 위에 던져놓는다. 물건들이 많이 쌓일수록, 당신은 더욱더 도망가고 싶고, 결국 삶은 상당히 힘들어진다. 뿌리를 내리지 못하고 늘 겉돌게 되기 때문이다.

해결책은 단순하다. 어느 날 마음을 굳게 먹고 드디어 대청소를 시작하는 것이다. 물론 힘이 든다. 하지만 그렇게 정리하여 비우고 나면, 다시금 편안하고 아늑하게 집에 있을 수 있고, 집이 당신에게 힘을 줄 수 있다. 대청소를 하고 나면 설사 새로운 것들이 쌓여도 금방금방 치울 수 있고, 치우기가 힘들지 않다.

우리 내면도 이런 집과 마찬가지다. 혼자 있는 시간에 우리는 주의를 다른 것으로 돌리지 않고 내면에서 올라오는 것들을 대면하고 처리하는 연습을 해야 한다. 마무리되지 않은 이야기, 억눌렸던 감정, 참았던 눈물, 표출하지 못했던 분노, 현실에 묻힌 꿈……, 우리 안에는 드디어 지각되기를 원하는 많은 것들이 기다리고 있다.

이런 내적 정체들에 대처하는 방법들을 모르고 있는 경우가 많다. 이런 마음의 짐으로 무너질 정도가 되어 급기야 치료사를 찾아가기도 한다. 하지만 내적인 짐들을 처리하는 수많은 효과적인 방법들이 있고, 그 중에는 문외한도 손쉽게 적용할 수 있는 것들도 있다. 나는 명상을 하거나 바이런 케이티(Byron Katie)의 "작업(Work)"(여기서는 생각들의 배후를 캐어물으며, 머리로부터 느낌에, 마지막에는 사랑에 이른다), 혹은 루치아 숄츠(Lucia Scholz)의 "감정을 손님처럼 여기기" 리추얼을 활용한다. 루치아 숄츠의 리추얼은 모든 감정을 반갑게 맞이하고 감정이 손님이고 내가 주인인 것처럼 감정에게 감사하는 방법이다. 그러면 이들 손님들은 알아서 가준다. 눈동자를 좌우로 왔다 갔다 운동하는 간단한 방법도 도움이 된다.[EMDR(Eye Movement Desensitization and Reprocessing, 안구 운동 민감소실 및 재처리 요법)에 근거한 설명.-옮긴이][46]

땅이나 나무에 주의를 기울이면서 자연 속을 산책하는 것도 좋다. 내가 애용하는 또 한 가지 방법은 물가에 가만히 앉아 물을 바라보며 물소리에 귀를 기울이는 것이다.

우리는 일생 동안 내면세계를 정리하고 처리해야 한다. 유년기에서부터 지금까지 어떤 경험을 했느냐에 따라 그 일은 참으로 힘들 수도 있고 굉장히 강도 높은 작업을 요할 수도 있다. 경우에 따라서는 전문가의 인도가 필요할 수도 있다. 하지만 정리한 만큼 우리 안에서 힘의 원천이 생겨난다. 그 뒤 좋은 기억들을 키워나감으로써 이런 힘의 원천을 돌보고 삶을 더 아름답게 만들 수 있다.[47]

외롭다고 느끼거든, 스마트폰, 태블릿, PC, 텔레비전과 결별하라. 온전히 당신에게로, 당신의 호흡, 당신의 느낌에게로 가라. 마음속 깊이 놓인 건강한 질

서 속으로 들어가라.

바이런 케이티는 자신의 워크숍에서(이런 워크숍은 DVD나 유투브로 볼 수 있다) 왜 사람들이 혼자 있는 걸 싫어하느냐 묻고는, 자기 머리를 가리키며 "여기 좀 봐요. 무엇과 혼자 있게 되는지!"라고 말한다. 그렇다. 우리는 혼자 있을 때 우리의 생각들과 더불어 있게 된다. 그것들을 길들이고 (케이티처럼) 사랑하는 걸 배울 때에야 생각들에서 자유로워지고, 혼자 있는 걸 좋아할 수 있다.

이성은 일을 곧잘 한다. 이성을 정확히 관찰하면 이성이 계속해서 '주인'을 위해 일한다는 걸 알 수 있다. 이성은 계속해서 주인의 안전, 품위, 건강, 사회적 인정을 위해 애쓴다. 신경에 거슬리고, 무의미하고, 잠을 앗아가는 듯 보여도 애를 쓰고 있는 것이다. 이성은 우리가 그에게 입력해준 원칙에 따라 일을 수행한다. 프로그래밍 된 대로 일을 한다. 우리가 어떤 일이 일어나는지 자세히 살펴보고 필요한 경우 업데이트를 해줄 때까지 말이다. 바이런 케이티의 '작업'을 통해 업데이트를 하든, 마음 챙김 명상을 통해서 하든, 생각의 업데이트를 해줘야 한다. 업데이트를 통해 자신보다 더 크고 깊은 것과 연결되는 영역으로 나아갈 수 있다.

▽ 때로 힘들게 하는 것들

혼자 사는 사람들은 고요한 시간을 가질 기회가 얼마든지 있을 것 같다. 그러나 반대인 경우가 많다. 늘 자신에게 뭔가 본질적인 것(파트너나 '더 많은 친구들')이 부족하다는 느낌 속에 살아가기에, 그들의 안테나는 끊임없이 외부로 향하고, 주변을 스캔하는 데 치중한다.

오늘날 대부분의 사람들에게는 만남과 접촉이 절대로 부족하지 않다. 채팅 하고, 메일 쓰고, SNS를 하고, 포스팅 하고 '좋아요'를 누르고, 아침부터 저녁까지 댓글을 다느라 정신이 없다. 이런 교류가 의미가 있기에는 너무나 횟수가 많고, 커뮤니케이션 파트너도 많다. 그렇게 자주 아무 생각 없이 많은 양의 데이터를 세상에 흘려보낸다. 한 시간 뒤에는 이미 중요하지 않은 내용들을 말이다. 이런 식으로 진정한 나눔은 가능하지 않다.

이렇게 하다 보면 악순환이 일어나고 결국 고립이 강화된다. 자신에게 더 이상 집중하지 못한다. 계속해서 정신을 다른 곳에 파는 데 익숙하기 때문이다. 정신을 집중할 수 있어야 혼자 있음을 유쾌하게 느낄 수도 있고, 사랑이 가능한 상태가 된다. 에리히 프롬의 말마따나 사랑할 수 있기 위해서는 무엇에 혹은 누구(혹은 자기 자신)에게 맞출 수 있어야 하고, 그러려면 어느 정도 주의력을 집중할 필요가 있기 때문이다. 사랑이 부족하면 우리는 외롭다고 느낀다. 그러면 더욱더 외부에서 기분 전환거리들을 찾게 되고, 그럴수록 자신에게 이르기가 더 힘들어진다. 그럴 때 '명상적 후퇴'을 출구로 활용하라. 외적인 자극 없이 자신에게 초점을 맞추는 것이 바로 명상적 후퇴이다.

▽ 더 나은 싱글 라이프를 위한 팁

'명상적 후퇴'를 해보고 싶은가? 이것은 자신만의 시간을 경험하고 그 시간의 즐거움을 발견하는 방법이기도 하다. 이를 위해서는 다른 사람들과 커뮤니케이션을 할 필요가 없는 시간이 있어야 한다. 하루 저녁도 좋고, 하루 종일도 좋다. 좀 더 과감하게는 금요일 저녁부터 일요일 점심 때까지 그런 시간을 가질 수도 있다. 이런 시간은 자신에게만 속한 시간이다. 전자 기기로 그 시간을 방해하지 말라. 핸드폰, 텔레비전, 라디오, 컴퓨터를 끄라. 자신에게로 나아가라.

다른 사람들과 접촉 없이, 전화, 미디어, 전자 기기를 모두 멀리한 채 하고 싶었던 활동을 해보라. 산책을 하다가 누군가와 대화를 하게 되면, 그냥 즐겁게 한 뒤 산책을 계속하면 된다.

이런 시간에 다음과 같은 질문을 던져보라. 내가 무엇을 지각하는가? 내 주변에서, 무엇보다 내 안에서 무엇이 느껴지는가? '후퇴'를 호기심 있게 경험하고 탐구해보라. 어떤 감정이 올라오는가? 어떤 기분, 어떤 생각이 드는가? 그것을 관찰하고, 나를 잘 보살필 길들을 발견해보라. 미디어로부터의 온갖 자극들을 차단하면, 청각, 촉각, 미각, 시각 등 감각들을 새롭게 느낄 수 있고 고요를 만끽할 수 있다. 맨발로 들판을 걸어보거나, 시원한 계곡물에 발을 담가볼 수도 있다. 요리를 하면서 재료들을 손가락에 느껴보고 그 자체의 맛을 볼 수도 있다. 생각을 다이어리에 손 글씨로 남기고 싶을지도 모른다.

7 삶을 예술로 꽃피우는 시간

혼자 있음은 창조성에 날개를 달아준다.
예술가든, 작가든, 학자든, 발명가든 창조성이 요구되는 이들은 조용한 골방이나 자연 속으로 물러날 필요가 있다. 창조성은 자신만의 시간을 필요로 한다. 그 시간에 생각하고, 꿈꾸고, 시험하고, 연습하고, 시도해 보라. 예술적 혹은 창조적 맥동을 발견하려면 혼자 있는 시간을 가져야 한다.
거꾸로 혼자 있는 시기 자체가 창조성을 요구할 수도 있다. 갑자기 혼자 있게 된 시간을 어떻게 보낼까? 무엇을 할까? 주어진 상황에서 어떻게 자신의 삶을 예술로 만들 수 있을까?

▽ 늘 그랬던 것과의 결별

"나는 많은 것을 혼자서 해야 한다. 내 작업은 혼자 있음의 결과일 뿐이다." 1913년 여름, 프란츠 카프카는 일기에 그렇게 적었다. 지난 수백 년간 많은 철학자들과 예술가들은 혼자 있음을 예찬했다. 어떤 이는 고독에 시달렸고, 어떤 이는 창조적 활동을 위해 의식적으로 시끄러운 세상에서 물러났다. 페트라르카, 루소, 미켈란젤로, 레오나르도, 쇼펜하우어, 니체는 고독과 싸워야 했던 동시에 고독을 필요로 하고 고독을 추구했다. 인간 세상의 소음에서 해방되어 이전에 알지 못했던 깊이까지 자신의 생각을 좇거나 예술 작품을 만들기 위해서였다.

오늘날 정보 기술의 눈부신 발전도 그런 사람들로 말미암은 것이었다. 1970년대 스티븐 워즈니악이 최초로 개인형 컴퓨터를 개발했을 때도 혼자 있는 시간이 주된 역할을 했다. 그는 어릴 적부터 모든 사람이 쉽게 활용할 수 있도록 모니터와 자판이 있는 사용자 친화적인 작은 컴퓨터를 만들고 싶다는 포부에 불탔다. 나중에 그는 생각을 같이하는 사람들을 찾았고, 때때로 저녁에 만나 의견을 나누었다. 그 모임에서 내향적이고 수줍은 성격의 워즈니악은 별로 눈에 띄지 않았다. 하지만 그는 밤낮으로 자신의 생각을 좇았다. 의식적으로 혼자서 말이다. 그리고 드디어 첫 PC를 만들어냈다. 자전적 전기에서 그는 "발명가인 동시에 예술가"인 엔지니어들에게 이런 충고를 한다. "혼자서 일하라. 혼자서 독립적으로 일할 때 혁명적인 제품과 응용 제품을 가장 잘 만들 수 있다. 단체나 팀으로 일하지 말라."[48]

혼자 있을 때 왜 우리는 창조적인 사람이 될까? 무엇보다 우리가 작업하는 것에 몰두할 수 있기 때문이다. 자신과의 대화 속에서, 모든 주의가 거기에 집중된다. 자신만의 시간을 가지면 내면의 소리에 귀를 기울이게 되고, 뮤즈의 입맞춤을 이끌어낸다. 수다를 떨고, 계획을 세우고, 행동을 하고, 전화를 하고, 과제를 처리하는 동안에는 불가능하다. 창조적인 것, 혁신적인 것, 굉장히 좋은 것을 원하는가? 자신만의 시간을 가져라.

창작의 시기에 창조성을 발휘하려면 프로젝트나 작품에 몰입할 수 있어야 하고, 창작의 충동을 따를 수 있어야 한다. 그러려면 시간 여유가 필요하다. 밤에 아이디어를 좇아 집 안을 서성일 수도 있어야 하고, 자신의 리듬을 창작에 복종시켜야 한다.

그 밖에 중요한 것은 창조적 후퇴를 하는 시간에 아무도 '훈수'를 두지 않도록 하는 것이다. 새로운 생각이나 작품만이 창조적이다. 창조적인 것은 늘상 있어온 것, '일반적인 견해'에 맞지 않는다. 종종 이런 것은 창조적인 두뇌 속에서 이루어지며, 고루한 것을 넘어서기 위해서는 전래적인 것과 결별할 필요가 있다.

우리가 얼마나 다른 사람의 의견에 좌우되는지를 보여주는 심리 실험이 있다. 실험 참가자들에게 단순한 과제를 풀게 하고, 참가자를 가장한 주최 측 인원을 투입하여 일부러 틀린 대답을 하게 했더니, 그 대답의 영향을 받아 틀리게 대답한 참가자 수가 상당히 많았다. 이런 현상은 '다르게 생각하는 사람'이 되기 싫은 마음에서 비롯하는 것만은 아니다. 뇌 스캔을 동원한 연구 결과, 이런 실험에서 정말로 참가자들의 지각이 변하는 것으로 나타났다. 참가자들은 스스로 판단해야 하는 기하학 형상을 정말로 다르게 보았다. 이런 실험을 통해 창조적인 작업에서 충분한 시간 동안 혼자 작업하는 것이 얼마나 중요한지를 알 수 있다. 다른 사람이나 단체가 "의식을 변화시키는 성분"[49]으로 작용할 수 있는 것이다. 그러면 새로운 것은 기회를 잃어버린다.

일상의 자질구레함에서 벗어나

창조성을 발휘하고 싶은 사람은 때때로 혼자 있는 시간을 가져야 한다. 혼자 있는 시간을 견디고 활용해야 할 뿐 아니라, 그런 시간을 추구해야 한다. 젊은이들을 대상으로 한 연구 결과에 따르면, 혼자만의 시간을 견디지 못하는 젊은이들은 재능을 제대로 발휘하는 비율이 적은 것으로 나타났다. 그런 경우는 자신들의 수학적, 음악적, 또는 기타 재능을 확장

하지 못한다. 이런 재능을 확장하려면 때때로 다른 사람들로부터 물러날 필요가 있기 때문이다.[50]

하지만 오늘날 우리가 이렇게 충분히 물러날 여지를 가지고 있을까? 세상은 점점 더 산만해지고, 우리의 주의력을 다양하게 앗아간다. 아무런 자극 없이 물러나 있을 수 있는 시간들은 점점 드물어지고 있다. 과거 고독을 찬양했던 위대한 인물들에겐 먹고사는 데 필요한 자질구레한 일들을 대신 해결해주는 하인이나 아내가 있었다는 사실을 간과하지 말라! 남자들에겐 오늘날까지 아내가 그런 '내조' 역할을 하고 있다.

미하이 칙센트미하이의 책 『창의성의 즐거움』은 현재 선도적으로 창조성을 발휘하는 사람들을 대상으로 한 설문 조사에 기초한 책이다. 이 책에서 설문 응답자들은 이런저런 자질구레한 신경을 써야 하고 일상적인 의무들에 시달리는 가운데서는 창조성을 발휘하기가 힘들다고 강조했다. 저자는 그와 관련하여 이렇게 적었다. "우리의 많은 응답자들은 파트너에게 큰 감사를 표했다. 파트너들이 주의 산만을 완충하는 역할을 해주기 때문이다. 무엇보다 이것은 남성 응답자들에게 해당했다. 여성 응답자들은 때때로 자기들에게도 아내가 있어 이런저런 일들을 대신 해결해주고, 자기들은 신경을 좀 끌 수 있으면 좋겠다고 대답했다."[51]

흥미롭지 않은가? 창조성을 발휘하는 여성들이 자신들에게도 '아내'가 있었으면 한다니! 남편에게는 이런 역할을 기대할 수 없겠기에 말이다. 물론 응답자들이 비교적 구세대들이었던 데에도 원인이 있을 것이다. 이 설문에 응답한 예술가, 지도자, 발명가, 학자 중 가장 젊은 사람이 1941년생이었다. 이들은 창조적이고 자아가 강한 사람들이었지만, 전통적인 성 역할 고정 관념에 매여 그것을 별로 의문시하지 않는 세대였다. 이후 세대들, 특히 이후 세대 여성들과는 의식이 많이 다른 사람들이었다.

이 책에서는 장기간 결혼 생활을 한 거의 모든 응답자가 창조성에 결혼이 중요하다고 답했다. "창조적 작업에 집중하려면 내적 평온이 꼭 필요한데, 결혼이 이런 평온을 보장해준다"[52]라고 말이다. 하지만 이후 세대에게 결혼은 꼭 이렇게 안정을 선사하는 것만은 아니다. 한편 새 파트너는 (뮤즈 요인으로서) 창조적 작업에 결실을 상당히 안겨주기도 하지만, 다시금 사랑에 빠졌다가 관계를 정리하는 일이 오히려 창조적 작업에 집중하지 못하도록 하기에 양날의 검 같다고 할 수 있다.

미하이 칙센트미하이가 했던 설문 조사를 이후 세대가 인생을 돌아볼 수 있는 나이가 된 다음에 그들을 대상으로 실시해보면 재미있을 것이다. 이 경우는 창작 활동에 집중하기 위해 싱글 상태로 인생을 헤쳐간 사람들이 더 많지 않을까? 특히 여성들의 경우에는 그렇지 않을까? 실제로 창조성을 발휘하기 위해 싱글로서의 삶을 선택하는 여성들이 있고 그 수는 늘어날 전망이다. 최소한 살아가면서 때때로 혼자 있는 기간을 갖는 것은 창조성을 발휘하는 데 무척 중요할 것으로 보인다. 나는 이 책을 작업하면서 때로 회심의 미소를 지었다. 부디 중간에 어떤 남자도 나타나지 않기를!

선불교 지도자이자 리더십 트레이너로 활동하는 안나 감마(Anna Gamma)는 특히 여성의 경우 창조적으로 자신을 표현하는 것이 중요하다고 지적한다. 옛날에 많은 여성들은 자신의 아이디어와 창조력을 발휘해서 전력을 다해 남편의 창작 작업에 기여했다. 그렇게 그들은 뮤즈가 되었다. 뮤즈라니 멋지게 들리지만, 사실은 정신적 착취에 가까웠고,

일방적으로 도움을 베푸는 관계가 지속되면서 여성들은 상당한 고통을 받았다. 정신병에 걸리는 경우도 있었다. 안나 감마의 말처럼, 자신들의 창조적 활동이 공식적으로 인정을 받지 못하다 보니, 존재의 분열을 경험하게 되었기 때문이다. 건강한 자의식이 형성되거나 유지될 수 없었다.[53]

물론 요즘에는 여성들도 독자적으로 창조성을 발휘하는 것이 당연한 일이 되었다. 곁다리로 말하자면 나는 일 년에 한 번 '독서 주간'을 갖는다. 휴가를 내어 라이프치히로 가서, 호텔에 투숙하며 6일간 아침부터 밤까지 국립 도서관에 틀어박힌다. 그동안 읽고 싶었지만 시간이 없어서 미루어두었던 책들을 마음껏 읽는 시간이다. 그 모든 책을 다 읽을 수는 없지만 그중 일부는 읽는다. 읽는 책의 주제에 몰입하여 생각의 나래를 펼치다 보면, 두뇌 속에서 생각의 조각들이 새롭게 연결되는 게 너무나 즐겁다. 정말 행복하고 편안한 주간이다. 하루 열 시간 내지 열두 시간 동안 책을 읽어도 전혀 힘들지가 않다. 어떻게 그럴 수 있을까?

물론 우선은 내가 책 읽는 걸 좋아하기 때문이다. 하지만 또 다른 이유도 있다. 이 주간에 나는 전통적인 가족 모델에서의 남편처럼 살 수가 있다. 아침에 일어나서 씻고 옷을 입은 뒤, 풍성하게 차려진 아침 식탁에 앉는다. 그리고 신문을 보며 느긋이 아침을 먹는다. 그런 다음 도서관으로 길을 나선다. 내 정신에 고공비행을 허락하고 삶의 즐거움을 만끽하는 작업으로 들어가는 것이다. 도서관에 가면 내가 필요로 하는 모든 책과 자료가 준비되어 있고, 그렇게 책에 빠져 있다가 도서관 구내식당에서 점심을 해결한다. 점심을 먹고 한 바퀴 산책을 하며 오전에 읽은 것들에 대해 이런저런 생각을 한 뒤, 오후의 독서 타임으로 들어간다. 중간에 구내식당에서 오후 커피를 마시고 나면 이제 세 번째 독서 타임이다. 그러고는 저녁 늦게 호텔 방으로 돌아온다. 방은 말끔히 정리되어 있어 내가 할 일은 하나도 없고, 나는 이제 몇몇 중요한 생각들을 메모한 뒤, 하루를 마치고 잠자리에 든다.

독서와 연구 외에 아무것도 신경 쓸 필요가 없는 기간. 이 기간은 정말이지 정열적이고 즐거운 내 삶의 하이라이트다. 너무나도 행복한 시간이다. 하지만 일상적으로 적용할 수 있는 모델은 아니다. 오늘날에는 남자들의 경우도 이 모델을 일상적으로 적용할 수는 없다. 제아무리 연구하고 가르치며 보수를 받고 집 안에 '충실한 내조자'가 있는 남자라 해도 업무와 관련한 자질구레한 일들까지 모두 모면할 수는 없기 때문이다.

누군가 모든 집안일을 해결해주고 나는 독서와 공부만 할 수 있다면 내가 위대한 사상가가 될 수 있다는 말이 아니다. 하지만 충분히 혼자 있는 시간을 내어 그 시간에 관심사를 추구할 수 있어야 우리의 잠재력에 한걸음 더 다가갈 수 있다고 말하고 싶다. 여러 가지 일들로 주의 산만한 일상을 보내다 보면 잠재력을 발휘하기가 힘들다.

따라서 중요한 것은 무엇일까? 창조력을 발휘하고자 한다면 가능한 한 자주 물러나 있어야 한다는 것이다. 동시에 일상 속 자극들을 의식적으로 활용해 우리 안의 창조적 질문에 대한 답변으로 삼으라. 다림질도 정신을 고요하게 하는 기회로 삼을 수 있고, 그러다 보면 새로운 생각이 떠오를 수도 있다.

_____ 고요함이 주는 선물

저녁이다. 방에 촛불 몇 개를 켠다. 고요함 가운데 드디어 내 머릿속에도 고요가 깃든다. 정말 분주한 하루였다. 만남들, 생각들, 작업들. 하지만 내면의 소란함이 서서히 물러가고, 나는 글을 쓰기 위해 작은 노트북을 켠다. 고요히 호흡을 느낀다. 여기에 내가 있다. 헤이, 영감이여, 헤이 직관이여, 이제 내게 말을 걸라. 나는 발견될 준비가 되어 있으니. 내 속 깊은 곳의 예감이여, 내가 이미 깨닫고 있던 것들이여, 언어가 되어 내게 임하라. 이 마음으로 나는 자리에 앉아 고요에 응한다. 나를 비우고, 마음을 넓게 연다. 깨어 있는 마음으로, 부드러운 마음으로.

시간의 흐름을 잊은 채, 달콤하고 풍성한 현재에 잠기는 순간들. 모든 것이 가능해진다. 사랑, 기쁨, 감사를 느끼고, 고요한 중에 갑자기 아이디어가 떠오르고, 새로운 생각들이 맞물리고, 표현들이 떠오른다. 온몸이 근질근질해진다. 숨을 들이쉴 때마다 온 세계가 내 안으로 들어오는 듯하고, 내쉴 때마다 새로운 세계가 생겨난다. 모든 세포가 기대감으로 넓게 열리고, 에너지로 충만해진다. 거의 에로틱한 긴장과 비슷하다.

그 긴장을 견디면, 긴장은 이제 말이 되어 내 손가락을 통해 자판에 부어지리라. 환희에 찬 행복감과 소심하고 불안한 씨름이 공존한다. 과연 지금 이렇게 명확하게 느껴지는 것을 말로 표현할 수 있을까? 내 힘이 거기에 미칠까? 내면의 언어를 제대로 지면으로 옮길 수 있을까?

갑자기 해야 할 말이 보이고 느껴진다. 창조가 일어나고, 나는 그의 손과 눈과 증인이 된다. 언어들이 흐른다……. 이 시점에서 누군가 "어이 달링, 오늘 어땠어?"라면서 끼어들지 않는 것이 얼마나 다행인가!

홀로 걷는 여행자처럼

우리 모두는 삶의 예술가들이다. 사실 싱글은 실존 전체가 다 창조 행위다. 주말, 휴일, 휴가, 집 꾸미기, 집안일, 모든 것을 알아서 생각하고 만들어나가야 한다. 따라 할 만한 본보기들은 거의 없고, 아무것도 저절로 되지 않는다. 힘들여 배워나가야 한다.(빌트인이 된 집도 창조성이 필요 없는 것은 아니다.) 찾고, 시험하고, 즉흥성을 발휘하고 바꿔나가야 한다. 혼자 사는 것에 대한 양가감정도 이런 삶의 형태에 관해 늘 적절한 답을 찾도록 부추긴다. 두뇌는 우리에게 맞는 삶의 형식을 발견하려 늘 노력한다. 두뇌에게 그 일을 맡기라. 두뇌가 제기하는 아이디어들(우리의 '엉뚱한 생각들')을 곧장 말도 안 되는 것으로 폐기해버리지 말라. 두뇌는 그 일을 꽤나 잘 해낼 것이다.

많은 심리학자들의 눈에 싱글의 삶은 완벽해 보이지 않을지도 모른다. 어떤 심리학자들은 모두가 행복하게 짝을 지어서 안정된 애착 가운데 살아야지만 안심을 하는 듯하다. 하지만 자세히 관찰하면 자신에게 맞는 삶의 방식을 발견할 수 있는 건 싱글로 살아가면서다. 싱글로 사는 시기에 자신에게 어떤 삶이 맞고 어떤 삶은 절대로 안 되는지를 확실히 터득하게 되는 수가 많다.

예술과 학문에서 새로운 시도를 할 때와 마찬가지로, 사회적·정신적으로 새로운 삶의 방식을 개발할 때에도 혼자 있는 시간이 필요하다. 새로운 것은 정신이 방해받지 않는 시간을 필요로 한다. 그래야 깊은 곳에 묻혀 있었던 것이 의식으로 떠오를 수 있다. 그럴 때에야 마음속 깊은 곳의 소망과 일치하는 삶의 모습을 찾고, 장기적으로 그런 목표에 부응해 나갈 수 있다.

외롭다고 느끼거든, 나는 예술가가 아니라는 생각과 결별하라. 직관과 창조성에 여지를 주면 발견할 것도 많고, 고안할 것도 많다. 직관과 창조성을 일깨우면 삶은 더 충만해진다.

도보 여행과 비슷하다. 그룹으로 가면 리더가 있거나, 몇 사람이 돌아가며 리더 역할을 맡는다. 나머지 사람들은 다른 사람 뒤를 따라갈 뿐이다. 반면에 혼자 가면 스스로 방향을 정해야 하고, 현재 지점에서 목표가 얼마나 남았는지 의식해야 한다. 살펴보고, 결정하고, 시험해보고, 스스로 책임을 지고, 목표에 이르는 길을 찾아야 한다. 또한 단체 여행자보다 주변 환경과 더 깊은 교감을 하게 된다. 단체로 다니는 사람들은 주변 사람들과 대화를 나누며 다니지만, 홀로 걷는 사람은 걷는 길에 더 주목하며, 표지판이나 눈에 띄는 구조물, 방위를 살펴 방향을 잡고, 다른 사람들에게 길을 묻기도 한다. 감각이 열리고 예리해진다.

혼자 있을 때는(짧은 시간만 혼자 있어도) 미국 심리학자 댄 카일리(Dan Kiley)의 말처럼 "내적 자극이 드라마틱하게 상승한다." 내면에서 아직 처리되지 않고 통합되지 않은 것들이 의식으로 떠오르고 주목을 끈다. 그러나 "혼자 있다고 해서 자기한테 없던 새로운 문제가 떠오르는 것은 아니다. 혼자 있음을 통해 자신의 어려움을 더 명확하게 인식해서 더 수월하게 해결책을 발견할 수 있다."[54] 의식과 무의식의 장벽이 사라지면, 평소 의식하지 못했던 아이디어들이 솟아나고, 이것은 예술가들에게 특별한 영감을 준다. 혼자인 사람은 일상을 창조적으로 승화시킬 수 있다.

외로움에 시달리는 것도 생산성으로 작용할 수 있다. 많은 사람들에게 치유와 용기와 확신을 줄 걸출한 작품들은 힘든 시기에 탄생하곤 한다. 디트리히 본회퍼(Dietrich Bonhoeffer)가 1944년 게슈타포에게 체포되어 수감 생활을 하면서 쓴 시 「선한 능력에 고요히 둘러싸여(Von guten Mächten treu und still umgeben)」도 그런 예 가운데 하나다. 독일의 놀라운 시인 힐데 도민(Hilde Domin)은 엄마의 죽음으로 인한 고통 속에서 전혀 의도하지 않은 채 시를 휘갈겨 적었고 이것이 그녀의 첫 작품이 되었다. 그때까지 그녀는 남편의 그늘에서 안전감을 느끼며 살았다. 하지만 엄마를 잃은 슬픔으로 세상에서 정말 혼자인 것을 뼈저리게 느끼며, "언어로 피신"했다.[55]

▽ 때로 힘들게 하는 것들

나는 자기 대화를 한다. 큰 소리로, 일상의 이러저러한 것들에 대해 이야기한다. 묻고 대답한다. 그렇다고 내 이름을 불러가면서 이야기할 정도는 아니지만.

최근 나는 이런 자기 대화가 건강한 것이라는 글을 읽고는 적잖이 안심이 되었다. 그 글에서는 무의식적으로 동원되는 자기 대화는 당면한 문제에 대해 생각을 정리하는 유익한 방법이라고 했다. 사실 일기 쓰기도 일종의 자기 대화다. 자기 대화 내용은 화자와 청자 모두가 이미 아는 내용이지만, 그럼에도 말을 하거나 글로 써보면 새로운 깊이에 도달한다. 생각이 명료해지고, 이런 명료함이 대화하는 자를 변화시킨다. 산악인 라인홀트 메스너(Reinhold Messner)는 등반을 할 때 장시간 홀로 걸으면서 자신을 나누어, 한 부분이 다른 부분과 대화하도록 한다. 그렇게 하면 혼자 있어도 모든 일을 두 가지 시각으로 조명하는 가운데 더 사려 깊게 고려할 수 있으며, 너 바람직하게 해결할 수 있다고 한다.[56]

우리의 정신 시스템은, 상의할 사람이 없으면 때로 자신을 둘로 나누어 필요한 대화 상대자를 만들어낸다. 이 얼마나 창조적인가!

이런 영리한 방법을 활용하지 않는 건 안타까운 일이다. 자기 대화뿐 아니라, 삶이 우리에게 허락한 상황 안에서 자신의 창조적 해결 능력을 신뢰하는 것도 중요하다. 잘될 수도 있고 잘되지 않을 수도 있다. 하지만 우리는 과정 중에 있고, 나아가고 있으며, 지금 상황에서 최선을 다하고 있다. 삶이 고독을 선사하는가? 그렇다면 한번 고독하게 살아보라. 혼자 사는 것이 자신에게 맞을지, 파트너 관계로 들어가는 것이 맞을지 우리는 아직 알지 못한다. 그러므로 창조성을 발휘하라. 외로움에 실질적으로 대처하고, 자기 속에 있는 창조적, 예술적인 맥동을 느껴보라.

▽ 더 나은 싱글 라이프를 위한 팁

충분히 혼자 있을 수 있는 시간을 선사받았다면(그런 시간이 너무 많다는 생각이 든다면) 이 시간을 창조적으로 활용하라. 짧은 시간이라 할지라도 매일 창조성을 발휘하는 시간을 떼어놓아보라. 규칙적으로 그런 시간을 가져보라. 그 시간에 글을 쓰거나, 그림을 그리거나, 조각을 해보거나, 뭔가를 만들거나 해보라. 무엇이든 자신을 표현할 수 있는 수단이면 된다. 또는 조용히 앉아 내면에 귀를 기울이고, 마음을 느껴보라. 내가 내보내고자 하는 것이 무엇인가? 나는 무엇을 이 세상으로 들여올 수 있을까?

혼자 있는 시간을 스스로 자유롭게 표현하는 시간으로 삼아보라. 창조력을 발휘하는 과정에서 우리는 인격적으로 깊어지고 성장할 수 있다. 당신 안에 창조적 잠재력이 많음을 믿으라.

8 언제든 어디든 문제없지

혼자는 유연하다. 늘 열린 삶을 살 수 있다.

거의 매진된 공연에 표를 구하고 싶다고? 표 한 장 정도는 남아 있다. 인원이 이미 다 찬 여행에 함께하고 싶다? 혼자세요? 아, 가십시다! 한 사람 정도는 늘 가능하다. 혼자서는 순발력을 발휘할 수 있다. 자기 마음 가는 대로 할 수 있고, 굳이 다른 사람들과 계획을 상의하고 그들의 희망사항을 고려할 필요가 없다. 그냥 내키는 대로, 하고 싶은 대로, 직관이 인도하는 대로 하면 된다.

싱글들은 나아가 삶 전체가 유연하다. 싱글들은 대부분 자신들의 단계를 종착역으로 보지 않는다. 앞으로의 삶은 약간 달라질지도 모른다는 기대가 있다. 그렇기에 늘 새로운 것에 대한 열린 마음이 존재한다. 인생 선로는 아직 확정되지 않았다.

이번 장에서는 혼자 하는 여행도 다루려고 한다. 혼자 하는 여행은 어떤 모습이 될 수 있을지 발견해보자.

▽ 기회와 여지가 열려 있다

혼자서는 얼마나 유연성을 발휘하기가 쉬운지를 우선 소소한 일에서 느낄 수 있다. 소소해 보이지만, 한동안은 그 일로 인해서 기분 좋게 지낼 수 있는 그런 일들에서 말이다. 가령 한 사람이라는 이유로, 예기치 않게 식당이나 카페, 전시장 등에 먼저 들어가는 행운이 주어지기도 한다.

나도 그런 경험이 있다. 빈에 갔을 때였다. 나는 빈에서 유명한 커피하우스인 카페 첸트랄(Cafe Central)을 찾았다. 하지만 이미 대기 줄이 길게 늘어서 있는 게 아닌가. 들어가는 건 포기하고 그냥 내부만 들여다보고 갈까 하여, 기다리는 사람들을 지나쳐 카페 안을 흘끔거리는 순간이었다. 손님들을 자리로 안내하는 여직원이 대기 손님들 쪽으로 소리쳤다. “조금만 더 기다려주세요. 감사합니다. 혹시 혼자 오신 분이 있으면 먼저 안내해드릴게요.” 대기 손님들 중에서는 아무도 반응이 없는 걸 보고 나는 손을 번쩍 들어 혼자임을 표시했고, 1분 뒤에 카페 중간에 있는 디저트 쇼케이스 바로 옆의 작고 예쁜 일인용 탁자로 안내받았다. 그리고 그곳에서 주문받은 디저트를 서빙 접시에 담는 일을 하는 여직원과 유쾌한 대화를 할 수 있었다. 아주 멋진 시간이었다.

______ 작은 일에서 민첩하게

혼자 있으면 매 순간 더 유연성을 발휘할 수 있다. 싱글로 살든, 파트너가 있는 상태에서 혼자 시간을 보내든 마찬가지다. 여성들은 종종 일요일에 남편에게 아이들을 맡기고 하루 온종일 혼자서 보냈을 때 얼마나 즐거웠는지 침이 마르게 이야기를 한다. 드디어 가고 싶었던 곳에 가서 하고 싶었던 것을 원하는 방식으로 실컷 할 수가 있다. 물론 하루 정도 소파에서 쉴 수도 있다. 여자들은 남자들에 비해 같은 시간에 많은 활동을 채워 넣고자 하는 마음이 덜하기 때문이다. 여성들의 에너지 씀씀이는 남성과는 다르게 돌아가서, 분주하게 어디를 다니는 것보다는 조용히 힐링 하는 편이 더 충전이 잘되는 여성들이 많다.[57] 파트너 관계 속에서 지낼 때는 자기 마음의 소리를 잘 듣지 못하는 것뿐이다.

혼자서는 모든 것에 민첩하게 반응할 수 있다. 날씨, 기분 변화, 새로운 생각들, 예기치 않은 전화……. 순식간에 계획을 바꾸어 적절히 대처할 수 있다. 혼자서 독립적으로 일하는 사람은 컨디션이 안 좋으면 곧장 조치를 취해 쉬어줄 여지가 있으므로 그리 쉽게 몸살이 나지 않는다. 아침에 몸이 찌뿌둥하다고? 그럴 때 두세 시간 더 자면 몸이 가뿐해진다.

싱글들에겐 오늘날까지 삶을 어떻게 형상화할지에 대한 좋은 모델이나 입증된 규칙들이 없다. 그리하여 라이프스타일을 계속하여 새롭게 조율해나가야 한다. 무엇이 중요할까? 무엇이 좋을까? 무엇이 생동감 있고 즐거울까? 유연하다는 것은 상황에 귀를 기울이고, 최대한 상황에 적절히 맞추는 것이다. 삶을 자유롭게 형상화하는 가운데 시간이 흐르면서 정신이 성숙해가는 것을 보고 느낄 수 있다.

하루의 생활 리듬이든, 집을 꾸미거나 살림을 하는 것이든, 혼자서는 자유로울 여지가 더 많으며, 때로는 어쩔 수 없이 유연성을 발휘해야 하는 경우도 생긴다. 가령 싱글의 경우 식탁을 놓지 않고 살 수도 있고, 그릇도 단출하게만 갖추어놓을 수 있다. 이것은 식사를 혼자 하는 것이 싫어서 그에 관련된 비용을 일절 쓰지 않고 싶은 약간은 슬픈 이유에서일 수도 있지만, 실용적인 이유에서일 수도 있다. 손님들이 오는 날에만 필요한 가구나 물건들을 두기 위해 월세를 더 많이 내고 더 커다란 집을 구할 필요가 있을까? 식사야 소파 앞에 간이 탁자를 놓고서도 먹을 수 있는데 말이다. 그렇다고 늘 텔레비전에서 눈을 떼지 못한 채 우적우적 먹을 것을 입에 집어넣겠다는 것이 아니다. 소파 위에서도 얼마든지 분위기를 잡을 수 있다. 촛불을 켜놓고, 잔잔한 음악을 틀고, 아늑하고 행복하게 식사할 수 있다.

4층짜리 호화 요트보다는 작은 카약을 조종하는 것이 더 수월하다. 카약에 올라타 물로 나간 다음 카약의 흔들림을 즐기면 된다. 직업적 변화가 요망되는가? 좋아하는 도시나 외국으로 거처를 옮기고 싶은가? 혼자라면 가능하다. 딸린 식구들이 있으면 훨씬 힘들다. 건강과 관련하여 혹은 윤리적, 영적으로 삶의 지향점을 바꾸는 일도 마찬가지다. 파트너가 있는 사람은 싱글보다 변화가 더 힘들다. 물론 둘 모두 변화를 간절히 원하는 경우는 서로 시너지를 낼 수 있겠지만 말이다.

마이케 빈네무트의 『나는 떠났다 그리고 자유를 배웠다』를 읽었을 때, 나는 나 역시 그녀처럼 유연한 보트에 앉아 있으며 이런 보트를 더 잘 활용할 수 있음을 깨달았다. 마이케 빈네무트는 12개월간 전 세계 12개 도시에서 살았던 여행담을 들려준다. 귄터 야우흐의 퀴즈쇼에 출연하여 어마어마한 상금을 받은 것이 이런 멋진 모험을 시작한 계기가 되었다. 저널리스트로서 여행을 다니면서도 일할 수 있었기에, 그녀는 사실 상금을 받지 않았어도 여행을 할 수는 있었을 것이다.

나는 이 책을 내게 주는 메시지로 생각했다. 가능성을 활용하라, 기적을 기다리지 말고 시도하라. 그러면 기적이 일어날 것이다. 그리하여 나는 일 년에 한 달씩 다른 도시에서 지내기로 결심했다. 가능해, 즐거울 거야, 할 수 있어! 이렇게 환호성을 질렀다. 그전에 이미 한 달 동안 몰타 섬의 발레타에서 지낸 적이 있었고 그곳은 추억의 장소로 남아 있었다. 그래서 얼른 가능한 도시 리스트를 작성했다. 인터넷으로 검색해보니 한 달 묵을 수 있는 숙소는 넘쳐났다. 그렇게 이 일을 실행에 옮겨온 이래, 나의 한 해 한 해는 정말로 더 풍성해졌고, 싱글이고 혼자 일하는 덕분에 이런 유연성을 발휘할 수 있는 상황이 너무나도 감사하다. 한 번 태어나 여러 개의 인생을 사는 기분이 든다고 할까. 대도시에도 살아보고, 작은 마을에도 살아보고, 문화도 누려보고, 자연도 누려보고…….

이것은 유연성을 발휘하는 많은 방법 중 하나일 뿐이다. 사람마다 유연성을 활용하는 방식은 다를 수 있다. 내 경험으로도 그렇고 다른 사람들의 경험도 그렇다. 우리가 싱글로서의 삶을 즐겁고 창조적으로 형상화해가면서, 삶에 더 진하게 몰입하면, 싱글 라이프는 우리를 충만하게 채워주며, 그러다 보면 삶은 이런 행복을 나눌 사람들도 선사해준다. 경험을 다채롭게 하다 보면 새로운 도전에 응하게 된다. 충만한 존재는 과거에 머무르지 않는다.

혼자 사는 사람들은 대부분 이것을 알고 있다. 그리하여 자신을 좁은 틀 안에 가두지 않으며, 앞으로의 삶에 더 열려 있다. 일단 주어진 싱글 라이프를 즐기다 보면, 백마를 타고 오든 그냥 걸어서 오든 언젠가 특별한 사람이 나타날 수도 있다. 그동안은 삶이 예비한 것들을 누려보자.

외로움을 느낀다면, 다른 길을 시도하지 않았기에 머물러 있는 지금의 이 길에서 벗어나 눈을 돌려보라. 당신을 부르는 세계를 발견해보라.

유연성은 우리 시대의 핵심어다. 노동 시장에서 살아남고자 하는 모든 사람에게 이런 역량이 요구된다. 특히 젊을 때는 이 직장에서 저 직장으로, 이 도시에서 저 도시로 옮겨 다니며 모험에 뛰어드는 것도 흥미로울 수 있다. 우리의 진로는 과거에 비해 훨씬 변화무쌍해졌고, 개인적인 삶도 덩달아 변화무쌍해졌다. 여성 심리학자 에바 예기(Eva Jaeggi)는 오늘날 언제 어디서든 투입될 준비가 되어 있기를 요구하는 직장 문화가 여성들의 자기 결정권 신장과 맞물려, 그에 따라 싱글의 수가 대폭 증가하고 있다고 분석한다. 전통적인 가족 구조에서는 여성들이 주부와 엄마로 살며, 남편이 새로운 일자리를 찾거나 전근을 가는 경우 해당 지역으로 함께 옮겨 갔다. 이 때문에 여성들은 자기실현을 포기해야 했지만, 그래도 별문제 없이 돌아갔다. 하지만 이제 여성들도 직업을 포기하지 않으려고 하기에, 생활 반경이 달라지는 경우 이혼율은 상승할 수밖에 없고 싱글 비율도 늘어날 수밖에 없다.

게다가 오늘날에는 삶의 형태와 삶에서 원하는 것을 실현할 가능성이 다양해졌다. 결혼한 여성들도 자신을 펼치고자 하는 욕구가 강해졌다. 물론 장기간 결혼 생활을 해온 여성들은 답답함을 느껴도 오랫동안 익숙해진 틀을 이탈하기가 쉽지 않다. 변화를 원하지만, 내적·외적 장애물이 가로막는다. 오래된 패턴에 약간의 변화를 주고자 하는 여성들은 그것이 참으로 힘들다는 걸 절감한다. 부부가 함께 이런 구시대적 모델에서 떨어져 나오기로 합의한 경우는 멋지게 될 수 있다. 하지만 그게 아니라면 변화를 이루기가 상당히 힘들다. 배가 큰 경우, 배가 가는 방향과 선원들이 폭풍우에 어떻게 대처하는지 등에 더 많은 승객들이 영향을 받게 마련이니까.

독일 작가 폴커 엘리스 필그림(Volker Elis Pilgrim)은 1990년대에 이미 싱글들은 의식과 행동을 신속하게 바꾸고 맞출 수 있는 사람들이기에 우리 사회에 싱글이 꼭 필요하다고 지적했다.[58] 싱글들은 스스로 알아서 해야 하고, 스스로 선택하고 결정해야 하며, 유연하게 남을 수밖에 없다. 특별 프로젝트나, 자원봉사 활동에도 더 유연성을 발휘할 수 있다.

늘 자신을 열어두고, 준비하고, 적절한 기회가 주어지면 모든 것을 아주 다르게 해볼 가능성을 둔다면, 바람직한 경우 내적으로 젊음이 유지된다. 그러나 이런 특성이 수동적으로 작용하면 붕 뜬 삶을 살게 될 수도 있다. 뭔가 늘 대기 중인 듯한 삶이라고 할까? 이런 경우 혼자 있음은 그다지 긍정적으로 경험되지 않는다. 여기서도 결국 결론은 하나다. 혼자서 지내든 파트너 관계 안에서 지내든, 주어진 상황을 능동적으로 받아들이고 자신의 존재를 계속해서 형상화해나가는 것이 중요하다.

파트너, 자녀, 친구 등 나한테 없는 것에 시선을 고정하면, 자유와 유연성을 활용하지 못한다. 나의 삶을 적극적으로 형상화하고 누려야 친구도 생기고 파트너도 생길 확률이 높다. 새로운 걸 시도해보고 알지 못하는 곳에도 가보는 등 다람쥐 쳇바퀴 도는 생활을 깨뜨려보라. 의욕만 있다면 해볼 수 있는 것은 많다. 단순하게, 그러나 조심스럽게 발걸음을 내딛어보라. 주말여행도 좋고, 세미나를 듣는 것도 좋고, 그 밖에 늘 한번 해보고 싶었던 활동을 드디어 시작해보는 것도 좋다.

열린 삶에서도 가장 기본은 자신에게 충실한 것

삶이 제공할 수 있는 것은 무한해서, 우리는 그것을 다 이용할 수 없다. 인류 역사를 보거나 텔레비전 다큐멘터리만 보아도 삶의 모습은 정말 다양하다.

새 파트너를 만나는 것도 그런 가능성 중의 하나다. 대부분의 싱글들은 파트너가 생기기를 원하며, 그렇게 파트너가 나타나는 경우, 만사 제치고 온전히 파트너 중심으로 살아가기 시작하는 경우가 많다. 무엇보다 여성들이 그런 경향이 있다. 하지만 많은 경우는 얼마 안 가 이런 새로운 관계도 장기적으로 자신들을 충만히 채워주지 못한다는 것을 경험한다. 그럴 때 또 다른 누군가를 찾는 것도 유연성을 활용하는 방식일 수 있겠지만, 그보다는 자신에게 관심을 갖고 혼자서도 잘 살아갈 수 있는 라이프스타일을 가꾸어가는 것이 더 좋은 삶을 살 확률이 높다.

한편 혼자 지내는 것이 아무렇지 않을 정도로 혼자서 삶을 잘 꾸려가지만, 자신이 원래 어떻게 살고 싶어 하는지, 무엇이 자신을 피어나게 할지 더 이상 묻지 않고 사는 사람들도 있다. 계속 다람쥐 쳇바퀴 같은 삶이 반복된다. 이런 삶은 안정적이고 편하고 눈에 띄지 않을 수는 있지만, 약간 지루하다.

현실에 뿌리박은 유연성

여기서도 중용의 길을 가는 것이 좋다. 너무 경직되지도 않고 너무 뜬구름 잡는 것도 아닌 그런 길로 가라. 중년이 되자 나는 삶에서 늘상 되풀이하는 리추얼이 즐겁고 편안해지기 시작했다. 내겐 일 년에 한 번은 가급적 꼭 찾아가 2~3일 머무는 장소들이 있다. 갈 때마다 비슷비슷하게 보낸다. 가령 호수 섬에서 그냥 아무것도 하지 않고 이런저런 생각을 하며 쉬다 오기도 한다.

위로가 필요할 때 해 먹는 음식도 있다. 그리고 매년 12월 31일이 되면 나 자신에게 편지를 써서 보관해놓았다가 이듬해 12월 31일에 그 편지를 뜯어본다. 가족을 이루고 사는 사람들이 자기 가족만의 리추얼을 만들어가듯, 장기간 혼자 사는 사람도 자기만의 리추얼을 만들면 좋다.

자신에게 힘이나 위로를 줄 수 있는 리추얼이 있음을 상기하는 것만으로도 도움이 된다.

나는 유연성을 굉장히 소중하게 생각한다. 사회도 그렇고 인류도 그렇고 평소 해왔던 대로 해서는 도무지 빠져나갈 수 없는 막다른 골목에 봉착했기 때문이다. 변화가 필요하다. 커다란 변화의 물결이 도래하고 있고, 적절한 유연성을 발휘해야 할 시대가 되었다. 단, '땅에 뿌리박은 유연성'을 발휘해야 한다. 우리는 현실이 필요하며, 현실에 뿌리내릴 필요가 있다. 그래야 스스로를 잃어버리거나 타자들과의 연결 고리를 잃지 않을 수 있다. 가령 기분 좋은 사소한 리추얼, 좋은 우정, 자연 친화성을 잃지 않는 가운데 유연성을 발휘하면 삶이 충만해질 수 있다.

▽ 더 나은 싱글 라이프를 위한 팁

아주 소소한 일(출근할 때 한 번쯤 다른 길로 걸어가보기, 왼손으로 이 닦기)에서든, 꽤 커다란 일(뉴질랜드에 가서 1년간 지내볼까?)에서든 유연성을 발휘해보라. 하지만 동시에 땅에 뿌리를 박고 삶의 의미를 잃지 않기 위해서는 인생의 기본 지향점을 묻고 대답하는 것이 중요하다. 나는 무엇을 위해서 사는가? 인생 전반에서 내게 중요한 것은 무엇인가? 무엇이 중요할까? 재미와 감동? 재능 계발? 진정한 사랑의 능력? 사람들을 돕기? 지구를 더 나은 장소로 만들기? 삶에 의미를 선사해주는 것들은 무궁무진하다. 어떤 가능성을 실현하고 싶은가? 이런 방향성을 분명히 해야 그 안에서 유연성을 발휘할 수 있다.

특별 주제

혼자 여행하기, 혼자 밥 먹기

싱글의 유연성은 여행이라는 주제에서 십분 발휘된다. 여행 시점, 여행지, 여행 방식, 교통, 숙박 등의 선택에서 자기 자신만 고려하면 되기 때문이다. 둘이나 셋이서, 혹은 그룹으로 여행을 할 때는 이것저것 조율할 것이 참으로 많다. 그럼에도 나 홀로 여행은 아직 일반적이지 않다. 휴가철이 다가오면 가슴이 설레기보다 스트레스를 받아 배가 아픈 싱글들도 있다. 휴가라……. 1년에 한 번뿐인 이 클라이맥스를 어떻게 보낼까? 아직 본보기와 모델이 별로 없다 보니 혼자 여행을 하거나 휴가를 보내기 위해 역시 창조성을 발휘해야 한다.

　많은 싱글 여성들은 친구와 함께 여행을 떠난다. 서로 잘 통하고 관심사가 비슷하면 아주 좋은 여행이 될 수도 있다. 단체 여행이나 싱글들끼리 그룹을 지어서 가는 여행 역시 경우에 따라 좋을 수도 있다. 하지만 나 개인적으로 이런 여행은 별로 만족감이 없다. 내게 휴가란 자기만의 시간을 만끽하는 것이기 때문이다. 내키는 대로 발걸음을 옮기며, 방문지에서 영감을 얻고, 낯선 문화를 경험하고, 여행지에서 마주치는 사람들로부터 신선한 자극을 받는 일……. 나는 이 모든 시간에 누구에게도 얽매이지 않고 나로 존재하며, 나를 느끼고, 다채로운 삶을 느끼고 싶다. 그럴 때 일상에서는 맛보기 힘든 생동감이 진하게 밀려오고, 세계 시민이라는 멋진 느낌이 살아 온다.

______ 낯선 곳이지만 내 방식에 맞게

홀로 여행하는 것은 정말이지 아름답고 값진 경험이다. 물론 쉽지만은 않다. 특히 여성으로서는 말이다. 남자들은 어떤지 나는 알지 못한다. 아직 혼자 여행을 해보지 않았다면 나 홀로 여행을 감행해보라는 말밖에 해줄 말이 없다. 혼자 여행을 하다 보면 독립심이 훨씬 강해진다. 때로 길을 잘못 들기도 하고 뭔가를 그르치기도 하지만, 혼자 여행하다 보면 여행지와 현지인들을 알게 될 뿐 아니라 자신을 한결 더 잘 알 수 있다. 또한 혼자 여행에 나서서 행복하고 좋은 경험을 자신에게 선사했다는 뿌듯한 마음은 돈 주고 살 수 없는 소중한 것이다.

선뜻 혼자 여행을 나서지 못하게 하는 요인은 두 가지다. 혼자서 무엇을 해야 할지 잘 모른다는 것과 혼자서 넓은 세상으로 나가는 것이 자칫 위험하지 않을까 하는 두려움이다. 이 두 가지 걱정은 일리가 있는 것이고, 중요하게 다루어져야 한다. 정말로 낭패를 당할 수도 있기 때문이다. 잘못하면 여행이 오히려 심신을 갉아먹는 스트레스가 될 수 있으며, 경솔한 행동으로 위험에 빠질 수도 있다. 하지만 약간만 주의하면 혼자만의 휴가를 1년 중 가장 행복한 시간으로 만들 수 있다.

우선은 여행 형태를 심사숙고해서 선택하는 것이 중요하다. 휴양지로 떠나는 패키지여행 같은 것은 나 홀로 여행자에게는 적절하지 않다. 그런 형태의 여행을 떠나면 가족들과 커플들 사이에서 지옥처럼 느끼기 십상이다. 식사할 때마다, 해변에 나갈 때마다, 바에 앉아 있을 때마다 아웃사이더가 된 느낌이 강하게 밀려오고, 뭔가 잘못하고 있는 듯한 기분이 된다. 게다가 중년 유부남들의 흘깃거리는 시선을 받기 쉽다.

혼자 인도를 여행할 때 나는 여자 혼자 다니는 것을 현지인이 얼마나 이상하게 생각하는지를 뼈저리게 느꼈다. 계속 누군가 다가와 내게 도와주랴고 물었다.(남자들만이 아니었다.) 혼자 다니는 것이 그들의 눈에 좋아 보이지 않았던 것이다. 이런 이미지는 유럽도 마찬가지다. 다만 유럽 사람들은 대놓고 티를 내지 않을 따름이다. 혼자 여행하는 사람에게 훈수를 두지는 않지만, 상당히 못마땅하다는 듯 곁눈질을 한다. 하지만 한 가지 원칙이 통한다. 자신감 있고 확신 있게 행동하면, 주변 사람들도 더 긍정적으로 반응한다는 것 말이다. 여러 번 혼자 여행을 해본 사람은 어느 순간 자신이 달라진 건지, 세상이 변한 건지 구분하기가 힘들게 된다. 더 이상 거부감이나 몰이해가 깃든 시선과 마주치지 않고, 관심과 친절을 한 몸에 받게 되기 때문이다.

자신의 발전과 타자들의 변화가 어우러진 결과물이라고 할까? 혼자 여행하다 보면 여행지와 여행 형태를 점점 더 영리하게 선택할 수 있고, 시간이 지나면서 좋은 경험을 축적하게 되며, 혼자 여행하는 것이 참으로 멋진 일이라는 아우라를 발산하게 된다. 그러면 주변 세계의 반응도 그에 부합하여 달라진다.

그 밖에 혼자 여행하면 체험을 반추할 수 있는 시간이 아주 많다. 커플이나 단체로 여행할 때보다 낯선 사람들의 친절과 도움을 경험할 확률이 더 많다. 세상 곳곳에 친절한 사람들이 산다는 것을 깨닫게 되고, 스스로 능동적으로 행동하면 더 많은 사람들이 친절해진다는 것을 파악하게 된다. 그러면 여행지에서도 고향처럼 편안한 마음이 될 수 있다.

혼자 여행하고자 한다면, 개인적으로 어떤 여행이 이상적일지 생각하고 조사하고 시험해볼 필요가 있다. 자신의 느낌이 중요한 잣대다. 나는 몇 년 동안 몇몇 뼈아픈 실패를 한 끝에 내가 좋아하는 여행이 어떤 식의 것인지를 알았다. 그래서 이제는 만족스러운 여행을 하고 있다. 새로운 여행을 시험해보고 싶을 때도, 가능한 것과 배제해야 할 것을 적어도 대략적으로는 안다.

혼자 여행하기에 수월한 장소는 도시다. 도시는 익명성의 공간이라, 많은 인파 속에 적절히 섞여서 도시가 제공하는 것들을 누릴 수 있다. 호텔에 투숙해도 좋고, 단기로 아파트를 빌려도 좋다. 아파트를 빌리면 어느 식당에 들어갈까 고민하지 않고(특히 여성들에겐 여행 중 이 문제가 상당한 고민거리다) 적절히 시장을 봐서 현지인처럼 음식을 해 먹을 수 있다. 물론 호텔에 투숙하는 경우도 슈퍼마켓이나 시장에서 먹을거리를 사 들고 들어가 피크닉을 즐길 수 있다.

혼자 여행자들에게 추천하고 싶은 한 가지는 좋은 방을 구하라는 것이다. 성격에 따라 다르겠지만, 혼자 여행하면 숙소에서 더 많은 시간을 보내게 된다. 그런데 호텔에 따라 차이는 있겠지만 싱글 룸은 우울한 경우가 많다. 좁은 방에, 자다가 떨어질까 봐 겁이 나는 비좁은 침대…….

모든 것이 작고 좁다. 나 홀로 여행자가 예약을 하면 창고로 쓰던 작은 방을 얼른 비워주는 호텔들도 있다. 그러므로 예산이 너무 빠듯하지 않다면, 더블 룸을 예약해서 혼자 자는 편이 좋다. 더블 침대에서 혼자 자고, 방도 최소한 숨통이 트일 정도는 되니까 말이다. 특히나 혼자 여행하는 사람에겐 숙소가 쾌적하고 아늑한 것이 상당히 중요하다.

호텔의 위치도 중요하다. 웹 사이트로 호텔 방을 예약할 때, 모니터에 뜬 사진들을 보고 '그래, 어떻게든 되겠지 뭐' 하는 뜨뜻미지근한 감정이 들면 다른 호텔들을 (인터넷에서) 더 둘러보는 것이 좋다. 최소한 기대감으로 가슴이 설렐 정도는 되어야 좋지 않겠는가.

꼭 값비싼 숙소에 묵어야 한다는 말은 아니다. 하지만 방이 마음에 들지 않는 경우 현지에서 약간 돈을 더 주고라도 옮기는 편이 낫다.

어느 해인가 연말에 오스트리아의 아름다운 호숫가에 있는 한적한 호텔에 묵은 적이 있다. 당시 나는 출장을 갔다가 복귀하는 중이었고, 중간에 이틀 밤을 그곳에서 지내기로 했다. 그런데 호텔에 체크인하고 보니 싱글 룸에다, 아니나 다를까 창고 방이었다. 좁고, 짐들이 빼곡하게 차 있고, 황량했다. 하룻밤은 그냥 그런대로 괜찮았다. 더욱이 늦은 밤에서야 호텔에 도착했기에 그랬다.

하지만 12월 31일 밤은 절대로 그런 곳에서 견디고 싶지 않았다. 그런 곳에서 견딜 만큼 정서상으로 안정되어 있지 않았다. 그래서 12월 31일 아침에 다른 방이 없느냐고 문의를 했더니, 안타깝게도 이 호텔에서 가장 비싼 스위트룸 한 곳만 비어 있다는 대답이 돌아왔다. 실망했지만 일단 그 스위트룸을 둘러나 보기로 했다. 그런데 그곳에 들어가 보니, 내가 묵었던 싱글 룸과 같은 호텔의 방이라는 게 믿기지 않을 정도로 멋졌다. 우아한 가구들에, 현대적인 소품들, 널찍한 공간, 정말 아름다웠다. 겨울 호수가 건너다보이는 전망도 한몫했다.

원래는 이런 스위트룸을 빌릴 형편이 되지 않았지만, 나는 곧장 그곳에 투숙하겠다고 말했다. 그리고 그곳에서 아름답고 고요한 새해 전야를 보냈다. 일단 시내로 나가 호텔 피크닉을 위한 모든 것을 산 다음, 저녁에 스위트룸에 촛불을 켜놓고 느긋하게 목욕을 즐기며 이곳에 존재하는 순간을 만끽했다. 삶에서 내가 선 자리를 돌아보고, 다가오는 새해에 바라는 소망들을 상기해보았다. 무엇보다 나 자신과 조우했다. 그렇게 나는 고요하고 아름다운 저녁을 보냈다. 나에게 이런 멋진 방에서의 하루를 선물할 수 있어서 좋았다. 자정쯤에 발코니에 섰을 때 호수에 비친 달이 보였고 호수 건너편에서는 아름다운 불꽃놀이가 펼쳐졌다. 나는 기쁨과 사랑에 충만해서 가만히 서 있었다. 사람들이 서로서로 새해 인사를 하느라 모바일 서버가 과부하에 걸렸을 수도 있는 이때, 나는 조용히 나 자신에게 새해 인사를 했고, 주변의 기적과 자연과 살아 있음을 축복했다. 순간순간을 진하게 느끼며 가능성의 새해를 맞았다.

다음 날 새벽, 차를 몰고 모두 잠든 조용한 거리를 통과할 때는 온 세상이 다 나를 위해 존재하는 것 같았다. 그렇다. 혼자서는 눈에 띄지 않게 '다른 사람들'과 약간 거리를 두고 살 수 있다. 남들이 하는 대로 다 할 필요도 없고, 커플로 계속 붙어 다닐 필요도, 계속 의사소통을 할 필요도 없다. 자신의 생각이나 행동에 대해 계속해서 다른 사람들의 의견을 들을 필요도 없다. 혼자 있는 걸 좋아하는 사람들은 흥미 위주의 사회가 추구하는 것에 별로 연연하지 않는다. 혼자 여행할 때 나는 "이 세상에 있으나 이 세상에 속하지 않는다"라고 했던 예수 그리스도의 말을 떠올린다.

좀 겉도는 기분이 될 수도 있지만, 한편으로는 해방감이 느껴진다. 자신감이 커지고, 혼자 시간을 보내는 법을 더 터득하다 보면 겉돌고 소속감이 없는 듯한 기분이 착각이라는 것도 알게 된다. 다원적인 사회에서는 꼭 정해진 모습으로 살아야 하는 건 아니니 말이다. 사회에는 많은 '주변부'가 있고, 그곳에서도 사람들이 활동하고 있다. 여러 면이 모여 전체를 이룬다. 그 모든 것이 전체에 속하고, 그 어떤 부분도 전체는 아니다. 혼자 있는 사람은 자신만 이런 작은 틈새에서 살아가고 있다고 생각하고, 이런 틈새를 좁게 느끼기 십상이다.

하지만 시각을 달리해보라. 싱글이 예쁜 색깔의 점이고, 이런 점들이 다른 색깔들로 이루어진 꽤 커다란 영역에 등장한다고 상상해보라. 자세히 보면 이런 점들은 아주 많다. 흩어져 있어서 눈에 띄지 않을 뿐, 전체적으로 보면 간과할 수 없다. 이런 점들은 전체에 영향을 미치기도 하며, 전체와 섬세한 나눔이 일어난다.

이야기가 곁길로 빠졌다. 다시금 여행으로 돌아가보자. 혼자 여행하는 사람에게 호텔 방은 수도자의 방이 될 수 있다. 때때로 낯설게 느껴지는 요란함에서 물러나는 장소다. 그곳에서 독서하고, 잠을 자고, 피크닉을 하고, 바다나 시내의 전망을 즐길 수도 있고, 침잠할 수도 있다. 명상이나 요가를 하는 장소가 될 수도 있으며, 쉬면서 존재 자체를 느껴보는 장소가 될 수도 있다. '그래, 나는 세상 속에 있어. 낯선 곳에 있지만, 내 자신에게 있어 편안해.' 어디를 가든 똑같은 달이 나를 비춘다. 별들도 함께 다닌다. 생명의 기적이 느껴진다.

______ 어떻게 여행할까

어떤 여행을 할까? 가장 중요한 건 자신의 욕구를 느끼는 것이다. 모두가 한다고 따라 하지 말라. 나중에 사무실에서 여기저기 갔다고 떠벌리기 위해 여행하는 건 중요치 않다. 이에 몇 가지 제안을 해본다.

도시 이미 말했듯이 혼자 처음 여행할 때는 도시가 가장 이상적이다. 도시에서 도시로 순회 여행을 하는 것도 좋다. 인파에 섞여서 자유롭게 활보하고, 신선한 자극을 받아보라. 한동안 혼자 한 도시를 돌아다니다 보면, 도시의 분위기, 혹은 특정 구역의 기운 같은 것이 느껴진다. 건물이나 광장이 들려주는 이야기들이 있다. 아름답고 섬세한 경험이다.

천연기념물 천연기념물을 찾아가면 자연 속에서 휴식을 누릴 수 있는 동시에, '공식적인' 목표가 있기에 마음이 혼란스럽지 않다. 천연기념물을 보고 나서 근처의 고목이나, 바위나, 힘이 되는 장소를 더 둘러볼 수 있다.

도보 여행 먼 곳으로 떠나는 걷기 여행은 오롯이 자신에게 이를 수 있는 탁월한 방법이다. 매일 아침 배낭을 메고 출발해서, 숙소에서 저녁을 먹고 자고는 아침에 다시 출발한다. 걸을 때 말을 많이 하지 않으면 시간이 흐르면서 머릿속은 유쾌하게 비워지고, 창조적인 아이디어와 신선한 확신으로 새롭게 채워진다. 거점을 마련해두고, 그곳을 중심으로 사방으로 걷기 여행을 다니는 것도 좋다. 이렇게 하면 숙소는 한 곳이므로 숙소 주인과도 친숙해지고 그것이 안정감을 줄 수 있다. 현지 사람을 알고 있는 거니까 말이다.

휴식과 명상 이를 위해서는 수도원이나 수련 센터, 피정의 집, 템플 스테이, 침묵의 집 같은 곳이 좋다.

방문 여행 지인이나 친척을 방문하러 이 지역 저 지역을 순례하는 여행이다. 혼자 다니다가 중간중간 지인이나 친척과 만나면 꽤 괜찮은 여행이 된다.

테마 여행 좋아하는 작가나 음악가의 흔적을 따라 그들이 활동했던 지역을 여행하면, 마음속에 동행이 생겨나 좋다.

관심사나 프로젝트와 함께하는 여행 어떤 지역에 꽤 오래 체류하려 한다면 나름의 프로젝트를 가지고 있는 것이 좋다. 책을 쓴다든가, 어떤 일을 돌아보고 정리한다든가, 실현에 옮기고 싶은 계획이 있어 그것을 준비한다든가 등등.

친숙한 장소들을 다시 찾아가기 잘 아는 장소로 여행하면 혼자 여행이 처음인 사람들에겐 특히나 마음의 부담이 줄어든다.

머나먼 해외로. 무리하지 않고 개인의 깜냥에 따르기 먼 나라로 가려는 사람은 너무 무리가 되지 않는 동선을 짜야 한다. 인도의 아쉬람에 간다면, 그곳에서 택시로 갈 수 있는 장소 두 군데 정도를 끼워 넣으면 좋다.

성수기를 피해서 가기 그래도 휴양지에 가고 싶다면 성수기를 피하는 것이 좋다.

가능한 한 많은 것을 경험하고 보는 건 중요하지 않다. 공연히 욕심을 부리다 보면 오히려 재충전에 방해가 되고, 피상적인 여행이 된다. 고요하고 성찰적이며, 눈에 띄지 않고, 기록에 목매지 않으며, 심신을 회복하고, 내면을 정리하는 여행. 나는 그런 여행이 좋다. 여행지의 모든 유적지, 박물관, 미술관을 다 가보지 않아도, 유명한 포토 스폿이나 행사를 놓치더라도, 삶의 깊이를 얻고 삶의 현실에 더 다가가는 여행을 하라. 그런 여행을 한 뒤 직장으로 돌아가거나 친구를 만나면, 할 말이 많지 않을지도 모른다. 하지만 진정한 회복은 아우라로 느껴지는 법이다. 자신이 있는 자리에서 회복이 잘 되지 않는다면, 떠나라. 공기를 바꾸어주면 영감이 생겨날 수 있고, 변화되어 돌아올 수 있다.

혼자 있기와 아직 그리 친하지 않은 사람들은 혼자서 '다채로운' 시간들을 보내보는 것이 중요하다. 무엇이든 시도를 해보면서 '밋밋하고 지루한' 회색빛 기분에서 빠져나오라. 이를 위해 여행이 좋은 기회가 될 수 있다.

나는 편안하고 물 흐르듯 하는 여행이 좋다. 세계가 내 곁을 스쳐 지나가고, 매일매일 새롭고 신선하고 흥미롭다. 나는 모든 분위기와 모든 기분을 받아들인다. 그냥 단순히 존재한다. 애쓰지 않는다. 아무도 내가 누구인지 모른다. 아무도 나의 일상, 나의 직업, 나의 전력을 알지 못한다. 아무도 내게 간섭하지 않고 나의 한계를 의식하게 하지 않는다. 스쳐가는 풍경들을 보면서 나 자신을 잊는다. 나는 이 모든 것을 경험하는 중심이지만, 모든 것은 나와 무관하게 돌아간다.

휴가철 붐비는 해수욕장이나 시끄러운 관광지를 볼 때면, 천편일률적인 코스를 도는 단체 여행객들과 마주치면, 나는 혼자이기에 더 한적한 여행을 할 수 있어서 정말 다행이라는 생각이 든다. 나는 여행을 작전타임으로, 진정한 재충전의 기회로 삼을 수 있다.

혼자 하는 여행은 저절로 내면으로의 여행이 된다. 혼자 하는 여행은 새롭게 힘을 얻게 하고, 신선한 아이디어를 선사한다. 아무도 아는 사람이 없고 아무와도 이야기를 나눌 필요가 없기에 스스로와 긴밀한 대화를 하게 된다. 동시에 깨어 있는 마음으로 세상을 관찰하다 보면 도시건 시골이건 자신이 있는 지역이 대화 파트너가 되고, 느낄 수 있는 상대가 된다.

핸드폰을 며칠간 비행기 모드로 해놓고, 알람 기능만 사용해보라. 나는 혈혈단신으로 세상에 존재하는 느낌을 좋아하고 필요로 한다. 온전히 자신에게 몰입해 있는 시간을 정말 소중히 여기고 지키고자 한다. 사회가 이런 삶을 점점 더 소홀히 하고 있음이 안타깝다. 한두 친구만 행선지를 알면 충분하다. 뭣 때문에 매일매일 그날 무슨 일이 있었는지를 업데이트해야 한단 말인가? 여행 중에 있었던 일을 자기 자신 그리고 여정에서 만나는 사람과만 공유하는 것은 아주 풍성하고 유익한 경험이다. 이야기 나누고 싶다면 집에 돌아간 다음에도 얼마든지 이야기할 수 있다.

위험성과 두려움

혼자 여행하는 것에는 단점도 있다. 혼자 여행을 힘들게 하는 두 번째 요인, 바로 두려움을 살펴볼 차례다. 혼자 떠나는 것이 걱정되고 두려워서 그렇게 여행하지 못하는 사람들이 많다. 혼자 길을 나선 사람들도 조심을 한다. 밤늦게까지 돌아다니고 싶어도 웬만하면 일찍 숙소에 들어가고, 외진 장소에 가는 걸 피한다. 재미나 힐링에 비해 위험이 한결 크게 다가오고, 불안과 두려움이 더 크다. 젊은 시절 나는 여름마다 당시 남자친구와 더불어 몇 주씩 아시아나 아프리카로 배낭여행을 떠났다. 혼자서는 그런 여행을 할 엄두를 내지 못했을 것이다. 하지만 지금은 여자 혼자 배낭여행을 하는 경우도 많으며, 그 수는 더 늘어날 전망이다. 하지만 혼자 여행할 때는 위험 수위를 정직하게 가늠해야 한다.

혼자 여행하는 여성이 어느 정도로 안전할 수 있을까? 혼자 여행하는 여성은 성희롱 같은 것에 노출되기 쉽다. 나쁜 일이 일어나지 않더라도 늘 조심하고 일일이 신경을 쓰는 것 자체가 괴롭다. 남자들이 보여주는 관심이 아무리 호의적이라 해도, 반나절만 그런 관심을 받고 나면 지긋지긋해진다.

21세기가 되었지만 곳곳에서 아직도 성범죄가 발생하고 있고, 불쾌한 수작도 심심치 않게 일어난다. 혼자 여행하는 여성은 특히 그런 대상이 되기 쉽다. 직접 그런 일을 겪지 않았다 해도 여성들은 본능적으로 이런 위험을 의식한다. 옷차림이 점잖고, 결혼반지를 끼고 있고, 행동에 빈틈이 없다 해도 그다지 도움이 되지 않는다. 나 역시 어느 지중해 섬의 엄청나게 멋진, 그러나 인적인 뜸한 급경사 해안에서 불미스러운 일을 간신히 면하고는 한동안 충격에 빠졌던 적이 있다. 좀 더 나이 들면 이런 일은 겪지 않으리라고 위로를 했다.

여성들에게 이런 두려움은 깊이 내재되어 있고, 혼자 다닐 때는 늘 이런 위험을 의식하게 된다. 정말 위험한 상황인지, 내재된 두려움이 공연히 발동하는 것인지를 구분하기란 쉽지 않다. 전에 개인적으로 안 좋은 일을 겪었기 때문이거나, 시대적으로 남성들의 희생자가 되어온 여성들의 집단 경험에서 연유하는 공포일 수도 있다. 찾아간 지역이 전에 불미스러운 일이 일어난 장소이기 때문일 수도 있다. 민감한 사람들은 그런 것에도 예민해질 수 있다.

이 주제에 단순한 답은 없다. 매번 어느 정도까지 나아갈 것인지 새롭게 결정하면서 안전에 민감하게 행동할밖에. 점점 많은 여성과 남성이 이런 주제를 진지하게 받아들이고, 남성과 여성 사이에 집단적으로 얽힌 문제들에 대한 영적 해법들을 모색하고 있음은 반가운 추세다.[59]

_____ 혼자 식사하기

자신감 있고 주체적으로 보이는 여성들 중에서도 혼자 식사하러 나가는 것을 좋아하지 않는 사람들이 있다. 곁에 사람이 있었으면 하거나 심심해서가 아니라, 그냥 민망해서다. 특히 저녁에 혼자 식당에 앉아 있으면 사람들이 자기를 이상하게 보지 않을까 하는 생각이 든다. "저 여자는 왜 저녁에 혼자 식당에 왔을까? 싱글일까?" "친구도, 가족도 없나 봐!" "밥을 함께 먹을 사람이 없나 보네."

그러나 이런 염려는 자신이 속으로 지어낸 거라는 사실! 객관적인 사실인즉슨 당신이 혼자 식당에 오건, 누구랑 같이 오건 아무도 관심이 없다는 것이다. 설사 누가 이상한 생각을 하거나, 종업원이 사리에 맞지 않는 말을 흘린다면, 곧장 옛 속담을 떠올리면 된다. "페터가 파울에 대해 하는 이야기는, 파울보다는 페터에게 더 많이 해당한다"라는 속담 말이다. 이것은 내가 혼자 식당에서 슬픈 저녁을 수차례 보낸 뒤 억지로 끼워 맞춘 논리가 아니다. 학문은 이렇듯 타인의 시선을 지나치게 의식하는 경향을 '스포트라이트 효과'라고 부른다. 혼자 식당에 들어간 사람은 모두가 자신을 이상하게 쳐다보지 않을까 생각하지만 사실 그것은 착각이라는 것이다.

심리학자 벨라 드파울로는 식당에서 식사를 하는 젊은이들과 중년들을 사진 찍었다. 찍힌 사람들 모두 얼굴 표정은 중립적이었고, 유일한 차이점은 식사를 하는 사람이 혼자인가, 남녀 두 사람인가, 동성인 두 사람인가, 아니면 여럿인가 하는 것이었다. 연구자들은 무작위로 선발한 성인들에게 이 사진들을 보여주며 그들이 보기에 사진 속의 인물들이 왜 이 저녁에 외식을 하러 나왔을 것 같으냐고 물었다. 참가자들의 답변은 다양했다. 긍정적이거나, 비하적이거나, 중립적이었다. 그러나 식사 주체가 혼자인지, 둘인지, 동성 커플인지, 이성 커플인지, 여럿인지 하는 것은 판단에 전혀 영향을 미치지 못했다. 이성 커플에 대해 "관계에 대해 심각하게 논의하려고" "여자가 예민해져 있어서" "함께 시간을 보내려고" "데이트하려고" 등등의 긍정적·부정적 답변이 고루 나왔듯이, 혼자 식사하는 사람에 대해서도 "친구가 별로 없어서" "외로워서" "자신만의 시간을 즐기러" "그냥 혼자 식사하고 싶어서" "여행 중이라서" 등등의 답변이 나왔다.[60]

그러므로 투사를 중단하고, 객관적으로 사건을 보라. 모두는 현재의 필터를 통해서 상황을 본다. 식당에 온 사람들도 마찬가지다. 자기가 기분이 좋으면 다른 사람들도 열려 있고 상냥하고 친절해 보인다. 낯선 사람들과 수다를 떨기도 한다. 하지만 기분이 나쁘고 자신감이 저하된 상황에서는 주변 사람들도 폐쇄적으로 보이고 불친절하게 다가온다.

중립적으로 주변을 둘러보면 어떻게 될까? 식당에 온 사람들은 다른 테이블에서 일어나는 일에 그리 관심이 많지 않다. 주변을 관찰한다 해도 자기 입장에서 이해할 뿐이다. 옆 테이블에 남편과 마주 앉아, 뚱한 표정으로 당신을 보는 여자가 이런 생각을 하는지도 모르지 않나. '아, 저 여자처럼 용감하면 얼마나 좋을까. 나도 더 이상 남편에게 휘둘리지 않고, 내 식대로 살고 싶어.'

물론 혼자서 식사하러 온 여성이 불이익을 받는 경우도 있다. 화장실 바로 앞 좌석으로 안내받거나, 배정받은 자리에 앉아 있는데 커플이나 가족이 들어왔다고 다른 자리로 옮겨달라는 요청을 받기도 한다. 분명히 먼저 주문했는데 나중에 들어온 여러 손님들에게 음식이 더 빨리 나가기도 한다. 그런 일은 당하면 기분이 안 좋다. 하지만 앞으로 그런 곳에 가면 어떤 태도를 취해야 하는지 알려주는 힌트로 받아들이면 도움이 될 것이다. 좀 더 좋은 자리를 달라고 부탁하고, 친절한 태도로 종업원의 주의를 자꾸 자신에게로 환기시키는 사람은 혼자 가도 그다지 불이익을 당하지 않는다는 걸 알게 될 것이다. 혼자 식사를 하러 가는 것이 아무렇지도 않게 되면 이런 자신감이 겉으로도 풍겨 나온다. 저녁 시간이 밋밋하다면 혼자 좋아하는 레스토랑에 가보라. 여행을 할 때도 점심뿐 아니라 저녁도 당당하게 혼자 좋아하는 음식을 먹거나 호텔 발코니에서 피크닉을 해보라.

강조하고 싶은 것은, 혼밥을 하는 여성들이 많아질수록, 식당 운영자

나 다른 여성들에게 이런 일이 전혀 이상하게 다가오지 않게 된다는 점이다. 모종의 연대감도 생길 수 있나. 언젠가 산뜩 주눅이 는 채 남(南)티롤의 호텔 레스토랑에 앉아 있을 때였다. 앉아 있다 보니 이웃한 두 테이블에도 각각 한 사람씩 앉아 식사를 하고 있다는 걸 알았다. 그러자 그곳에 앉아 있는 게 아주 평범하게 생각되었고, 내가 주눅 들어 있는 것이 내 안의 두려움과 자기 비하 때문임을 깨달았다. 이 사실을 깨닫고 나자 한결 마음이 가벼워지면서 우울한 기분을 떨쳐내고 맛있는 식사를 즐길 수 있었다. 그러는 중에 다시 여성 두 명이 연달아 들어왔다. 둘 다 혼자 식사를 하러 온 것이었는데, 그중 한 여성은 시종일관 핸드폰을 들여다보면서 한 번도 시선을 들지 않았고, 한 여성은 조금 전의 나처럼 상당히 주눅이 들어 있었다. 약간 수줍은 듯하고, 뭔가 불안한 듯하고, 하여튼 많이 어색한 표정이었다. 나는 그녀에게 눈인사를 보내며 편안하고 좋은 나의 기분을 전염시킬 수 있었다.(나만의 착각은 아니었으리라.) 우리가 넓은 세상에서 혼자 외롭다고 느낄 때 서로를 위해 해줄 수 있는 일이 바로 이런 것 아니겠는가.

마지막으로 충고를 하나 하자면, 연인이나 남편과 갓 헤어져서 굉장히 힘들어하는 중이라면 전형적인 대중가요를 틀어주는 식당은 삼가는 편이 낫다. "당신만 홀로 남겨진 채" 같은 가사가 나오면, 그 노랫말을 개인적으로 듣든 안 듣든 간에 상당히 가슴이 아려 올 수 있다. 첫 소절만 들어도 이미 가슴속에 묻어둔 온갖 멜랑콜리한 생각과 그리움, 낭만적인 표상이 봇물처럼 터질 수 있다. 최근 대중가요의 가사들 역시 "너 없이는 한 발짝도 더 이상……"과 같은 분위기에서 그다지 많이 진보하지 않았다.

9

원하는 만큼 배우고 성장한다

혼자 사는 사람은 독립심이 강해지고 성장한다.
인간은 신체적 욕구 외에 두 가지 기본 욕구를 갖고 있다. 바로 성장 욕구와 관계 욕구다. 홀로 서기를 해야 하는 사람은 성장할 기회를 많이 맞이한다. 어쩔 수 없이 배워야 하고, 홀로 헤쳐가야 하기 때문이다. 특히 여성들에게 이런 면은 쉽지만은 않지만 상당히 중요하다. 지난 수백 년간 여성들은 이런 면에서 별로 여지가 없었고, 때때로 '학습된 무기력' 상태에서 살았다. 그러나 오늘날 상황은 달라졌다. 익숙한 삶에서 멀어져 홀로 서기를 해야 하는 때야말로 자신을 뛰어넘어 성장할 수 있는 시기다.

▽ 더 큰 독립심, 더 큰 성취감

친구 부부가 씩 웃으며 내게 봉투를 건넸다. "이거 읽어봐, 네 책에 도움이 될 거야!" 봉투 안에는 잡지 기사 하나가 들어 있었다. 기니피그에 관한 것이었다. 연구자들은 기니피그를 일부는 싱글로, 일부는 짝지어 살게 한 뒤 몇 주 지나 그 기니피그들이 미로를 통과하여 먹이를 발견하도록 했다. 그 결과 짝지어 산 기니피그들은 학습이 잘 되지 못했고 매번 먹이까지 가는 데 애를 먹었다. 반면 혼자 살아온 기니피그들은 매일 미로 찾기 실력이 점점 개선되었다. 빈의 행동학자 이보 마카추케(Ivo Machatschke)는 "먹이를 찾는 데 필요한 시간과 오류 횟수가 줄어들었다"[61]라고 말한다. 적어도 기니피그의 경우 싱글들의 학습 능력이 커플들보다 뛰어났던 것이다. 학자들은 이 결과에 대해, 파트너 관계 속 스트레스가 특정 호르몬을 통해 두뇌에서 방향 감각을 담당하는 중추의 활성화를 방해한다고 설명한다.

인간의 경우는 어떨까? 물론 인간은 다를 것이다. 인간에겐 결정의 여지가 더 많으니 말이다. 그러나 싱글들이 배울 수밖에 없는 상황에 놓인다는 사실은 자명하다. 홀로 서기를 할 수밖에 없으므로, 어쩔 수 없이 모든 도전에 신속하게 대응해야 하는 것이다.

______ 자기효능감, 자기 신뢰

"정서적 발달과 성숙의 가장 중요한 표지 하나를 소개하고 싶습니다. 그것은 바로 혼자 있을 수 있는 능력입니다." 정신분석학자 도널드 위니캇(Donald W. Winnicott)이 1957년 영국 정신분석학회에서 했던 유명한 연설의 첫 대목이다.[62] 이어 그는 유아기의 정서 발달에 대해 이야기하면서, 아이는 어머니가 아무 요구 없이 함께하는 가운데서 홀로 서기를 배운다고 지적한다. 이것이 세상을 살아갈 능력의 토대가 된다. 배움과 성장은 일생 동안 일어나며, 그것은 자기효능감을 경험하는 것과 밀접한 관련이 있다.

자기 자신을 도울 수 있고 상황을 해결할 수 있음을 경험하는 것은 굉장히 중요하고 유익하다. 숙련된 싱글들은 스스로 상황을 헤쳐가야 함을 안다. 그리하여 오래 탄식하지 않고, 자신이 할 수 있는 방식으로 필요한 것을 한다.

그 밖에 모든 것에 대해 일일이 다른 사람에게 이야기하고 상의하지 않다 보면 자연적으로 자기 조절 능력이 개선되어 내적·외적 어려움을 독자적으로 극복할 수 있다. 여기서 '독자적'이란 언제 누구에게 도움을 요청해야 할지 아는 것을 의미한다.

우리가 일상적으로 서로에게 행사하는 영향력은 상당히 강하다. 모든 대화, 모든 나눔이 생각, 느낌, 의견, 가치관에 영향을 미치고 변화시킨다. 이것은 유익할 수도 있지만, 헷갈리고 방해가 될 수도 있다. 같은 문제를 세 사람에게 말하면, 서로 다른 세 가지 반응이 나온다. 모두가 중요하게 여기는 것이 다르고, 우리의 말에서 서로 다른 뉘앙스를 감지하며, 자신의 개인적인 인생관에 근거하여 반응을 한다. 그러다 보면 우리는 간혹 어쩔 줄을 모를 때가 있다. 불안한 시기에는 무엇이 중요한지 우리 자신도 아직 감을 잡을 수 없기 때문이다. 그래서 귀가 얇아져서 다른 사람들의 말을 곧이곧대로 받아들이고, 그 말이 우리에게도 해당할 거라고 생각한다. 하지만 그로 말미암아 우리 자신의 길을 발견하는 데 어려움을 겪을 때가 많다.

물론 친구나 가족과 어려움을 나누고 위로받는 것은 좋고 유익한 일이다. 괜찮아, 너만 그런 게 아니야, 좋아질 거야, 이렇게 저렇게 해 봐……라는 조언을 통해 마음이 한결 편해지기도 한다. 하지만 혼자 헤쳐나가는 사람은 상황을 더 새롭고 개성적으로 해결할 확률이 더 크다. 그러지 않으면 대화를 통해 자꾸 다른 사람의 의견에 맞추게 되기 때문이다. 나는 위기를 가능하면 (언제나 그런 건 아니지만) 스스로 해결하는 것이 성장 촉매제라고 생각한다. 멈추고, 되짚어보고, 느껴보고, 기도하고, 자연 속을 산책하고 기다리는 것, 내 안에서 작업이 일어나고 있음을 아는 것. 모든 세포를 열어 좋은 해결책을 받을 준비를 하는 것. 내적으로는 직관을, 외적으로는 영감을 받는 것. 이렇게 자기를 열어놓다 보면, 그냥 생각만 해서는 이르지 못할 싶은 원천으로부터 새로운 것, 예기치 않은 것이 떠오른다. 이런 일이 일어날 때마다 신뢰와 힘도 자란다.

상황을 이야기하고 나누는 평범한 방법이 오히려 도움이 되지 않을 때도 있다. 작가 바바라 파흘 에버하르트(Barbara Pachl-Eberhart)는 애도 조언서 『애도, 어떻게 견뎌야 할까』에서 힘들 때 친구에게 의지하려 하면 어떤 일이 일어나는지 이야기한다. 친구들은 도우려 하고, 독려한다. 그래서 좋지 않은 이야기들을 마구 쏟아내고 나면, 양측 모두 갑자기 어쩔 줄을 모르고 우두커니 앉아 있게 된다. 그러면 친구들 앞에서 이야기를 한 당사자는 양심의 가책을 느낀다. 말을 털어놓는 것이 늘 해법이 되지는 않는다. "이런 상황에서 감정적 균형을 잡으려고 노력하는 것이 더 힘들 수 있다."[63] 남편과 두 아이를 잃은 뒤 파흘 에버하르트가 경험한 애도의 방식은 아무도 미리 말해줄 수도, 조언해줄 수도 없는 것이었다. 그녀는 한 걸음 한 걸음 아픈 가슴을 부여잡고 스스로 애도를 해나가야 했다. 다른 사람들의 도움은 감사하지만, 늘 홀로 서야 했다.

물론 파흘 에버하르트와 같은 길을 가려면 용기가 필요하다. 심리학자 하이코 에른스트(Heiko Ernst)의 말대로 철학과 심리학은 나눔을 도그마로 격상시켰다. 사람들과의 관계를 능동적으로 가꾸어나가고 도움을 받는 것을 만능 치료제로 선포했다. 문제를 혼자서 해결하려고 하는 사람들은 도움을 거부하는 사람으로 비치기 십상이다.[64] 이런 태도는 우리 안에 강하게 내면화되어서 우리는 독자적으로 뭔가를 견딜 엄두를 내지 못한다. 스스로 그렇게 할 수 있다고 믿고 있음에도 머뭇거리며 자문한다. 내가 전문적인 도움 없이 어려움을 견딜 수 있을까? 그렇게 하려고 하는 건 너무 무책임한가?

치료적 도움을 받는 게 나쁘다는 것은 아니다. 하지만 혼자 할 수 있는데도, 도움에 의존하고 우리 안에 있는 힘을 차단해버린다면 그건 자기 능력을 박탈해버리는 일이다.

작가 파울 페리니(Paul Perrini)는 내적 충만을 "개성화 과정의 자연스러운 결과물"이라고 하면서, "개성화 과정을 통해 당신은 유일무이한 재능과 재주를 지닌 독창적 존재가 된다"고 말한다.[65] 이런 독창적 존재가 되는 것이 우리 앞에 놓인 중요한 과제다.

개성화: "나는 괜찮아"

가장 좋은 스승은 삶 자체다. 우리가 만나는 모든 것에서 우리가 누구이며 어디에 서 있는지를 배운다. 삶은 왕왕 우리를 어루만져주고, 종종은 우리를 부추겨 다음 걸음을 디디게 한다. 타자들이 나의 홀로 서기를 어떻게 생각하는지를 보면 나 스스로 지금 어떤 식으로 홀로 서기를 하고 있는지 알 수 있다.

처음 이것을 깨닫게 된 것은 옆집 아저씨로 말미암은 뼈아픈 경험 때문이었다. 지금은 이분과 서로 존중하는 좋은 관계를 맺고 있지만, 처음에 그는 나를 상당히 삐딱하게 보았다. 줄곧 남편이 없다는 걸 중요하게 생각했다. 그래서 마주칠 때마다 나더러 왜 혼자 사냐고, 왜 사람을 사귀지 않느냐고 물었다. 늘 비아냥거리고, 농담을 던지면서 나를 화나게 하고 내 신경을 긁었다. 마치 유부남은 여자가 남자 없이 살 수 있다는 걸 상상할 수 없다는 듯 굴었다. 처음에 나는 너무 힘들었고, 그런 사람이 이웃에 산다는 것이 슬펐다. 하지만 어느 순간 그가 그런 태도를 보이는 것은 나 스스로 내 편이 되어주지 못하고 나의 상황을 의심함으로써 그에게 속으로 동조하고 있기 때문임을 깨달았다. 그랬다. 나 자신이 이렇게 사는 것이 맞는지 의심하고 있었다. 내가 좀 특이한 걸까? 지금 적극적으로 새 파트너를 찾지 않은 것을 나중에 후회하지는 않을까? 너무 융통성이 없는 건 아닐까?

나는 내 속을 더 많이 들여다보기 시작했고, 관련 책들을 읽으면서 시각도 변했다. "헤이, 넌 정상이야! 네가 느끼는 걸 나(사회학자, 심리학자, 현자, 역사학자)도 느껴. 왜 그런지 논리적으로 이해 가게끔 설명을 해줄게"라고 말하는 듯한 텍스트를 읽으며 얼마나 가슴이 쿵쾅쿵쾅 뛰었던지! 그런 책들은 차츰 나를 믿을 수 있는 용기를 북돋아주었다. 내가 잘못된 것이 아니야! 나는 내 마음의 소리를 듣고 있어! 그리고 바람직하게 살고 있어! 나는 성장하고 있고, 스스로를 펼치고 있고, 사회의 일원으로서 살아가고 있어!

그 이웃 남자는 어떻게 되었을까? 나의 태도가 변하고 어느 순간 그의 농담에 나도 농담으로 받아치게 되자, 곧 비꼬고 빈정거리는 태도가 사라졌다. 그러더니 어느 날은 "아, 그대는 정말 멋지게 살고 있군요. 자유를 선택했네요"라고 했다. 우리는 의견이 같아졌다.

여성이 세상으로 나아갈 때

나는 아직도 남편과 헤어진 직후 새 아파트에서 부엌에 선반을 걸려고 전동 드릴을 들고 서 있었을 때 기분이 어땠는지 생생하게 기억이 난다. 나는 남자 없이도 해낼 수 있다는 것을 자신에게 증명해야 했고, 그렇게 했다. 그런 일을 벌이기 위해 용기를 내야 했고, 나중에는 날이 기계에서 분리되지 않아 공구점에 부탁을 해야 했지만 말이다. 이때 내 행동에는 상당한 분노가 들어 있었고 분노로 인해 힘이 세졌다. 아무리 힘을 써도 잘 열리지 않는 잼 병 뚜껑을 열려고 애쓸 때도 화가 났다. 때때로 병뚜껑을 열어주곤 했던 이웃은 내게 뚜껑을 쉽게 열게 해주는 도구가 있다는 걸 알려주었고, 덕분에 옆집 초인종을 눌러 도움을 청하는 횟수가 줄어들었다.

이젠 더 이상 자신에게 뭔가를 증명하고 싶은 마음은 없다. 급하면 생각보다 많은 것을 할 수 있다는 걸 알았고, 필요하면 친구나 이웃, 서비스 기사들에게 도움을 요청하면 되니까 말이다. 그러나 마음이 무너지는 순간들에는 여전히 기업들은 모든 제품을 왜 그리 꽉 잠가놓았나 생각한다. 여자들이 자발적으로 홀로 지내려는 마음을 먹기 힘들게 하려고 그런 것만 같다. 그래도 감사한 점은 이제 나를 신뢰할 수 있다는 것이다. 신체적인 의미에서가 아니다. 신체적으로는 힘이 제한되어 있지만, 홀로 서기의 기본자세 면에서 나를 신뢰하는 마음이 있다.

무엇보다 이혼이나 사별 등으로 나이 들어서 홀로 된 여성들은 때로 아주 많은 것을 배워야 한다. 독립적으로 생활하고, 독자적으로 금전을 관리하고, 갈등을 해결하고 스스로 삶을 책임져야 한다. 처음에는 상당히 힘이 들 수 있지만, 점점 성공의 경험이 늘어가다 보면 홀로 살아낼 수 있다는 사실 앞에 깊은 성취감과 안도감이 밀려온다. 어느 순간에는 안 될지도 모르지만, 최선을 다할 수 있는 것이다.

누구나 다 약한 면이 있고, 부족한 것이 있고, 동경하는 것들이 있다. 힘이 약해지고, 동경으로 가슴이 미어질 때, 자신의 약함을 인정하는 건 어려운 일이다. 하지만 유익한 일이다. 나의 친구 베라 그리베르트 슈뢰

더(Vera Griebert-Schröder)가 (노화와 관련하여) 썼듯이 "자신의 유약함을 껴안는 것"이 중요하다.

혼자 사는 여성은 자기 자신 및 삶과의 직접적인 관계를 개발할 수 있다. '우선 남편이 어떻게 생각하는지 한번 보고'라는 것이 없기 때문이다. 오랫동안 파트너가 함께 생활하다 보면 일상의 나는 두 개로 나뉘어 작동한다. 전에 소중했던 것, 즉 더 높은 것, 모험으로서의 삶, 커다란 목표, 창조성, 신비로운 것은 거의 스러지고 단순한 추억으로만 존재한다. '그' 혹은 '그녀'를 찾음으로써 그런 추구가 끝난 듯이 말이다. 에바 예기는 파트너십 속에 살아가는 사람들이 "정신적으로 나태한" 경향이 있다고 지적한다.[66] 작가이자 영화감독 보니 크렙스(Bonnie Kreps)도 "이상한 잠자는 숲 속의 공주"[67]에 대해 이야기한다. 왕자가 (인생의 멋진 영감 같은 것이 되어) 우리에게 키스했을 때 우리는 얼마나 자주 잠을 자고 있었던가? 우리는 전에 우리에게 굉장히 중요했던 것들을 모두 잊어버렸고, 뒤늦게 불만족스럽고 고집스러워졌음에 놀랐다.

서로를 의지하는 것은 멋진 일이다. 그러나 오랫동안 홀로 살아온 여성들은 소위 든든한 어깨의 필요성을 느끼지 않는다. '남자는 여자가 의지할 대상이 되어야 한다'는 고정 관념에 남자들이 부담을 느끼는 경우가 많다. 자신을 의지할 수 있다면, 더 크고 더 보람찬 모험으로 나아갈 것이다.

사랑을 찾아서

파트너가 절실히 필요한 사람은 왜 파트너 관계가 잘되지 않는지를 살펴볼 수도 있다. 이 부분에서 문제점을 발견하고 조치를 취할 수 있게끔 하는 치료사의 도움을 받을 수도 있다. 그 역시 성장으로 나아가는 좋은 방법이 될 수 있다. 그러나 바라던 바와는 다르지만 현재 주어진 삶에 푹 잠겨보고자 노력할 수도 있다. 나는 때로 다시금 지속적인 파트너 관계에 들어가기 위해 진지한 노력을 할지 고민했다. 하지만 한편으로는 다시 파트너 관계에 들어가면 무엇을 놓치게 될지를 물었다. 여성으로서의 자유, 나와 합일된 삶, 어려움이 있을 때 독자적으로 해결하려는 노력, 나 자신을 더 사랑하게 되는 것. 물론 그중 많은 것은 파트너십 가운데 살아가면서도 가능하다. 하지만 여성이 혼자서 어떤 모습으로 살아갈지를 모색할 수 있게 된 것은 인류 역사에서 최근에야 가능해진 일이니, 그런 시도 속에서 인류 사회를 더 풍성하게 하는 새로운 것이 탄생할 수도 있지 않을까?

우리 여성들이 공연한 편견으로 고통당하지 않고, 원치 않는 방향으로 떠밀려가지 않기 위해서는, 기존 심리학자와 심리치료사들의 견해를 뛰어넘어야 한다. 작가 브리타 창엔(Britta Zangen)은 심리학자나 심리치료사들이 쓴 책을 읽을 때마다 나도 종종 느꼈던 점을 꼬집어 이렇게 말한다. "심리학자들은 남자 없이 혼자 사는 여자를 결코 행복하게 상상하지 못한다. 마치 개인적으로 그 사실이 마음 아픈 것 같다."[68]

관계를 맺을 능력이 없다는 둥, 응할 준비가 되어 있지 않다는 둥, 너무 까다롭다는 둥, 친밀한 관계를 두려워한다는 둥…… 전문가의 판단은 그렇다. 물론 일리가 있다. 그러나 이것이 전부는 아니다. 그 밖에 사회적인 차원도 고려해야 한다. '관계 불능 세대'의 탄생은 개개인의 실패에 말미암은 것이 아니다. 칼럼니스트 미하엘 나스트(Michael Nast)의 『혼자가 더 편한 사람들의 사랑법』이라는 책과 강연이 성공을 거둔 것은 많은 사람들이 느끼는 바를 그가 이야기하고 있기 때문이다.

만족스러운 싱글의 길을 가려면, 싱글의 삶을 건강하지 않다고 치부하는 편견을 거부하는 것이 중요하다. 심리학자 페터 쉘렌바움(Peter Schellenbaum)이 1991년에 이미 썼듯 "(싱글 라이프를) 단지 유행으로만 볼 것이 아니다. 싱글이 많아지는 현상은 사람들이 인생에서 사랑 문제를 상당히 진지하게 다루기 시작했다는 표시다."[69] 싱글들은 대부분 파트너 관계에서 좌절을 경험한 사람들이다. 그들은 더 바람직한 사랑을 모색한다. 싱글의 상태에서도, 아니 싱글의 상태이기에 말이다.

쉘렌바움의 말들은 (종종은 의식적으로 깨어 있어서가 아니라 어쩌다 보니 그렇게 되었다 하더라도) 기존 파트너 관계를 떠난 사람들의 품위를 상당히 살려준다. 그들은 마음속으로 늘 충만한 사랑에 대한 동경을 안고 싱글로 분투해나간다. 물론 몇몇은 관계 속에서 살 만한 사람이 못 될 수도 있다. 하지만 스스로 선택하지 않은 역할을 감당해야 했던 파트너십을 뒤로하고, 드디어 자기 본연의 모습으로 인생을 살아보고자, 자기 자신이 되고자 분투하는 것은 멋진 일이다!

더 커다란 차원

어찌하여 오늘날 '사랑'이 그리도 어려운지, 사회학자 에바 일루즈(Eva Illouz)의 말마따나 사랑이 왜 몇몇뿐 아니라 거의 모두에게 "아픔이 되는지"를 의식하는 것은 즐겁지는 않지만 중요한 일 같다.

의식적으로 싱글로 살아가는 여성들에게 그 이유를 질문하면, 정말 놀랍도록 많은 수가 남자들이 너무나 의존적이고 속이 좁으며 사람을 숨 막히게 하기 때문이라고 대답한다. 2016년 〈브리기테〉지가 '남자 없이 행복하게. 왜 점점 많은 여성들이 싱글로 살기를 원할까'라는 주제를 특집 기사로 내보내며 인터뷰를 했을 때, 대부분의 싱글 여성이 그렇게 대답했다. 왜 그럴까? 왜 여자들은 그렇게 쿨하고 남자들은 그렇게 철이 없을까? 물론 심리적 차원에서 보면 그 이야기가 맞는 경우도 있고, 반대인 경우도 있다. 하지만 사회적인 차원을 고려하면, 그 가운데 수백 년간 형성되고 굳어온 조류들이 있다. 바로 남자는 넓은 세계에서 활동하고 자신을 관철하며, 여자는 집에서 아이를 키우며 남편을 뒷바라지해야 한다는 이미지가 우리 속에 심어져 있는 것이다. 남자는 세상을 바라보고, 여자는 남자를 바라본다. 남자 여자 모두 이것에 익숙해져 있다. 불합리성을 의식하고, 스스로 바로잡으려 하지 않는 한, 이런 이미지의 영향을 받을 수밖에 없다. 그런데 누가 더 이것을 불합리하게 느끼고 고치려 하겠는가? 옛 패턴에서 손해를 보는 쪽, 바로 여성들이다. 그렇기에 여성들의 눈에 남성은 속 좁고 한물간 인간들로 비치는 것이다.

외롭게 느끼거든 사람이, 아니 여성이 어떻게 살아야 할지 말해주는 옛 패턴과 결별하라. 새로운 자유와 진정한 힘을 향해 길을 나서라.

우리 시대는 변화와 변혁의 시대다. 옛 패턴들이 의문시되고, 느슨해지고, 효력을 잃어가고 있다. 변화는 서서히 진행되고 있으며, 자세히 보고 옛것과 새것을 새롭게 조화시키려는 자세를 요구한다. 신경심리학자 마야 스토르히(Maja Storch)는 이렇게 쓴다. "우리 사회에서 여성들은 굉장히 관계 중심적으로 양육되었다. (…) 그러므로 여성들에게 인격 성숙이란 삶이 예비하는 어려움을 혼자서, 자신의 힘으로 대처하는 법을 배우는 것을 의미한다."[70]

사회학사 장클로드 카우프만은 싱글 여성들을 여성들의 새로운 독립성을 실현하는 선구자들로 본다. 힘들어하고 자신의 처지를 비관하는 경우도 있지만, 각자 느끼는 바와는 상관없이 그들은 개성화라는 집단적 물결을 함께 이루는 사람들이다. 개인적으로는 실패할 수 있어도, 전체로 볼 때 이런 과정은 이제 더 이상 멈출 수 없다. 그리고 사회 전체적으로 무슨 일이 일어나고 있는지를 알면 최소한 이런 선구적인 삶을 좀 더 수월하게 이어나가는 데 도움이 된다.

카우프만의 선구적인 책 『혼자 사는 여자, 백마 탄 왕자』를 읽으며 나는 우리가 개별적으로 싱글의 삶을 살아가지만, 그것이 모여서 삶에 커다란 영향력을 행사하고 있음을 처음으로 의식할 수 있었다. 인류는 집단적 발전 과정을 통과하고 있다. 그러나 이 과정을 살아내야 하는 것은 각 사람이다. 삐걱대는 파트너 관계 속에서 살아가든, 황량한 싱글 로프트에서 (현실은 상상과 다르다는 걸 알면서도) 왕왕 소가족의 낭만적인 이상을 그리며 살아가든 말이다. 저널리스트 페트라 미쿠타(Petra Mikutta)는 태곳적 백마 탄 왕자의 환상을 재생하는 두뇌 영역을 "라마(Rama) 영역"[71]이라 부른다.

개별적인 삶에서든 커다란 전체에서든, 중요한 건 늘 앞으로 나아가고 있다는 것이다. 여성들은 이미 오래전부터 할 수 있는 만큼 좁은 전통을 박차고 나오고자 했다. 카우프만에 따르면 19세기부터 직업 활동을 하는 여성들이 점점 늘어났고, 그 결과 결혼 시장에서 아무에게나 호락호락 넘어가지 않았다. 오늘날에는 세계적으로 비슷한 현상이 나타나고 있다. 저널리스트 해나 로진(Hanna Rosin)이 『남자의 종말』이라는 책에서 묘사했듯이, 많은 사람들이 자유로운 삶을 위해 싱글 라이프를 선택한다.

자유를 누리고 자신의 삶을 형상화하고 펼쳐나가는 것은 참으로 행복한 일이다. 자신의 잣대로 판단할 때 성공적으로 경험하는 순간들에는 특히나 그렇다. 그럴 때면 저절로 좋은 것을 나누고 다른 사람에게 전달하게 된다. 얼마나 많은 여성들이 사회 조류를 거슬러 올라감으로써 후배들의 삶을 수월하게 만들어주었는가! 얼마나 많은 여성들이 자신감 있게 홀로 섬으로써 다른 여성들에게 용기를 전염시켰는가!

내적 해방을 이루는 것은 정말 귀중한 일이다. 우리는 이제 그럴 기회를 가지고 있다. 혼자서 달콤한 순간들을 보내면서 간혹 이런 생각을 한다. 과거 2000년 이상 얼마나 많은 여성들이 마음으로 그렇게 원했던 것을 이루지 못하고 생을 마감해야 했던가. 나는 이들의 몫까지 잘 해내야 할 것 같은 생각이 든다. 중간중간 외롭고 고독한 순간들이 좀 끼어든다 한들 무슨 대수랴.

▽ 때로 힘들게 만드는 것들

지속적으로 성장하고 성숙해나가는 일은 늙는 일과 달리 자동적으로 이루어지지 않는다. 노화야 가만히 있어도 진행되지만, 자기효능감을 경험하고, 성숙하고, 주어진 일에 잘 대처해나가고, 지혜를 얻는 것은 힘써 이루어야 하는 업적들이다. 혼자 살면서 자칫 '이상해질' 위험도 존재하기 때문이다.(물론 그런 위험은 싱글뿐 아니라 모든 사람에게 존재한다.) 계속

중얼거리며 혼잣말을 한다거나, 식당 주인이나 슈퍼마켓 계산원과 스몰 토크를 주고받는 가운데 그늘의 비위를 상당히 건드린다 해도 싱글의 경우는 누군가 그들을 바로잡아주기가 쉽지 않기 때문이다.

아무래도 그런 교정 작업이 부족하므로, 주의 깊은 자기 관찰이 필요하다. 일기를 써도 좋다. 일기를 쓰면 한결 자신의 행동을 의식하게 되며, 때때로 예전 일기를 읽으면 자신의 발전 과정이 눈에 들어온다. 과거에는 어땠지? 작년에는 무엇을 원했지? 그런데 지금은? 이것이 맞는 걸까? 이러면서 말이다. 나는 내가 되고 싶은 상에 근접하고 있는 걸까? 이렇게 건강한 성장이 가능해진다.

______ 사회적 비중이 커지고 주목받는 것에 대한 두려움

강한 모습, 근사한 모습으로 서는 것은 인격적 성장의 자연스러운 결과다. 장미가 활짝 필 때까지는 개화 과정을 멈추지 않듯이, 성장을 지향하는 것이 인간의 기본 성정이다. 하지만 자신을 드러내자면 두려움이 엄습한다. 자못 큰 두려움이다. 다른 사람들의 질투와 공격의 대상이 될 수도 있기 때문이다. 이런 두려움은 역사적 뿌리를 바탕으로 한다. 특히나 민감한 여성들은 자신의 뛰어남이나 다름이 눈에 띄어서 곤란한 일을 겪지 않을까 하는 실존적 두려움이 있다.

미국의 의학자 크리스티안 노스럽(Christiane Northrup)은 저서 『여성의 몸 여성의 지혜』 초판이 출간되었을 때 악몽에 시달렸다. 거듭해서 살해당하는 꿈을 꾸었다. 이 책을 출간하고 나서 어려움을 겪지 않을까 하는 두려움이 마음 깊은 곳에 있었기 때문이다. 책에 밝힌 생각들이 지배적인 의학적 견해들, 특히나 동료 의사들의 견해를 거스르는 것이었기에 그랬다. 이런 두려움에 맞서면서 그녀는 두 가지를 배웠다. 하나는 병원과 학회의 많은 동료들은 그녀가 책을 냈다는 사실조차 모르더라는 것! 생각보다 그녀에게 관심이 있는 사람들은 적었다. 그렇다. 우리는 세상의 중심이 아니다. 둘째로, 더 중요한 것은 그녀의 책을 본 사람들은 진심으로 그녀를 지지해주고, 감사를 표하더라는 것! 그도 그럴 것이 그녀가 한 이야기는 그녀뿐 아니라 많은 사람들이 느끼고 있던 것이니 말이다. 두드러지게 부각되는 걸 싫어하는 소심한 면은 나쁜 예감이 아니라, 과거의 유산이었다.[72]

크리스티안 노스럽이 이런 경험을 했던 1990년대 이래 많은 일이 일어났다. 그러나 여전히 우리 속에는 이런 옛 패턴이 살아 숨 쉬고 있다. 안나 감마는 2015년에 출간한 저서 『아름다움, 야만성, 지혜』에서 여성들이 특정 지점에서 얼마나 머뭇거리는지 이야기한다. '내가 진정한 내 모습을 보여주면 대가를 치러야 할 거야'라고 생각하는 듯하다고 말이다.

더 깊이 들어가면 "여성의 집단적인 고통체"[에크하르트 톨레(Eckhart Tolle)가 창안한 개념] 깊숙이에 존재하는 배신과 고문, 화형에 대한 이미지들이 살아난다. 여성은 심신을 사랑스레 돌보고 그것을 새롭게 경험하여 이런 상태에서 구제받아야 한다. 에크하르트 톨레는 『지금 이 순간을 살아라』에서 우리가 현재에 존재함으로써 우리 안의 에너지 장으로서의 고통체를 지각할 수 있다고 이야기한다. 고통체는 우리가 계속해서 괴로워하고 다른 사람들에게 책임을 전가할 때 새로운 자양분을 얻는다. 반면 단순히 현재에 존재하는 가운데 있는 모습 그대로를 지각하고 받아들이면 고통체는 차츰 수그러든다. 안나 감마 역시 아픔을 통과하는 이런 과정을 커다란 해방으로 본다. 옛 아픔에서 해방되는 동시에 남자들에 대한 적대감에서 해방된다.

오늘날까지 그렇다. 자율적인 여성은 사회적으로 지금까지 통용되어온 모든 것을 의문시한다. 남성들과 남성적인 것에 더 이상 그렇게 우선순위를 두지 않는다. 그럴 때 외로움은 작가 카르멘 알보르히(Carmen Alborch)가 인상적으로 묘사했듯 때로 대열을 이탈한 데 대한 징벌처럼 다가온다. 하지만 바로 그곳에 성장의 기회가 있다. 오늘날 여성으로서 혼자 산다는 것은 여성성을 억압하는 상황에 과감히 맞섬을 의미한다. 남성들을 탓하자는 것이 아니다. 남성과 여성 양측이 여전히 여러 세대를 거쳐 전해져온 오래된 방식으로 느끼고 생각하고 행동하고 있음을 보여주는 객관적인 확인이다.

오늘날 이런 커다란 주제를 다룰 수 있는 것은 선물이다. 이런 관점에서 볼 때 의식적으로 홀로 살아가는 여성들은 진정한 선구자들이다. 모든 여성이 언젠가는 혼자 살게 될 것이고 혼자 살아야 한다는 의미가 아니다. 하지만 혼자 사는 여성들은 같은 눈높이에서 이루어지는 진정한 만남과 자유로의 길을 개척하는 사람들이다. 이 과정에서 그들은 두려움과 의심을 통과해야 하고, 장애물과 방해를 극복해야 한다. 또한 집단적으로 정체된 옛 아픔을 치유받아야 한다.

점점 많은 남성들 역시 그들 편에서 치유로 나아가고 있다. 남성들 역시 여성성이 억압되는 상황에 적잖이 고통받아왔기 때문이다. 남성들은 자신 속에 존재하는 여성성을 끊임없이 부인하고 몰아내야 했고, 그로써 결코 전인적인 인간으로 설 수 없었다. 따라서 여성성을 억압하는 것에 기초한 '진짜' 사나이의 이미지를 벗어던지는 일 역시 남성들에게도 자율성에 이르는 길이다.[73]

▽ 더 나은 싱글 라이프를 위한 팁

심리학적 차원에서 우리에겐 두 가지 기본 욕구가 있다. 바로 성장 욕구와 관계 욕구다. 뇌과학자이자 신경생물학자 게랄트 휘터는 우리가 이미 모태 안에서 이 두 가지를 경험한다고 말한다. 모태 안에서 우리는 성장할 수 있었고 애착을 느낄 수 있었다. 세상에 태어난 뒤에도 이 두 가지가 계속될 거라고 여겼다.[74] 하지만 이 두 가지 욕구가 동시에 충족되는 건 쉽지 않다. 성장은 자신과 더 이상 맞지 않을 때 익숙한 반경을 떠나는 것을 종종 의미한다. 고향을 떠나거나, 기존의 우정이나 친구 관계에서 떨어져 나오기도 한다. 그럴 때마다 소속감을 잃고, 다른 곳에서 다시금 만들어야 한다.

자신의 길을 가는 것은 외로울 수 있다. 최소한 일시적으로는 말이다. 차츰 새 삶의 국면에 어울리는 새로운 사람들이 인생으로 입장할 것이다. 하지만 우선은 공백이 있을 수밖에 없다. 친구와 파트너는 새로운 삶에 함께할 수 없는 경우가 많다. 이런 상황은 쉽지 않다. 우리 여성들은 그동안 뒤처져 있던 성장을 만회하고자 하지만, 유대와 결속도 무시할 수 없기 때문이다.

어떤 방식으로 살건 성장과 유대 사이에는 어느 정도의 긴장이 있을 수밖에 없다. 성장과 애착 사이에 새로운 균형을 찾기까지 우선은 불균형을 견뎌야 한다. 당신은 성장과 애착 중 기본적으로 어디에 비중이 더 가 있는가? 성장과 애착 중 지금까지 어디에 우선순위를 두고 살았는가? 늘 가족과 남편의 품에서, 친구들에게 둘러싸여 안정감을 느끼며 살았는가? 아니면 둥지의 따뜻함은 적었지만, 대신에 성장할 여지가 더 많았는가? 한 면에 너무 치중했다면, 균형을 잡아야 할 필요를 느끼는가? 아니면 확실히 비중 높은 그 면이 본성에 잘 맞아서 별 불편을 못 느끼는가? 자신의 경우 어떤지 생각해보라.

이를 생각해보고 답변하는 가운데 내면에서 우러나오는 새로운 지향점이 생길지도 모른다. 아니면 지금 이대로가 좋다는 느낌이 강하게 들어 더욱 안도할지도 모른다.

10 새로운 관계를 위한 재생 기간

홀로 있음을 새로운 관계를 위한 학습 기간으로 활용할 수도 있다. 파트너와 헤어지거나 일정 기간 떨어져 있기로 한 뒤 홀로 있는 시간은 숨을 돌리고 마음을 정리할 수 있는 좋은 시간이다. 상처 치유에 꼭 필요한 시간이기도 하다. 상처를 가지고 새로운 관계로 들어갈 수는 없겠기 때문이다. 이런 기간을 통해 자신의 욕구와 바람을 점검하고, 수정해야 할 경직된 패턴이 있다면 그것을 새롭게 깨닫고 고쳐나갈 수 있다. 삶이 금방 새 파트너를 허락하지 않는 것에 오히려 잠잠히 감사하다 보면, 새로운 관계에 대한 진정한 욕구가 깨어날 수도 있다.

▽ 파트너에게서 무엇을 원하고, 원하지 않는가

남편과 함께 늙어갈 줄 알았는데 헤어지고 말았다는 사실은 내겐 상당한 충격이었다. 많은 세월이 지나고, 그 중간에 몇몇 짧은 관계들을 끝내고 난 뒤에야 서서히 깨달았다. 한 사람과 수십 년 동안 행복하게 혹은 최소한 만족스럽게 살 수 있다고 생각했던 게 얼마나 대단한 거였는지! 사람은 변하는데 말이다. 나는 이제 남편과 살던 때와는 완전히 다른 사람이 되어서, 간혹 '그가 이런 내 모습을 알지 못했던 것이 유감'이라고 생각하기도 한다. 그러나 그는 알 도리가 없었다. 그도 그럴 것이, 내가 지금의 내가 된 것은 무엇보다 남편과 헤어진 뒤 처음으로 홀로 서기를 해야 했던 데서 비롯했기 때문이다.

파트너와 헤어지고 나면 으레 감정과 생각이 뒤얽혀, 충격, 슬픔, 분노, 후련함, 수치심, 죄책감 등이 뒤범벅된 상태를 견뎌야 한다. 정말 카오스다. 마음을 정리하기까지는 시간이 걸린다. 차츰차츰 새로운 전망들이 떠오르고, 바람직한 경우 더 강한 자아가 껍질을 까고 나온다. 경험을 통해 매번 다르긴 하지만 아픔은 지나간다는 것을 익히 안다. 이상적인 경우 자신과 공감하면서 몸과 마음을 보살핀다. 감정이 오르내리다가 오르막에 다다랐을 때는 이런 시기가 삶의 일면으로서 아주 좋게 느껴지기도 한다.

때로는 아플지라도, 우리는 계속 전진해야 한다. 왕왕 과거가 그리워지기도 한다. 기댈 수 있는 든든한 어깨, 따뜻한 보금자리로 돌아가고 싶다. 그러나 그것은 이미 식어버렸거나 바람에 산산이 흩어진 상태다. 결혼한 뒤 나는 늘 내가 퇴보하고 있는 느낌이 들었다. 어쩔 수 없다. 우리는 앞으로 나아가야 한다.

헤어진 뒤의 혼자 있는 시간은 우리가 다시금 자신이 될 수 있는 여지를 준다. 물론 친구들은 중요하고, 가족들과, 믿을 수 있는 대화 상대가 있는 것도 중요하다. 그러나 우리가 우리 자신이 되는 것이 가장 중요하다. 다른 사람들을 향하던 삶의 안테나를 자신 쪽으로 돌리고, 다른 사람에게 흘러가던 주의력과 에너지를 도로 거둬들이라. 우리는 다시금 자신에게 이르러야 한다. 자기를 책임져야 한다.

파트너 관계에서 성적이든, 신체적이든, 정신적이든 어떤 형태로든 폭력을 경험한 여성들은 그런 경험을 받아들이고 화해할 시간을 갖고 도움을 구해야 한다. 그럼으로써 다시 그런 함정에 빠지지 않게 된다. 바람직한 관계를 위해 관계 패턴에서 바꾸고 수정해야 할 것들이 많을수록, 혼자 있는 기간은 더 의미가 있다. 내적으로 정리하고 새로운 방향으로 나아갈 수 있기 때문이다.

관계를 끝내고 자신이 왜 그전 파트너를 사랑하게 되었던가 돌아보라. 우리가 경탄하던 상대의 특성들은 사실은 스스로 실현하고 싶어 했던 특성들인 경우가 많다. 이전의 관계들을 돌아보면 자신이 원하는 것이 무엇인지 알 수 있다. 이제 스스로가 그런 걸음을 걸어야 하지 않을까? 유쾌한 위트남을 통해 인생의 경쾌함을 발견하고 싶었는가? 멜랑콜리한 철학자와 함께 인생의 심오함을 원했는가? 예술가와 더불어 모든 체세포가 깨어나는 감성을 원했는가? 이제 그 모든 면을 자기 존재를 통해 실현하고 발견해보라.

______ 우리 시대의 관계 패턴

관계 속에서 허우적대지 않고 밖에서 바라보면 상황이 더 명확하게 보인다. 오늘날 우리가 관계를 맺는 방식과 지금까지의 경향들을 살펴보자. 그것은 약간 혼란스럽다. 남성들은 관계를 맺는 데 소극적이라고 여겨지지만, 심리학자들과 사회학자들이 강조하듯이 결혼에서 더 많은 유익을 얻는다. 반면 여성들은 관계를 맺으려 하고 남자가 주는 안정감을 원하지만, 결혼을 통해 더 많은 제약을 받는다. 그리하여 이혼을 원하는 쪽은 주로 여성들이며, 이혼 후 혼자서 행복하게 사는 여성도 점점 늘고 있다. 우리 각자 안에 이런저런 모순된 경향들이 작용하고 있기에, 관계의 문제가 복잡해지는 건 어쩌면 당연하다.

작가 미하엘 나스트는 다음과 같이 말한다. 사회는 우리에게 굉장히 유연하고 열렬한 소비자가 되기를 원하는데 이런 모습을 지향할 때 파트너 관계에서는 정확히 관계 불능의 상태가 된다. “사생활에도 경영학적 원칙을 적용”[75]하게 되기 때문이다. 비용 대비 이윤 계산을 해보면 파트너와 함께했을 때 삶이 더 낫지 않으면 혼자 살아야 한다는 계산이 나온다. 다른 소비와의 차이점은 혼자 있는 시기, 작전 타임을 통해 새로운 상대에게 나아갈 힘을 얻게 된다는 점이다. 혼자 있다 보면 전에는 그저 습관적으로 행하던 일이 새롭게 다가오고, 새롭게 의미를 지닌다. 모든 일을 더 진정성 있고 마음을 다해, 깊이 있게 하게 된다. 새로운 만남에 의욕이 생기고, 다른 사람을 알아가는 데 호기심과 기쁨이 생기며, 상대방도 자신을 알아갈 수 있도록 마음을 열게 된다.

이렇게 주의력을 발휘하면, 유명한 부부심리치료사 마이클 메리(Michael Mary)가 묘사했던 기본 패턴이 쉽게 끼어들 수 없을 것이다. 그 패턴은 이러하다. 남자들에게 여자의 사랑은 챙겨주고 간섭하는 것을 의미한다. 그들이 엄마에게 경험했던 것처럼 말이다. 여자들에게 남자의 사랑은 대부분 부재 상태였던, 있어도 가까이하기가 힘들고 감정적으로 접근할 수 없었던 아버지에 대한 동경을 의미한다. 그런데 사랑에 대한 이런 관념을 가지고 남녀가 함께 살면 어떻게 될까? 여자는 친밀함을 원한다. 하지만 남자는 예전에 자기 엄마가 했듯이 시시콜콜 간섭당하고 통제당할 것이 두려워 피한다. 여자는 동경 속에서 남자들을 따라가고, 남자들은 자꾸 뒤로 물러난다.[76]

이렇듯 많은 곳에서 지적하는 기본 패턴은 조화롭고 충만한 파트너 관계의 모습이 아니다. 작가 레베카 니아지 샤하비(Rebecca Niazi-Shahabi)는 유머러스하고 신랄한 문체로 다음을 지적한다. 현재 우리 사회의 여성들은 정말 많은 치료사들을 통해 파트너 관계와 사랑에서 능력을 발휘하게끔, 그리고 더 이상 잘못된 파트너와 엮이지 않도록 자신을 개선해나가고 있다. 여성들은 치료사들의 조언을 기꺼이 받아들인다. 그런데 이런 자기 개선이 잘되면 어떻게 될까? 좋은 관계를 맺을 능력이 있는 '적절한' 남자들은 어디에서 공급이 된단 말인가? "여성들의 약 80퍼센트가 스스로 성장을 하고 나면, 그 여성들은 과연 누구랑 살 수 있을까?"[77] 옳은 질문이다.

니아지 샤하비는 "옛 패턴에서 벗어난 자유로운 사람이 옛것에 얽매여 있는 사람들 가운데 살아가면 더 외로울 수도 있다"고 말한다. 그러나 나는 이 의견에 동의하지 않는다. 현재 변화의 물결이 일어나고 있으니, 옛것에서 벗어나는 길을 통해 다른 '해방된 사람들'을 만날 수 있을 것이고, 그러면 적어도 더 편안하고 깊은 만남을 가질 수 있다. 일시적으로 혼자 지내는 가운데 좋지 않은 패턴들을 의식하고, 내적으로 그런 패턴과 결별해보라. 스스로 '부모 역할'을 해주면서 필요를 채우라.

2016년에 이르러서야 심리학자 율리아 파이라노(Julia Peirano)가 이런 지적을 했다. 곧바로 절박하게 새로운 관계를 원하지 않고 혼자서도 잘 살아가는 사람들이 이후 파트너 관계에서도 성공적일 확률이 더 높다.[78] 따라서 혼자 있는 시간을 즐길 줄 아는 것이 새로운 관계를 이루는 면에서도 유리하다는 걸 명심하라.

파트너에 대한 바람과 동경

우리는 관계의 휴지기 동안, 다음에 올 '새 파트너'의 기대에 부응하기 위해 노력하면서 시간을 보내곤 한다. 하지만 그런 기대들은 남성에 대한 우리의 환상에 기초하고 있을 따름이다. 정말로 새 파트너가 나타난다고 해도, 그가 정말 우리에게 진정한 관심이 있는지, 우리의 진정한 존재, 본질에 관심이 있는지 어떻게 알까?

마야 스토르히는 남자가 누르는 '마법의 키'에 대해 이야기한다. 마법의 키가 눌리면 제아무리 자의식이 강한 여자라도 속수무책이다. 특히나 그 남성이 강한 여성의 여성성과 지성 모두를 존중해준다면 말이다.[79] 우리는 얼마나 이 두 면에서 인정받고 사랑받기를 원하는가!

여성들은 항간의 상투적인 기준에 맞추고자 높은 대가를 치른다. 특히 외모를 가꾸는 데 거의 몸부림치다시피 많은 노력을 들인다. 사회적 트렌드를 따라가지 못하면 상당히 외로워하고 괴로워한다. 하지만 트렌드를 좇으면서 아름다운 가면을 쓴 채, 항간의 인정이 진정한 자기 자신이 아니라 자신의 외모에 집중되는 것을 느낄 때도 외로운 건 매한가지다. 위장된 아름다움만 보이는 여성은 남성이 사랑을 고백해도 그 고백을 신뢰하지 못한다. 대체 그가 사랑하는 사람이 누구, 혹은 무엇이란 말인가?

파트너 관계에서 무엇이 가능하고 불가능할까?

많은 사람들은 파트너를 동경한다. 그러나 질문이 이상하게 들릴지도 모르지만, 왜 그럴까? 누군가에게 자신이 왜 이런 소망을 가지고 있는지를 설명해야 한다고 해보자. 당신은 왜 파트너를 원하는가? 파트너에게 기대하는 것 중에서 파트너 없이도 스스로 채울 수 있는 것은 무엇일까? 어느 편이 더 좋을까?

동경을 더 정확히 캐묻는 것이 중요하다. 담담하게 물어보라. 무엇을 원하는가? 섹스인가, 결혼인가? 대화 파트너를 원하는가, 부부 동반 모임에 함께 갈 사람을 원하는가? 의지할 든든한 어깨를 원하는가, 여행 파트너를 원하는가, 살아 있는 곰 인형처럼 친밀감을 느낄 사람을 원하는가? 남성적인 에너지를 경험하고 싶어서 그러는가, 아니면 노후가 걱정이 되어서 그러는가? 우리는 많은 영역에서 계속적인 변혁 가운데 살고 있다. 그러므로 앞으로 파트너 관계의 모습도 우리가 아는 것보다 더 다양해질 수 있음을 의식하라. 파트너 관계가 어떤 방향으로 나아가는 것이 좋을지, 사람들이 어떻게 만나고 어떻게 유대 관계를 맺을 수 있을지 스스로 탐구해보라.

많은 여성들은 양가감정을 경험한다. 자신이 파트너 관계를 원하는 것도 같고 원하지 않는 것도 같다. 무엇 때문에 내가 관계를 지향하는지, 무엇을 동경하는지, 누가 자신을 원할지 걱정스러워하다가, 대체 누가 나의 이런 높은 기대에 맞출 수 있을지 고개를 젓기도 한다. 싱글 라이프를 성공적으로 살아내다 보면 자존감도 커진다. 미래의 파트너에 대한 요구도 더 커진다. 강한 남자만이 고려 대상이 된다. 그러나 강한 남자는 인생에서 자신만의 독립된 시간과 여지를 또한 요구할 것이다. 여성이 이를 용인해줄 수 있을까?

마흔이 넘은 여성들은 속으로 걱정스럽게 자문한다. 이 나이에 새로운 사람을 만날 수 있을까? 사회학자 에바 일루즈의 말대로 결혼 시장은 조망할 수 없고, 이 시장에서는 남자들이 좋은 카드를 쥐고 있다. 나이가 어느 정도 들었고 고학력에 독립적인 성향의 여성들이 선택할 수 있는 남편감의 풀은 상대적으로 작다. 남성들은 최근 여성들에 비해 교육과 수입 면에서 상대적으로 퇴보하는 추세여서, 더욱더 '아래쪽'을 지향하게 되었다. 그리하여 자신들보다 나이가 적은 여성들뿐 아니라, 교육과 커리어 면에서도 자신보다 조금 떨어지는 여성들을 선호한다.[80] 그리다 보니 세간에서 말하는 대로 프로필상 '하위' 남성과 '상위' 여성이 남는다. 그러나 이 두 그룹은 서로 맞지 않는다.

외롭게 느끼거든 이제 결코 당신을 사랑할 사람이 없을 거라는 생각을 버리라. 모든 것이 가능하다. 시작은 당신 안에서 이루어진다.

하지만 그런 일이 일어난다면? 드디어 남자가 나타난다면! 기쁘고 설렐 것이다……. 그러나 또한 경악스러울 것이다! 혼자 있음이 달콤함을 드러내기 시작했는데, 이제 이런 시간들이 끝나버린다고? 혼자 있으면서 발견한 모든 보물들이 갑자기 더 절실하게 다가온다. 나 자신을 다시금 잃어버리지 않을까 두렵지 않을 수 없다. 파트너가 무대에 등장하면서 전에 중요했던 모든 것들을 포기해야 했던 경험들이 있기 때문이다. 우리의 주의가 다른 곳으로(아이나, 프로젝트나, 초월적인 것에 대한 명상 등으로) 옮아갈 때 파트너가 불안해하는 것을 익히 경험했기 때문이다. 다음번 파트너 관계에서는 좀 더 잘 대처할 수 있을까? 사이가 나빠지는 일 없이 더 명확하게 조율할 수 있을까? 다른 사람과 함께하면서도 자기 자신으로 사는 것이 가능할까?

홀로 있음의 유익을 누려본 사람은 파트너 관계 가운데서도 그것을 잃지 않으려고 한다. 페터 쉘렌바움의 말대로, 사랑 자체를 거부하는 것이 아니라 "사랑 가운데 때때로 거절"하는 일이 일어나는 것이다. 이런 거절이 있을 때만이 두 파트너 모두 개체로, 단독자로 남을 수 있다. 바로 이런 자리에서 원이 완성된다. 이런 바람직한 파트너 관계를 위해서는 긍정적인 자기 관계성이 필요한데, 이런 자기 관계성은 끊임없이 다른 사람을 위해 투입할 준비를 갖추고 살아가는 옛 모델에서 떨어져 나와 혼자 있는 가운데 확립하기가 용이하다.

서두르라고, 웬만하면 얼른 사람을 낚아채라고, 더 나이 들면 안 된다고 말하는 것이 사회의 주류적인 분위기다. 그것에 저항하기가 쉽지 않다. 하지만 혼자 하는 생활에 편안함을 느껴본 사람은 전처럼 안달복달하거나 전전긍긍하지 않고, 더 주의 깊고 신뢰성 있게, 주체적으로 새로운 관계로 나아갈 수 있다.

▽ 때로 힘들게 하는 것들

우리는 사회 분위기의 영향을 받지 않을 수 없다. 쇼핑이 취미가 되고 있는 시대, 많은 사람들에게 데이트는 단순한 기분 전환거리이자 소비적인 행위가 되어버렸다. 스피드 데이팅은 상대에게 진정으로 다가가고 인간으로서 친해질 만한 시간을 허락하지 않는다. 설사 잠자리를 같이 했다 해도, 서로는 모르는 사람일 따름이다.

인터넷을 보다 보면 이론상 가능한 새 파트너의 수는 무한한 것 같다. 그러나 심리 실험을 통해서도 선택 사항이 많을수록 선택이 힘들다는 것을 알고 있지 않은가. 따라서 우리는 상대를 확정하지 못하고, 조금 더 기다려봐야지 하면서, 도토리 키 재기만 하다가 인생을 흘려보낼 수도 있다.

애착 관계가 없으면 외롭다. 하지만 인터넷 게시판에서 관계의 어려움을 토로하는 사람들도 만만치 않게 외롭다. 그런 이야기를 많이 읽다 보면 파트너에 대한 꿈과 동경이 사라지기도 한다. 그러나 분명히 바람직한 예들도 있다. 기회가 된다면 스스로를 테스트해보라. 진지한 데이트나 만남, 혹은 그냥 지나가는 모험도 내가 무엇을 원하는지를 분명히 하는 기회가 될 수 있다. 더 이상 원하지 않는 것은 무엇인가? 내적으로 분명한 선을 만들어놓으면 공연히 불필요하게 시간과 정력을 낭비하지 않아도 된다. 그런 분명함을 가지고 있는 사람에게서는 그에 걸맞은 아우라가 풍겨 나온다.

▽ 더 나은 싱글 라이프를 위한 팁

파트너에 대한 동경은 왜 그렇게 강할까? 그 이유는 여러 가지로 설명할 수 있다. 심리학적으로도 설명할 수 있고, 사회학적, 생물학적, 역사적으로도 설명할 수 있다. 우리 안에 복수의 인격이 존재하는 것으로도 설명할 수 있다. 우리 안에는 애착을 원하는 여성적 특성이 있다. 그런 특성을 인류의 어머니, 아담의 아내 이름을 따서 우리 속의 이브라고 불러보자. 우리가 홀로 있는 걸 좋아하고 혼자서 잘 지내는 것과 상관없이 이브는 남자를 동경한다. 이브는 스위트홈에서 가족들과 함께 지내는 꿈을 꾸고, 여성적 부드러움으로 남자를 보살펴주고자 한다.

상대적으로 이브의 특성이 더 강한 여성들도 있지만, 이브는 모든 여성들에게 존재한다. 그러므로 현재 파트너 관계 속에 살고 있든 그렇지 않든 간에 이런 내면의 이브를 의식하고, 존중하고, 사랑하는 것이 좋겠다. 여기 이브를 치료적으로 다루는 방법이 있는데, 이것은 이브 외에 다른 모든 인격 요소를 대상으로 적용할 수도 있는 방법이다.

우선 여유 있는 시간을 내어, 침대나 소파에 편안히 앉아 쿠션을 옆에 놓으라. 그러고 나서 약간 마음을 고요하게 한 다음, 마음의 목소리를 들어보라. 당신의 내면에 파트너를 동경하는 나긋나긋한 이브가 있지 않은가. 그에게 말을 걸어보라. 그리고 그를 더 잘 알 수 있도록 그를 당신 옆의 쿠션 위에 앉히라. 그런 다음 (눈을 감아도 좋다) 쿠션을 쳐다보라. 이브를 지각할 수 있는가? 이브를 보고, 느끼고, 그의 존재를 파악할 수 있는가? 시간 여유를 가지고 이브를 경험해보라. 이브에게 그녀의 형편이 어떤지, 당신의 삶에서 어떤 것이 마음에 들고, 어떤 것이 마음에 들지 않는지, 원하는 것은 무엇인지를 물어보라.

느낌이 괜찮으면 이제 당신이 다른 쿠션으로 옮겨 앉아 스스로 이브가 되어볼 수 있다. 내면의 이브가 되어보니 느낌이 어떤가? 이브에게 무엇이 부족한가, 이브에게 무엇이 좋은가, 이브는 무엇을 동경하는가?

그런 다음 다시금 당신의 자리로 돌아와 전체로서의 당신을 느껴보라. 이번에도 기분이 편안하면 이제 감사 인사를 하고 이브와 작별을 하라. 이브는 당신 속으로 돌아간다. 이런 과정을 통해 삶을 어떻게 형상화하는 것이 좋을지 힌트를 얻었다면, 이제 그것들을 실현에 옮길 방법을 찾아보라. 그렇게 이브의 이런저런 바람들을 채워줄 수 있을 것이다.

11 누구의 무엇이 아닌, 나 자신을 알아간다

당신은 누구인가? 다른 사람이나 파트너 없는 당신 자신을 생각할 수 있는가? 당신이 어쨌든 전 인생을 함께하게 될 이 사람은 누구인가? 타자들의 직접적인 영향이 없다면, 이 존재는 어떻게 될까? 무엇을 원하고, 무슨 꿈을 꿀까? 이 세상에 어떻게 기여할까? 이 세상에서 어떤 삶을 살고자 할까?
혼자 지낼 때는 파트너를 신경 쓸 일 없이 이런 질문에 대해 좀 더 생각을 정리하고, 자신을 알아가고, 자신을 발견할 수 있다.

▽ 타인의 애정에 연연하지 않기

여성들은 참으로 많은 시간을 남성 위주로 보낸다. 파트너가 있는 사람은 파트너 위주로 시간을 보내고, 혼자인 사람은 '적절한' 파트너를 동경하며 시간을 보내다 '잘못된' 파트너에게 키스를 하고 그와 잘해보려고 이런저런 노력을 하고, 친구들을 만나 관계의 문제를 토론하고, 눈물바람을 하며 하소연을 하고, 걱정과 동시에 희망을 품으며 세월을 보낸다. 관계가 좌절되고 더 이상 할 이야기가 없으면 이렇게 자문한다. 오케이, 값진 경험이었어. 하지만 다음 관계에서 이런 일을 겪지 않으려면 어떻게 해야 하지? 여성들이 얼마나 많은 시간을 '제대로 된 삶'을 희망하면서 보내는가? 하지만 이런 이상적인 삶은 유년 시절의 꿈과 할리우드적 환상, 빛나는 이미지가 합쳐진 표상일 따름이다.

백마 탄 왕자님을 기다리는 것은 힘이 든다. 일상을 살아내면서 잠재적으로 은근히 알게 모르게 기다린다 해도 마찬가지다. 에너지가 새어나가는 구멍처럼 계속해서 그쪽으로 힘이 흘러가고, 불필요하게 힘이 빠진다. 자신을 위해 유익하게 활용할 수 있었을 소중한 힘이다. 마음에 두었던 프로젝트, 혹은 삶의 기쁨을 누리기 위해 활용할 수도 있었을 힘이다. 그러므로 이런 구멍을 막아버리는 게 좋을지도 모른다. 현실에 단단히 발을 붙이고, 자신의 삶이 달라질 거라는, 어느 순간부터는 진짜 삶이 시작될 거라는 생각을 버리는 게 어떨까? 현재 주어진 이 귀중한 삶을 더 이상 백마 탄 왕자님을 기다리면서 허비하지 말고, 주체적으로 표현해보라.

파트너 관계를 조언하는 책들은 너무나 많다. 물론 충만한 파트너 관계에 유용한 조언들과 가치 있는 설명들을 담고 있다. 그런 책들은 그 누구에게도 파트너 관계를 위해 노력해야 한다고 의욕을 북돋울 필요가 없다. 그런 의욕이야 독자들이(주로 여성 독자들이다) 이미 충분히 갖고 있으니까. 그리하여 저자들은 보통은 문제가 되는 여러 가지 영역들을 보여주면서 그 영역에서 해결책들을 제시하는 데 주력한다. 이런 책들이 아주 옳고 중요할지라도, 하페 케르켈링(Hape Kerkeling)의 노래가 생각나는 것은 어쩔 수가 없다. "사랑은 일이야, 일, 일." 사랑이 노력해야 하는 일이라니, 즐거움이 이미 사라진다.(아, 물론 성공적인 싱글 라이프도 거저 주어지지는 않는다.)

파트너 관계에 대해 많은 책들이 쏟아져 나오고 상담과 세미나들이

제공되는 걸 보면 현 사회의 상황을 알 수 있다. 이제 전통적인 부부 내지 가족 모델은 더 이상 통하지 않는다. 하지만 새로운 모델은 아직 확립되지 않아서 많은 사람들은 상당히 당황과 좌절을 맛본다. 어떤 사람들은 수많은 조언들과 전략들을 제쳐놓고 이렇게 말한다. 됐어. 내겐 너무 힘든 일들이야! 파트너 관계 따위 없어도 괜찮아! 오늘날 여성들이 이런 통찰에 이르는 경우가 많다. 파트너 관계로 살 때 바람직한 관계를 유지하기 위해 노력하고 애쓰는 사람들도 주로 여성들이다. 그런 다음 헤어지고 나면 때로 이런 마음이 든다. 아, 이제 됐어. 그만하자. 내가 파트너 관계에 쏟아부었던 그 모든 에너지를 이제 일단 나를 위해서만 사용하자. 혼자 있는 시간들을 누리자!

이것은 아주 건강한 발전일 수 있다. 무엇보다 정말로 혼자 있는 시간들을 통해 스스로를 더 사랑하게 되고, 다른 사람의 애정에 연연하지 않게 된다면 말이다. 그렇게 자신의 인격을 더 깊이 알아가고 주체적인 삶을 살게 된다면 말이다. 이 모든 것은 성공적인 삶의 토대다.(여성이 어느 순간 다시 원한다면, 충만한 파트너 관계의 최상의 토대이기도 하다.)

싱글들은 반쪽짜리 인간들일까?

저널리스트 안티예 요엘(Antje Joel)은 2015년 12월 〈남독 신문〉에서 자신이 어느 순간 더 이상 남자에 연연하지 않게 되었다고 말하면서, "남자와 함께할 때보다 나 자신을 더 총체적인 인간으로 느낀다"[81]라고 밝혔다. 그런데 그녀 주변에서는 죄다 그녀를 '치료'하려 들더라고 했다.

많은 여성들은 파트너 없는 자기 자신(혹은 다른 여자)을 생각하기가 거의 불가능하다. 오랫동안 진짜로 '내 옆에 남자'가 없이 살더라도, 예전

연인이나 남편을 이미 잊어버렸을지라도, 늘 이런 마음이 도사리고 있다. 다시 새 사람을 만나야 할까? 그러기 위해 좀 노력을 해야 할까? 짝을 만나 살아야 한다는 통념은 참으로 뿌리가 깊다. 그리하여 싱글들은 '자신의 삶을 제대로 된 상태로 재건(복구)하고 싶은 열망'이 있다. 오랜 세월 파트너나 가족들과 함께 살아온 사람들은 알지 못하는 마음이다. 싱글 연구자 슈테판 흐라딜(Stephan Hradil)에 따르면, 싱글들은 그러면서 "사회적으로 용인되고 당연해 보여서 굳이 이유를 붙일 필요가 없는 전형(패턴)"[82]들을 따른다. 하지만 이런 패턴들에 균열이 생기고 있다.

정말로 플라톤이 말한 대로인지도 모른다. 플라톤은 이렇게 봤다. 원래 인간들은 원형이었고 성이 없었다. 모든 것이 한 사람 안에 들어 있었다. 하지만 그들의 교만 때문에 신들이 화가 나서 어느 순간 인간을 반쪽으로 갈라버렸다. 남자와 여자로 말이다. 그래서 남녀는 서로를 그리워하며, 반대 극을 향해 몸이 단다.

찢긴 느낌. 이혼 뒤 내가 느꼈던 감정이 바로 그것이었다. 우리는 새파랗게 젊을 때 만나서, 많은 시간을 함께했고, 양가 부모처럼 당연히 함께 늙어갈 거라고 생각했다. 하지만 어느 순간 헤어지는 것만이 의미 있는 답으로 보일 만큼 서로 소원해져 있었다. 헤어진 직후 몇 달간 나는 앞몸 전체가 다 상처로 뒤덮인 것처럼 쓰렸다. 오랜 세월 당연한 듯 곁에 있던 상대를 완력으로 빼앗긴 느낌이었다. 내가 먼저 헤어지자고 했는데도 말이다. 나중에 들어보니 상대도 원래의 자아가 두 동강이 난 기분이었고, 반쪽이 잘려나간 듯 몸이 아팠다고 한다.

난 정말 난생처음으로 혼자 살게 되었다. 상처는 치유되었고, 나는 다른 상대를 사랑했다가 다시 헤어졌다가 했다. 그리고 혼자 있는 것이 참 좋다는 걸 깨달았다. 그런 상태에서 어느 날 플라톤의 이야기를 읽게 되었다. 다른 성에 대한 극복할 수 없는 그리움이라……, 화가 머리끝까지 났다. 어떻게 파트너 없이는 행복이 가능하지 않다고 그렇게 굳게 확신하나? 어째서 늘 그렇게 시간과 정력을 낭비해가며, 아파가며 파트너 관계를 위해 노력하고, 또 끝내 갈라져야만 하나?

하지만 그때 그렇게 화가 났던 것은 (사실 더 화가 나게도) 플라톤의 말이 옳게 느껴졌기 때문이었다. 싱글 라이프를 점점 좋게 느끼고, 누구를 좋아하고 그리워하는 마음도 없고, 이런 삶이 내게 아름다운 순간들을 안겨주고 계속 성장하도록 할지라도, 종종은 내가 원래 의도하던 삶에서, 내가 일구고자 했던 삶에서 멀어진 것 같은 기분이었다. 많은 싱글들이 나처럼 느낀다. 얼마나 많은 에너지를 종국엔 허무하게 끝날 파트너십에 쏟아붓는가? 파트너십을 상상하고, 희망하고, 분석하고 심리학적으로 고찰하는 데 얼마나 많은 에너지를 쏟아붓는가?

______ '파트너 없는' 나는 누구일까?

파트너를 (더 이상) 원하지 않는 사람은 뭔가 이상한 사람일까? 관습은 우리에게 특정한 감정들을 기대한다. 우리가 혼자 있고 싶어 하는 것이나, '파트너 없이도 나는 아무것도 부족하지 않아. 행복해!'라고 선언하는 생의 감정은 이런 관습에 위배된다.

하지만 무엇보다 나이가 꽤 지긋한 여성들은 파트너와 헤어진 뒤 더 이상 '누구누구의 부인'이 아닌 독립적인 인간으로 살아가는 것이 얼마나 힘이 나는 일인지를 이야기한다. 물론 녹록지 않지만 새로움으로 인도하는 경험들이다. 출판인 수지 피루는 이런 감정을 아주 인상적으로 묘사한다. 25년간의 결혼 생활 끝에 남편이 떠나버리고 아이들은 이미 독립한 상태, 처음에는 슬프고 힘들었지만 그녀는 다시금 자기 삶의 주도권을 잡기로 했다. 새로운 생의 감정은 이러했다. "더 이상 종속되지 않고, 더 이상 불완전한 존재로 살아가지 않고 다시금 전인적인 인간이 되고자 했고, 나 자신의 힘을 동원하고자 했다."[83]

작가 에바 게베르딩(Eva Gerberding)과 에벨린 홀스트(Evelyn Holst)는 "여성이 50세가 넘어 나머지 인생을 품위 있게 보내고자 한다면, 더 이상 남자들에게 종속되는 삶을 살아서는 안 된다"라고 말한다.[84] 그러나 이미 이야기했듯이 파트너가 (잠재적으로라도) 핵심적인 목표로 남는 한, 정말로 충만한 삶은 있을 수 없다. 우리가 완전히 타자와 상관없이 독립적으로 살아야 하고 살 수 있다는 뜻이 아니라, 혼자로도 충분하고 온전하다고 느낄 수 있어야 한다는 뜻이다.

남자들에 반기를 들자는 말이 아니다. 여성의 자기실현이 중요하다는 것이다. 혼자 있는 가운데 스스로 내실 있게 서고 옛 패턴들을 수정하고 나면 새로운 남자에게 마음을 열 수도 있다. 전통적인 모델에서는 여성들이 더 나쁜 패를 쥐고 있기에, 불이익을 느끼거나 상황을 개선하고자 하는 것도 자연스럽게 여성들이다. 자기 결정적이고 잠재력을 개발하는 여성으로 서는 것이 그들의 과제다. 남성들이 자신을 여성 삶에서의 중심으로 볼 것인지 그러지 않을지는 남성들이 알아서 할 일이고, 여성 스스로가 자기 삶의 중심이 된다면, 남성과 여성은 같은 눈높이에서 만날 수 있고, 새롭게 성장해나갈 수 있다.

내가 진정으로 원하는 것은?

당신은 이런 양가감정을 알 것이다. 즐겁게 싱글의 길을 걸으면서도, 늘 마음 한쪽에는 동경이 자리 잡고 있다. 10장에서 우리는 이런 면을 이브라고 불렀다. 그러나 나는 누구인가? 내 안의 어떤 면이 진짜인가? 나는 정말로 무엇을 원하는가? 작은 테스트를 통해 이 부분을 명확히 해볼 수 있다. 테스트를 위해 가로 두 칸, 세로 여러 칸이 있는 표를 만들어보라. 첫 칸 위에는 '파트너 관계에서 바라는 점'이라고 쓰라. 두 번째 칸 위에는 '싱글 라이프에서 좋아하는 점'이라고 쓰라. 그리고 이제 조용한 시간에 세로 칸들을 채워보라. 두 항목과 관련하여 어떤 생각들이 올라오는지를 느껴보라. 당신 안에 무엇이 존재하는가?

이제 당신이 쓴 것들을 보라. 흥미로울 것이다. 어떤 쪽에 적은 내용이 더 긴가? 이제까지 의식하지 못했던 것들이 있는가? 한쪽은 어떤 느낌이고, 다른 한쪽은 어떤 느낌인가?

이런 고찰의 결과를 받아들이기만 하면 된다. 그 결과를 보고 마음이 편해질지도 모른다. 당신이 때때로 남자와 즐겁게 보내는 순간들을 원하긴 하지만 기본적으로는 혼자 살길 원한다는 것을 알았기 때문에 말이다. 반대로 당신이 다른 타입의 남자를 물색해서 다른 방식으로 파트너 관계를 꾸려나가고 싶다는 걸 깨달았을지도 모른다. 아무튼 간에 자신과 자신의 동경에 대해 더 많은 것을 알게 되었을 것이다.

어떤 사람들은 자신이 파트너 관계와 관련하여 목록에 적은 바람들이 현실에도 적용이 될 수 있을까 자문하면서 혀를 차게 될지도 모른다. 그 목록에 남자와 함께하는 놀랍고, 친밀하고, 멋진 순간들에 대해 적었는가? 서로 함께 성장하고 성숙해가고, 깊은 만남 가운데 시간이 멈춘 것 같은 소중한 순간들을 경험하고 싶다고? 그렇다. 여자들은 온 마음으로 그것들을 원한다. 하지만 여성이 일과 집안일 사이에서 자신을 계발하고 성장해나갈 수 있을까? 당신의 바람 중 일상에서 현실적으로 적용할 수 있는 것들은 몇 개나 될까?

앞으로도 파트너가 없다면 어떻게 될까?

한 걸음 더 나아간 사고 실험을 해보자. 이렇게 자문해보라. 남은 일생을 남자 없이 살아간다면 어떨까? 괜찮을까? 심지어 더 좋을 수 있는 이유들이 있을까? 파트너라는 주제를 떠나, 당신은 어떤 사람일까?

다시금 남자를 만나야지 하는 생각, 다시금 좋아하는 남자가 생겼으면 하는 생각을 완전히 포기한다면, 갑자기 얼마나 많은 자유가 주어질지 한번 상상해보라. 두려워하지 말라. 삶은 당신을 의미 있는 길로 인도할 것이다. 그러므로 이런 사고 실험에 감정을 이입해서 응해보기 바란다. 나머지 생을 파트너 없이 보낸다는 생각을 받아들여보라. 인생에 더 이상 남자가 없어도 괜찮을까 상상해보라.

어떤 여성들은 그런 말을 비치기만 해도 두려움과 압박감을 느껴서, 상상으로조차 그것을 허용하지 못한다. 생각만 해도 고통스럽게 다가오기 때문이다. 그러나 이런 생각에 조심스럽게 한 걸음 한 걸음 다가가 화해하면 정말로 깊은 평화가 밀려온다. 나는 나로 족하다는 자각에서 오는 평화다. 나는 그냥 나 자신으로 있어도 된다는, 이제 더 이상 파트너에게 억지로 맞출 필요가 없다는, 더 이상 헛된 바람과 노력으로 시간과 에너지를 빼앗기지 않겠다는 생각. 공연히 의심과 회의를 품지 않고 파트너 관계로 인해 친구들과 계속해서 비생산적인 대화도 할 필요가 없겠다는, 그렇게 기를 쓰고 노화를 거부할 필요가 없으며 당당하게 늙어가겠다는 생각. 이런 생각은 얼마나 해방감을 주는지 모른다! 이것은 집으로 돌아가는 것과 같다. 자기 자신이라는 집으로 돌아가는 것.

사고 실험일 따름이지만 상당한 해방감으로 작용할 수 있다. 일어날 수 있는 최악의 것을 받아들이고, 오케이를 선언할 수 있다면, 더 이상 잘못될 일이 무엇일까? 그러면 좋을 일뿐이다. 다시금 누군가 오건 안 오건 상관없이 좋다. 나아가 이렇게 편안한 태도로 일상을 살아갈 때 새 파트너 관계가 찾아올 확률도 더 높아진다. 당신이 자기 자신으로 남을 수 있는, 있는 모습 그대로 사랑받고, 있는 모습 그대로 용납되는 파트너 관계, 상대방을 있는 그대로 인정하고 사랑할 수 있는 그런 파트너 관계 말이다. 그런 관계에서는 파트너에게 더 이상 화내고 분노할 필요가 없다. 당신이 그에게 억지로 맞출 필요가 없으니까 말이다.

외롭다고 느끼거든 예전의 파트너와도, 소망하는 파트너와도 결별하라.

언제나 당신 곁에 있을 사람은 누구인가? 당신은 누구인가?

______ 친근한 사람이 하나도 없는 상황이 된다면?

이제 남녀 문제는 제쳐두고, 한번 그와 상관없이 스스로를 더 잘 알아가도록 해보자. 있는 그대로의 당신을 말이다. 자기 자신만큼 자신을 잘 아는 이는 없다. 당신만이 살아가는 동안 늘 당신 곁에 있을 수 있다. 당신은 평생 자신을 알아가야 하고, 자신과 사귀어야 한다. 이 얼마나 아름다운 선물인지! 모든 삶의 상황에서, 시기와 연령에 따라 우리는 자신을 새롭게 경험한다. 스스로 놀라워하며, 계속해서 성장해나간다. 타자와 주변 세계와 나누는 가운데 성장해나가지만, 기본적으로 성장은 자신 안에서 일어난다.

스스로를 발견하는 길은 지난한 길이다. 그러나 지금 우리에게 주어진 시간들 또한 그 길의 일부가 아닐까? 어느 날 나는 혼자 있는 시간이 많은 것에 대해 좋지 않게 생각함으로써 얼마나 스스로를 아프게 하고 있는지를 의식하게 되었다. 마치 자기와 함께하는 것은 전혀 가치가 없는 것처럼 말이다! 자기 자신이 바로 진정한 '이너 서클(inner circle)'인 것을!

산악인이자 탐험가 라인홀트 메스너는 언젠가 인터뷰에서, 점점 더 큰 모험을 감행하는 이유는 자신이 그것에 어떻게 대처할지를 경험하기 위함이라고 밝혔다. 극단적 한계에서의 자기 경험을 위해서라는 것이다. 그러나 동시에 자신은 자신을 지지해주는 공동체 가운데 있는 것 또한 중요하게 생각한다고 했다.

어떤 사람들은 (자원해서든, 그렇지 않든 간에) 라인홀트 메스너와는 반대로 일상생활 가운데 혼자 있는 모험을 한다. 계속해서 스스로의 힘으로, 혼자 있음에 어떻게 대처할 수 있는지를 시험한다. 때로 삶은 그런 형세를 제공한다. 그리고 그런 상황은 처음에는 굉장한 괴로움으로 다가온다. 누군가 파트너와 함께 낯선 나라로 이민을 가는 바람에 정든 지인들과 모조리 헤어졌는데, 그 상태에서 파트너가 자신을 떠나버렸다면 어떻게 할까? 어떤 남자가 오직 직업적 커리어에만 신경을 쓰다가 어느 날 부인과 자식들이 모두 그를 떠나버리고, 지위와 돈 외에는 가진 것이 없는 상태로, 회사 동료들만이 아는 사람의 전부가 될 수도 있다. 이들 동료들에게는 자신의 벌거벗은 모습까지 모두 보여줄 수는 없는 노릇인

데 말이다. 또는 영적 공동체에 들어가느라 전에 알고 지내던 사람들과는 모두 연을 끊었는데, 결국은 그 공동체와의 간극이 커서 그곳을 나오게 되는 일이 발생할 수도 있다. 그런 경험들은 라인홀트 메스너의 탐험처럼, 완전한 추락으로 이어질 수도 있다. 하지만 커다란 기회가 될 수도 있다.

'나를 아는 사람이 아무도 없는데, 계속 살아야 할까?' 30대 초반, 사회생활이 산산조각 났을 때 나는 그렇게 물었다. 그러나 그 물음은 새로운 길의 출발점이 되었다. 완전히 혼자 된 가운데 계속 살아야 한다는 답을 얻었기 때문이다. 나는 계속 살기를 원하고 내게 더 잘 맞는 새로운 유대 관계를 맺을 수 있다는 답을 말이다.

자신을 발견하는 것! 아무도 없이 혼자 있을 때보다 이 일이 더 수월할 때가 언제겠는가? 변화의 길을 통과하며 자신을 있는 그대로 알아가는 사람은 나눔과 물러섬, 홀로 있음과 함께 있음을 어떻게 형상화해야 할지 알기 마련이다.

자신을 더 잘 알아갈수록, 자신에게 외롭고 괴롭게 다가오는 것이 무엇인지도 더 명확하게 알 수 있다. 그러면 그것에 더 적극적으로 대처할 수 있고, 무엇보다 더 이상 그렇게 심각하게 여기지 않을 수 있다. 당신이 가라앉는 건 호르몬 사이클 때문일 수도 있다. 이전의 파트너 관계나 결혼 생활에서의 안 좋은 기억 때문일 수도 있다. 내 경우에는 시간 압박과 일 스트레스가 힘들다. 시간에 쫓기고 일 스트레스를 받으면 굉장히 부담감을 느끼고, 누가 있었으면 한다. 그러나 한번 솔직해져보자. 내가 그런 이유로 남자를 사귄다면 그는 얼마나 불쌍한 사람이 되겠는가!

따라서 나는 그냥 혼자 헤쳐나간다. 그리고 종종은 이미 보상을 받는다. 혼자 있는 가운데 우리는 자기 속에 얼마나 많은 명확함과 지혜가 있는지를 경험할 수 있기 때문이다. 급박하게 답이 필요할 때는 사람들에게서 떨어져, 더 이상 다른 사람들의 말을 듣지 않는 것이 도움이 될 때도 있다. 그 대신 조용히 시간을 갖는 가운데 내면의 소리를 들어보고, 기다리고 신뢰하라. 늦든 빠르든, 우리를 앞으로 나아가게 할 것이 드러날 것이다.

▽ 때로 힘들게 하는 것들

자아발견을 저절로 되지 않는다. 싱글로 산다고 해서 저절로 자신을 발견하게 되는 것은 아니다. 심지어 영 반대의 길을 걸을 수도 있다. 계속 핸드폰을 붙들고 살거나, 닥치는 대로 사람을 만나고 다닐 수도 있다. 그런 시간이 주를 이루면 자기 자신을 놓치게 된다.

모든 사람에겐 타인과 유대를 맺고자 하는 욕구가 있다. 이것은 인간 속에 존재하는 기본 욕구다. 이런 욕구가 강한 사람이 있고 상대적으로 덜한 사람이 있을 뿐이다. 이것이 만족되지 않는 한 우리의 안테나는 외부로 향하게 된다. 집에 혼자 앉아 아무도 곁에 없다 해도 상관없다. 핸드폰과 미디어, 무엇보다 생각들이 연결이 끊기지 않도록 유지시켜준다. 하지만 자신에게 돌아가 마음을 정리할 때만이 내적인 원천이 느껴지고, 그것이 분출되기 시작한다. '내면의 현실(inner reality)'을 창조해야 내면이 더 강해지고 더 신뢰 넘치는 존재로 나아간다.

마음속을 늘 정리하고, 걸러내고, 새로이 가꾸라. 그러면 외부의 모든 것이 내면의 자극제가 될 수 있다. 외부 세계와 내면세계의 이런 '통합(intergration)'이 성공적으로 이루어지면 삶은 정말 놀라워진다. 위르겐 폼 샤이트(Jürgen vom Scheidt)는 그것을 "고독의 환희"[85]라고 이야기한다.

하지만 파트너 없는 자신을 생각하기가 왜 그리 어려울까? 에바 일루즈는 저서 『사랑은 왜 아픈가』에서 지금 세대는 예전 세대들과는 달리 파트너 관계를 맺고 있는가가 자존감에 상당한 영향을 미친다고 지적한다. 경쟁 위주의 사회에서 파트너는 그가 다른 모든 후보들을 제치고 우리를 선택했다는 느낌을 주기 때문이다. 그것은 우리가 특별하고 소중한 사람임을 증명해준다. 현대인들은 이런 인정을 갈구한다. 이제는 태어나면서 자신의 자리가 어디이고 무엇이 자신의 가치를 이루는지 알지 못하기 때문이다.

예전에는 경제적인 문제와 안정감에 대한 욕구 때문에 파트너 관계를 이루고 사는 것을 선호했다면, 오늘날에는 심리적인 문제가 더 중요하게 작용한다. 싱글 라이프에서는 매일 우리의 가치를 확인해주는 사람이 곁에 없기 때문이다. 이를 위해 파트너가 꼭 사랑에 넘치고 다정해야 할 필요는 없다. 단지 그가 (최소한 표면적으로라도) 곁에 있는 것으로 충분하다. 그렇기에 파트너가 필요하다는 마음이 그렇게 뿌리가 깊은 것이다. 이것은 개인적인 감정에만 기인하지 않으며, 하물며 실제적인 필요로 말미암은 것은 더욱 아니다. 이를 의식한다면 진정한 자신의 필요로 나아갈 수 있다.

▽ 더 나은 싱글 라이프를 위한 팁

10장에서 당신은 내면의 이브를 알게 되고 친숙해지는 기회를 가졌다. 그러나 우리 안에 사는 여성성이 이브만은 아니다. 두 번째, 아니 원래는 더 먼저인 여성성이 있다. 탈무드에 따르면 아담은 이브 전에 이미 부인이 있었다. 첫 부인의 이름은 릴리트. 릴리트는 파트너 중심적인 이브와는 사뭇 달랐다. 아담처럼 흙으로 빚어진 존재였던 릴리트에게 남성에 대한 복종은 낯선 말이었다. 적극적이고 자유로운 존재였던 그녀는 아담에 맞섰고 낙원을 떠났다. 돌아오라는 아담의 청에도 응하지 않았다. 이런 반항적인 면모 때문에 그녀는 나중에 뱀으로, 유혹자로, 여성적 악마로 묘사되었으며, 그녀가 지닌 힘, 그녀가 지닌 여성성은 억압되고 부인되었다.[86]

하지만 릴리트는 결코 사라지지 않았고, 얼마 전부터 점점 많은 여성들 안에서 새롭게 깨어나고 있다. 족히 200년 전에 시작된 페미니즘 운동 역시 자신들이 남자들과 동등한 가치가 있음을 인식한 여자들 안에서 릴리트가 힘을 발휘하기 시작한 현상으로 볼 수 있다. 페미니즘은 전통적인 부부 관계 모델을 뒤흔들었고, 싱글이라는 라이프스타일을 배출했다. 그리하여 여성들에게 그 자체로 온전한 인간이 되는 기회를, 새로운 사랑 방식을 위한 해방을 선사했다.

자신의 내면에 존재하는 릴리트를 알아가는 것은 모험이다. 10장에서 이브를 알아갔던 방법을 취해도 좋다. 시간을 내어 당신의 옆 쿠션이나 의자에 릴리트를 앉히고 이야기를 나눠보라. 이야기가 잘되었다면, 자리를 바꾸어, 이제 릴리트에게 감정 이입을 해보라. 릴리트로 말하게 하고 행동하게 해보라. 당신의 릴리트가 파트너 관계나 독신의 삶을 어떤 시각으로 보고 있는가? 릴리트가 당신에게 무엇을 원하는가?

12 매일 백 번의 작은 키스를

작은 만남들을 소중히 여기라.
고정 관념을 버리면, 시간이 흐르면서 얼마나 많은 작은 만남들이 자연스럽게 이루어질 수 있는지를 깨닫게 된다. 더 이상 독점적인 파트너 한 사람에게 고정하지 않으면, 일상의 작은 만남도 참으로 충만할 수 있음을 발견한다. 두뇌는 행복을 느끼게 하는 전달 물질을 누가 분비하게 하는지에는 별로 관심이 없다. 진심 어린 미소, 유쾌한 위트, 상호 이해의 순간에 이런 전달 물질이 분비된다. 좋은 만남에서 유발되는 좋은 기분은 삶을 풍요롭게 한다. 수줍고 타인의 호의를 잘 믿지 못한다면 다양한 방식의 만남을 통해 소소한 호의를 경험하고 연습해보라. 실패해도 나쁠 것 없다고 생각하라.(밑져야 본전이라고 생각하라.)

▽ 작은 순간들이 주는 행복

자신과 결속된 사람들이 있음을 아는 것은 성공적인 싱글 라이프의 기본 전제다. 두뇌는 사회적 신호를 처리하는 데 초점이 맞춰져 있다. 두뇌는 우리가 다른 사람들이 없으면 살아남을 수 없음을 알고 있다. 그리하여 우리가 사람들과 단절되면 알람을 울린다.

한편, 우리 사회에서 싱글들은 날로 늘고 있다. 돈과 물질이 익명으로 유통되는 것이 가능해졌고, 개개인의 안전성이 어느 정도 보장되는 사회가 되었기에 모두가 혼자서 독립적으로 생계를 영위할 수 있게 되었다.

하지만 감정 면에서는 조금 다르다. 이 부분에서 우리는 다른 사람들과 결속된 존재로 살아가고자 하고, 그렇게 해야 한다. 그러지 않으면 위축되고, 우울해지고, 병이 든다. 긍정 감정의 선문가인 바버라 프레드릭슨(Barbara Fredrickson)은 DVD로 출시된 워크숍[87]에서 감정과 마음 상태가 유전자 발현에 영향을 미친다고 이야기한다. 프레드릭슨은 여러 연구들을 인용하는데, 그에 따르면 좌절, 슬픔, 외로움은 우리의 유전자에 영향을 미쳐 바이러스와 염증에 대한 저항력을 감소시킨다. 면역계가 약화되는 것이다.

반면 긍정적인 감정은 그와 상반되는 효과를 낸다. 세포 차원에서 우리를 강하고 건강하게 하며, 두루두루 도움이 된다. 애착과 사랑의 감정은 특히나 긍정적이다. 그리고 그런 감정은 딱히 파트너 관계에서만 기인하는 것은 아니다. 친구들과의 우정, 소소한 만남들, 명상으로부터 샘솟기도 한다. 전기적 사실이 아니라, 이런 감정 자체가 중요하다. 사랑을 우리 인생으로 들여오는 것은 바로 이런 좋은 감정의 '마이크로 순간들'이다.

프레드릭슨에 따르면 사랑은 두 존재 간에 긍정적인 공명이 일어나는 작은 순간들이다. 공명 뒤에 찾아오는 감정이 바로 사랑이다. 우리 자신 안에서 일어나는 감정이다. 이런 의미에서 사랑은 언젠가 사랑하는 사람을 만나 영원히 함께하리라는 표상과는 전혀 상관이 없다. 사랑은 독점적인 한 사람과의 지속적인 상태가 아니라, 우리 안의 움직임(진동)이다. 이런 움직임은 작은 만남을 통해서도 매 순간, 새롭게 일어날 수 있다. 모든 상호 작용에 열린 마음으로 다정하게 임하고, 진정성 있게 상호 작용을 해나가면, 우리는 사랑의 주파수에 열린 상태가 된다.

"사랑에 빠진 사람은 친구를 잃는다."

싱글들은 커플로 살아가는 사람들보다 친구에게 더 많은 시간을 할애하여 신경을 써줄 수 있고 소소한 만남들도 더 많이 가질 수 있다. 혼자 살다 보면 친구를 찾기 마련이기 때문이다. 여러 연구에 따르면 통계적으로 싱글들(지속적인 싱글이건 돌싱이건 간에)이 커플들보다 대인 관계의 폭이 넓고 친구, 지인, 이웃, 형제자매, 부모와 더 많은 시간을 보낸다. 인류학자 로빈 던바(Robin Dunbar)는 「사랑에 빠진 사람은 친구를 잃는다」라는 논문에서, 파트너에게 집중하는 삶을 살다 보면 다른 인간관계를 등한히 하게 되고 인간관계가 좁아진다고 지적했다.[88] 더더구나 사랑에 빠져 있는 시기에는 오직 새 파트너와 함께하고만 싶어서 다른 것에 별로 시간을 내지 않는다. 그리고 이후에도 계속 이런 파트너를 중심으로 사느라, 더 많은 지인들에게 할애할 시간이 부족한 경우가 많다. 전통적인 세계관이 여기서도 역할을 하는 듯하다. 드디어 '그' '그녀'를 찾았으니 이제 부족한 것이 없다는 감정 말이다.

통계적으로 한 사람당 자신과 친밀한 사람, 즉 사적인 이야기를 허심탄회하게 할 수 있는 사람은 약 세 명이라고 한다. 싱글들은 그런 사람들이 평균 세 사람 이상이다. 지속적으로 곁에 있는 '담당' 파트너가 없기에, 다양한 관계들에 더 많은 시간을 할애할 수 있는 것이다. 싱글들 가운데서도 현저한 차이가 있다. 오로지 자기 옆의 빈자리를 바라보고 얼른 짝을 찾아 다시금 커플 라이프를 시작하는 데에만 관심 있는 사람은 친구 관계에 별로 신경을 쓰지 못한다. 바라는 하나의 연결 때문에 전체적인 인간관계를 등한시하기 쉽다. 카페, 주유소, 거리 등에서 유쾌하고 사랑스러운 만남들이 일어날 수 있는 많은 작은 순간들을 놓치기 십상이다. 결혼 약속으로 이어지지는 않지만 두뇌에 늘 '행복 호르몬'이 분비되게끔 하는 만남들을 말이다.

파트너 없이 사는 사람은 정서적 에너지를 여러 사람들에게 나누어 쓰게 되고, 동시에 자신에게도 신경 쓸 여유를 가질 수 있다. 만나서 수다를 떨 (여자) 친구들, 함께 외출할 (여자) 친구들, 기술이나 기계 관련해 도움을 요청할 수 있는 (남자) 친구들.(남자 친구들에게는 보답으로 반찬을 제공하거나 '코칭'을 해줄 수 있다.) 필요하다면 성적 상대도 따로 둘 수 있다. 이런 방식으로 풍요로운 사회적 네트워크가 생겨날 뿐 아니라, 다양한 측면을 더 깊게 경험할 수 있다. 우리 모두는 자신의 다양한 면을 보여주기를 원한다. 그 어떤 사람에게도 주된 포커스를 맞추지 않는 사회적 네트워크에서는 이것이 가능하다. 각 인간관계마다 서로 다른 것이 관심사가 되고, 늘 우리의 다른 면을 보여주게 되며, 이런 면을 확인받을 수 있다.

동시에 다양한 사람들을 경험할 수 있고, 그들 각각의 개성을 알아가고 존중하는 가운데 그들을 북돋아줄 수 있다. 세월이 흐르면서 서로를 더 깊이 알아가고 서로의 소중함을 알아가는 것은 파트너 관계뿐 아니라 친구 관계에서도 마찬가지다. 진한 고독을 맛보았는가? 그렇다면 자신의 삶에서 세월이 흐르면서 진솔한 인간관계의 네트워크가 탄생하는 것을 달콤한 행복감으로 바라볼 수 있을 것이다. 가족보다는 거리가 있고 느슨한 관계, 태양계를 연상시키는 관계다. 태양계의 행성들은 중력을 통해 서로 연결되어 태양 주변에서 자신의 궤도를 돈다. 행성들은 서로 연결되어 있지만, 각각의 사이 공간은 아주 넓다.

늘 타자에게 휩쓸려 다니느라 분주하지 않다면 서로에게 다가가는 것이 얼마나 좋은 일인지를 훨씬 더 자주 경험할 수 있다. 능동적으로 다가갈 수도 있고, 수동적으로 다가옴을 누릴 수도 있다. 사회적 만남을 약간 절제해야 만남이 그만큼 더 진하게 다가온다. 에로틱한 만남은 더욱 더 그렇다. 데이팅 앱 같은 것을 통해 일주일에도 여러 번 섹스 파트너를 구하는 사람은 한 사람 한 사람의 매력이 그리 크게 다가오지 않는다. 하지만 한동안 절제했다가 오랜만에 하는 경험이라면 감각적 자극과 짜릿한 느낌이 폭발한다. 호기심 있게, 감탄하면서, 마치 처음처럼.

여성들이 삶의 어느 순간에 옛 패턴에서 벗어나 자유연애와 원나잇스탠드를 경험하는 것은 나쁘지 않다고 생각한다. 주체적 결정이 동반된다는 전제 하에 즐기고, 자유로워지고, 여성으로서 자신을 확인받는 시간들. 내적으로 깨어 있는 여성이라면 그런 시기 또한 지나가고 다른 삶의 방식으로 나아갈 수도 있을 것이다.

소소한, 그러나 진심을 담은 만남들

나는 힘든 하루 일과를 마치고 나면 종종 공원 벤치에 앉아 마음을 가다듬으며, 본연의 나로 돌아가는 시간을 갖는다. 머리는 아직도 여러 가지로 어지럽고 생각은 서로 마구 얽혀 돌아간다. 멍한 기분이다. 하지만 이제 이 모든 어지러운 생각들을 뒤로하고, 그냥 여기에 앉아 스스로를 느끼고, 지금 이 순간을 누리고 싶다. 삶은 신속하게 답변을 한다. 강아지 한 마리가 나타나, 고개를 약간 갸우뚱하고는 내 눈을 쳐다보며 내 손등을 핥는다. 강아지와 이야기하고 있는데 강아지를 데리고 나온 여자아이가 나타난다. 우리는 잠시 이야기를 나눈다.

"죄송해요." "아냐, 괜찮아. 강아지 귀엽다." "감사합니다."

멀어져가는 그들의 뒷모습을 바라본다. 공연히 눈물이 글썽글썽해진다. 마음이 따뜻해지고, 사랑과 감사로 가득 찬다. 다시금 내 존재로 돌아온 기분이라고 할까.

외롭게 느끼거든, 오로지 당신만을 위한 특별한 한 사람과만 함께해야 한다는 생각을 버리라. 일상의 모든 작은 만남들을 누리라. 그것들이 합쳐져 충만함을 이룬다.

작은 만남들을 통해 우리는 살아 있음을 느끼고, 사랑으로 충만해지고, 마음을 넓게 연다. 자신과의 만남, 생명과 자연과의 만남, 신과의 만남도 그러하다. 일상에서 마주하는 사람들과의 만남도 그러하다. 모든 진공은 채워진다. 생명의 충만은 빈 공간을 허락하지 않는다. 고독한 순간에는 비어 있는 것처럼 느껴지지만, 사실 그 비어 있음 역시 미세한 진동, 생명력, 가능성들로 채워져 있다. 혼자 있을 때에도 우리는 현재의 공허가 계속되는 것이 아님을 신뢰할 수 있다. 혼자서 집에 앉아 심호흡을 하고 고독감을 맛본다. 그러나 자신이 함께하고 있으며, 또 얼마 안가 전화벨이 울리거나 우체부가 올 것이다. 달이 뜨는 것을 보노라면 마음이 따뜻해지며 세상 사람들과의 연대감이 느껴진다. 누군가에게 메일을 쓰거나 카페에 가고 싶은 마음이 생긴다. 사람들 사이에 혼자 있는 느낌이 좋다. 그 무엇에도 집착하지 않고 모든 상태를 경험하고, 통과하고, 지나가게 하면 새로운 것은 저절로 온다.

이런 신뢰가 있을 때 우리는 소소한 만남들에 더 쉽게 마음을 열 수 있다. 그런 만남들은 우리에게 기쁨을 주고, 함께 세상을 살아가고 있다는 따뜻한 느낌을 전해준다. 단순하게 들리겠지만, 이런 만남의 열쇠는 바로 미소다. 미소는 우리 자신을 열어주고, 상대로 하여금 답 미소를 짓게 만든다. 그렇게 함께 연결되고 동질감이 느껴진다. 이미 언급했던 바버라 프레드릭슨의 말에 따르면 미소를 통해 우리는 서로 가까워지고 생명력을 북돋우는 긍정적인 공명이 생겨난다. 작은 사랑의 순간들이다. 또한 아무에게도 미소 지을 일이 없고 혼자만 있을 때에도 옛 기억을 떠올리며, 혹은 좋은 생각 때문에 미소를 지을 수 있다.

불교적 자비 명상도 이런 차원에 속한다. 이런 명상 속에서 우리는 자신과 사랑하는 주변 사람들, 나아가 세상의 모든 존재들이 사랑과 자비에 이끌리기를 소망한다. 미소는 우리를 자신 및 모든 생명과 깊이 연결되어 있게 하는 방법이다. 그것은 우리를 변화시키고, 우리의 모든 만남을 변화시킨다.

______ 달라이 라마처럼 느끼기

달라이 라마는 자비 명상을 정말 많이 한 사람이다. 그에게서 다른 사람에게 친절하고 너그러운 것이 사람을 행복하게 한다는 걸 배울 수 있다. 달라이 라마는 결코 외로움을 느껴본 일이 없다고 말한다. 자신이 만나는 모든 사람을 긍정적이고 호의적으로 바라보기 때문이라고 한다. 먼저 마음을 여는 태도는 다른 사람의 마음도 활짝 열리게 한다. 그리하여 모든 관계와 만남이 충만해지며, 모든 사람과의 포괄적인 연대감을 선사해준다.

중요한 것은 늘 먼저 친절하고 열린 태도를 보이라는 것이다. 누구를 만나든 상관없이 웃어주고, 친절하게 하고, 문을 열어주고, 마음을 열라.

다른 사람이 이런 친절을 받아들여 기뻐하고 함께 웃어주면 행복 호르몬으로 충만해질 수 있을 것이다. 이런 현상을 더 북돋울 수 있도록 의식적으로 달라이 라마처럼 느끼려고 해보라. 그는 모든 이에게 미소를 짓고, 사랑으로 대한다. 동시에 겸손하며, 결코 가식적이거나 넉살 좋게 느껴지지는 않는다.

나는 한번 호텔에서 그렇게 해보았다. 그냥 만나는 모든 사람에게 진심을 담은 미소를 건넸다. 청소하시는 분들(아주 기뻐했다)에서부터 핸드폰에 푹 빠져 걸어오는 비즈니스맨에 이르기까지(그는 처음에는 나를 보지 못하고 거의 부딪힐 뻔했다). 그랬더니 굉장히 행복했고, 낯선 사람들이 내게 굉장히 친절하게 환대해주는 것을 경험했다. 세계가 온통 친구들로 이루어진 것 같았다.

미국의 심리학자이자 정신과 의사인 하워드 커틀러(Howard Cutler)는 "삶이 친밀한 모델을 지향하는 것"은 의미 있는 일이라며 이렇게 말한다. "이 모델은 가능하면 여러 형태로 타자와 긴밀한 유대를 맺는 삶이다. 달라이 라마의 모델은 많은 타자들(가족 구성원들, 친구들, 나아가 모르는 사람들)에게 마음을 열고, 공통된 인간됨을 기본으로 솔직한 유대 관계를 맺고자 하는 데서 비롯한다."[89]

누구든 가족이 되어

요가 전문 리조트에서 며칠을 보낸 뒤 그 근처의 작은 호텔에서 휴가를 보낸 적이 있다. 그 휴가를 보내다가 나는 우리 시대의 영적 스승이라 불리는 바이런 케이티의 글에서 눈에 띄어 기억해두었던 문장이 갑자기 이해가 되었다. 바이런 케이티는 자신의 워크숍에 참가한 사람들을 가리켜 "가족과 더불어 앉아 있다"라고 묘사했다. 가족이 아닌데 "가족과 더불어"라는 말은 무슨 뜻일까?

그 휴가지에서 그 말의 뜻을 깨달았다. 거기서 함께하는 사람들이 아주 친숙하고 가깝게 느껴졌기 때문이었다. 함께 식사하고 담소를 나누었지만, 그들의 개인사 같은 것은 몰랐고, 이후 다시 볼 일도 없을 터였다. 하지만 우리는 마음이 통했고, 가족과 같은 기분이었다. 의식 있고, 성장을 지향하며, 서로를 배려하는 사람들 사이에서 나는 아주 편안하고 기분이 좋았다. 영성이 비슷한 사람들이었기에 말하는 것도 침묵하는 것도 자연스러웠다. 웃고 시시덕거릴 수도 있었고, 대화 주제에 깊이 몰입할 수도 있었다. 우리는 그렇게 있는 그대로의 모습을 통해 서로를 세워줄 수 있었다.

그 여름에 나는 알았다. 주의를 기울이기만 한다면 이런 사람들을 어디 가든 만날 수 있겠구나! 나는 곳곳에 가족들이 있으며, 나 역시 어디에서든 그들에게 가족이 되어줄 수 있겠구나! 서로 지지하고, 세워주고, 기뻐할 수 있음을, 스쳐 지나가는 만남에도 깨달음의 작은 순간들이 있음을. 동시에 내겐 계속 나아갈 수 있는 이런 달콤한 자유가 있음을. 싱글 라이프는 이런 교대의 묘미가 있는 삶이다. 때에 따라 '따로, 또 같이'. 따로 있는 시간과 같이 있는 시간을 진하게 맛볼 수 있다. 아무것도 부족함이 없다.

▽ 때로 힘들게 하는 것들

만남들을 진지하고 중요하게 생각하는 사람은, (특히 사람 만나는 일이 적은 경우) 상대가 자신에게 별로 신경을 쓰지 않는 것 같은 느낌이 들면 상처를 받을 수도 있다. 그러나 여기서 중요한 것은 에리히 프롬의 말대로 소유에서 존재로 중점을 옮기는 것이다. 소유가 구속력 있는 관계를 맺고자 하는 것이라면, 존재는 만남의 순간들을 의식적으로 지각하고, 열린 마음과 친절함으로 순간을 아름답게 만들며 그 자체로 좋은 감정을 만끽하는 것이다. 만남이 그것으로 끝나거나 가능하지 않다고 해도, 계속 나아가면 된다. 확실히 얻게 되는 것은 좋은 느낌! 이것을 가지고 다른 만남으로 나아가고, 무엇보다 이런 좋은 느낌으로 자신을 대하면 된다.

약간의 활동성을 유지하는 것이 중요하다. 혼자 사는 사람 중에는 유독 집순이들이 많다. 그럴 경우 고독이 빠르게 압도해 올 수 있다. 혼자서 좋은 시간 보내기와 '외출'하기를 번갈아 해야 한다. 개인적으로 어느 정도가 적절한지 늘 새롭게 균형을 맞추어나가야 한다. 싱글들 중에 사람이 그립다 보니 너무 많은 약속, 데이트를 잡아서 에너지를 소진시키는 사람들이 있다. 이보다는 차라리 적더라도 진정한 관심을 동반한 충만한 만남을 가꾸어가는 편이 낫다.

▽ 더 나은 싱글 라이프를 위한 팁

긍정심리학에는 3:1 법칙이라는 것이 있다. 이 법칙에 따르면, 유쾌하고 아름다운 감정을 불쾌하고 부정적인 감정보다 세 배 더 많이 경험하면 점점 긍정적이 되고 행복해진다. 바버라 프레드릭슨이 발견한 이런 연관을 나의 책 『나를 행복하게 하는 것들』에서 자세히 소개한 바 있다. 거기서 나는 긍정적 성찰로 인도하는 여러 제안을 통해 행복과 만족감을 도모했다.

여기서도 작은 연습을 하나 제안한다. 당신은 이미 행복 일기 혹은 긍정 일기에 대해 들어본 일이 있을 것이다. 일기에 그날 좋았던 일이나 감동적인 일, 아름답다고 생각했던 일을 다섯 가지 적는 것이다. 행복 일기를 쓰면 좋은 것들에 포커스가 맞추어져서 차츰차츰 긍정적인 것들이 삶을 더 많이 점유하게 된다. 그런데 행복 일기를 쓰는 것처럼, 밸런스 일기를 쓸 수도 있다. 밸런스 일기는 자유/성장이라는 기본 욕구와 관계/유대감이라는 기본 욕구 사이에서 균형을 잡기 위한 일기다. 한번 시도해보라.

______ 밸런스 일기

더 많은 유대와 애착을 경험하고 싶다면, 매일 저녁 일기에 그날 어떤 유쾌한 만남들을 경험했는지 적어보라. 간단히 이름을 적거나 이름을 모르면 '빵집 직원' 하는 식으로 적어도 좋다. 또는 진심 어린 대화, 미소, 유쾌한 시선 교환 등 만남의 특성을 간단히 적어도 좋다.

하루에 다섯 개씩 적어야 한다. 그래야 하루를 지내면서 정말로 그와 관련한 노력을 하게 될 것이기 때문이다. 그러다 보면 평소 같으면 무심코 넘겼을 만남의 가능성들을 더 많이 지각하게 되고, 마음을 열고 다른 사람에게 더 적극적으로 다가가게 된다.

그래도 도무지 하루에 다섯 개가 떠오르지 않을 때는 어떻게 할까? 그럴 때는 꼭 인간들과의 만남에 국한할 필요는 없다. 거리에서 만난 강아지에게 아는 체를 할 수도 있다. 그리고 지금 이 순간 방 안에 놓인 식물을 더불어 살아가는 동료 생명체로 대할 수도 있다. 좋아하는 그릇이나 물건도 새로운 눈으로 만날 수 있고, 사진을 통해 이미 고인이 된 사람과도 만날 수 있다. 마음에 쏙 들어오는 글귀를 통해 시인이나 작가와도 만날 수 있다.

타자와의 유대보다는 자신에게 더 집중하고 독립성을 획득하고 싶다면, 매일 밤 성찰의 포커스를 거기에 맞추면 된다. 이렇게 물으라. 오늘 어떤 순간들을 전적으로 나를 위해 쓰고 나 자신으로 존재할 수 있었는가? 어느 때에 나 자신을 느끼고, 나 스스로를 인격적으로 지각했는가? 어느 때에 다른 누군가에게 신경 쓰기보다 오로지 나 자신을 돌보았는가? 어떤 때 나 자신을 초월하여, 자신의 그림자를 뛰어넘어 더 커다란 것을 지향했는가? 어떤 때 특히 독립적으로 행동했는가?

어떤 방향을 지향하든, 포커스를 바꾸면 일상의 경험도 바뀌는 것에 놀랄 것이다.

작은 만남을 위한 조언들

소홀했던 사회적 상호 작용에 좀 더 신경을 쓰고 싶은가? 대부분은 소소한 것들을 통해 가능하다. 우리가 먼저 작은 바람을 일으키면 된다. 다음의 작은 제스처도 소소한 상호 작용의 계기가 될 수 있다. 실천하다 보면 더 많은 가능성이 생각날 것이다.

- 누군가 발견하도록 공원길이나 보도에 동전 몇 개를 던져놓으라. 생각만 해도 즐겁지 않은가? 누가 그것을 발견할지는 모르지만, 그와 연대감을 느낄 수 있다.
- 모르는 사람을 위해 선뜻 커피 한 잔을 사는 것은 어떨까? 산책하다가 어떤 카페에 들어갔다고 하자. 당신의 커피 값만 지불하지 말고, 당신이 가고 나서 그 자리에 앉게 될 사람을 위해 커피 값을 미리 지불해보라.
- 친절을 베풀고 싶은 마음을 억제하지 말고 따르라. 미소를 지어주거나 엽서를 쓰거나 감사의 메일을 보내거나, 예쁜 꽃 몇 송이를 선물하고 싶은가. 그렇게 하라.
- 다른 사람에게 관심을 보이라. 스몰 토크를 시작하여 이야기를 들어주고, 되물으라. 방금 함께 보았거나 들은 것과 관련하여 얼마든지 이야기를 시작할 수 있다.
- 다른 사람들이 경험했던 좋은 만남들을 당신도 누리라. 지인들로부터 그런 만남에 대해 들을 수도 있고, 책에서 읽을 수도 있다. 나도 그런 만남이 주어진다면 하고 소망하는 것으로 그치지 말라. 함께 기뻐해주고, 그런 만남들을 상상하고 느낄 때 당신 안에 일어나는 긍정적인 감정을 적극적으로 느껴보라. 이것은 당신의 주체적인 감정이다.

13 관계 선택에 여유가 있다

혼자서 잘 지내는 사람이라야 새로운 관계를 시작할 것인지 의식적으로 결정할 수 있다.
스스로 잘 살아내는 사람만이 잠재적인 파트너가 나타났을 때 그와 관계에 들어갈지 말지를 주체적으로 결정할 수 있다. 홀로 서기를 잘하는 사람이라야 단지 혼자 있지 않기 위해 무조건 프러포즈에 응하는 실수를 하지 않는다. 그래야 늘상 같은 패턴을 반복하는 가운데 힘만 소진하는 일이 없다. 혼자 잘 지낼 수 있어야, 아무하고나 관계를 시작했다가 실패하는 일을 예방할 수 있다. '혼자로도 충분해. 그 이상 필요하지 않아'라는 마음이 들어야지만 파트너를 의식적으로 선택할 수 있다.

▽ 견디는 게 아니라 주체적으로 누린다면

"나는 싱글입니다. 싱글 라이프를 끝내고 함께하고 싶은 남자가 지금으로서는 없기 때문입니다." 이렇게 말하는 여성에게서 자유와 멋진 힘이 느껴진다. 혼자 사는 능력은 개발되어야 한다. 가장 좋은 경우 혼자 사는 것을 좋아하는 가운데 개발되어야 한다. 그냥 여가 시간에 '내 마음대로, 내가 내키는 대로 시간을 보낼 수 있어서 좋아'라는 차원이 아니라, 어려운 순간에도 혼자서 헤쳐나가는 능력을 길러야 한다.

충만한 파트너 관계를 맺을 수 있다면 같이 사는 것도 좋겠지만, 충만하지 못한 파트너 관계 속에서 살아가느니 혼자 사는 것도 무방하다. 카르멘 알보르히는 "많은 여성들은 분명 나쁜 섹스보다는 섹스하지 않는 것을 더 선호할 것 같다"[90]라고 썼다. 이것은 혼자 사는 여성들뿐 아니라, 파트너 관계를 맺고 살아가는 여성들에게도 해당하는 이야기다. 혼자 지내는 것을 무작정 견디는 거라고 여기지 않는다면 말이다.

혼자 사는 걸 견딜 수 없다는 이유로만 관계를 시작하면, 피상적이고 표면적인 관계에 머무르거나, 얼마 가지 못해 관계가 종식된다. 스스로 견디지 못하고 다른 사람에게로 도망가는 사람은 다른 사람에게 자신을 참고 견디라고 요구하는 것이나 마찬가지다. 이렇게 말하는 셈이다. "나는 내 자신을 어쩌지 못하겠어. 당신이 사랑이라는 이름으로 어떻게 좀 해봐." 하지만 이런 경우 둘이서도 외로움은 사라지지 않고, 자신에게 가지고 있는 불편함은 사라지지 않는다. 친구 관계에서도 마찬가지다. 단지 혼자 있기 싫어서 친구를 만나는가? 아니면 서로에게 호감을 느끼고, 서로 할 이야기가 있고, 서로의 삶에 참여하고 싶기에 만나는가? 그런 경우라야 생산적인 친구 관계를 도모할 수 있다.

결혼 여부와 상관없이 너 자신을 사랑하라

작가 에바 마리아 추어호르스트(Eva-Maria Zurhorst)가 쓴 책 중에 『너 자신을 사랑하라』라는 베스트셀러가 있다. 나는 이 제목을 약간 바꾸어 '결혼 여부와 상관없이 너 자신을 사랑하라'라고 표현해보았다. 기본적인 생각은 추어호르스트의 주장과 같다. 나 역시 자신을 사랑하는 것이 행복한 관계의 출발점이라고 생각한다. 아무랑 결혼해도 상관없다는 말이 아니다. 자신을 사랑할 수 있는 사람만이 나머지 인생을 더 이상 아무나와 보내지 않을 수 있다.

그로써 우리는 민감한 문제에 이르렀다. 오랜 기간 싱글로 사는 매력적인 여성들은 "넌 너무 까다로워" "눈이 너무 높은 거 아냐?" 하는 비난을 너무나 자주 들어왔다. 보통은 그런 말에 그냥 웃지만, 쓰디쓴 의심이 생겨나기도 한다. 관계의 어려움을 해결하려 하면 늘 빼기만 하고 겉도는 남자랑 함께 살아야 했던 걸까? 그냥 그의 곁에서 계속 작고 예쁜 인형 역할로 만족해야 했던 걸까? 5년이 지났는데도 공통분모가 전혀 없는 남자랑? 그냥 나를 더 사랑하기만 하면 모든 것이 해결되는 걸까?

오늘날은 더 이상 먹고살기가 힘들어서 파트너 관계에 들어가는 게 아니다. 적어도 사회 전반적으로는 그렇다. 더 행복하려고, 가정을 이루고, 공동체를 이루려고 파트너 관계에 들어간다. 좋은 삶에 대한 개인적인 표상과 좋은 감정이 파트너십의 토대이다. 그 때문에 파트너 관계에 대한 바람과 요구가 생겨난다. 상대방과 함께 있는 것이 좋지도 않고, 존중받는 느낌도 없고, 공유하는 부분도 하나 없다면, 관계를 유지하는 힘을 어디에서 얻을 수 있겠는가? 온갖 서비스가 제공되는 이 패스트 소비사회에서 그런 경우 관계는 빠르게 포기될 수밖에 없다. 어쨌든 잠재적인 새 파트너는 아주 많으니 말이다. 그러니 우리가 까다로워지는 것도 자연스러운 일 아닌가?

외롭다고 느낀다면, 남자와 함께해야 완전할 수 있다는 생각을 버리라. 파트너 관계만이 행복을 선사하는 유일한 삶의 형태라는 생각과 결별하라. 자신을 있는 그대로 온전한 인간으로 경험하는 것을 배우라.

모든 헤어짐은 적잖은 슬픔을 동반한다. 물론 안도감도 뒤섞인다. 새로운 애착 관계에 들어가기 전에 약간의 시간을 가지고, 홀로 있음에 익숙해지도록 하라. 곧장 새로운 관계로 들어갈 필요가 없다. 혼자 있는 시간을 통해 자신을 사랑하게 되면, 결혼을 하든 안 하든 크게 중요하지 않다.

헤어진 뒤 혼자 있는 시간이 주는 장점은 무엇일까?

- 다시금 자신으로 돌아간다. 파트너와의 (아마도 마지막에는 힘든) 시간을 보낸 뒤에 스스로를 새롭게 느낄 수 있다. 훗날 이상적인 파트너가 좋아할 자신의 모습을 찾아갈 수 있다.
- 막 종료된 경험들을 소화할 시간을 가질 수 있다. 이전의 몇몇 '실패한' 관계들에 대한 애도도 아직 이루어지지 않았는지도 모른다.
- 삶에서, 그리고 경우에 따라 새 파트너십에서 나에게 중요한 것이 무엇인지 새롭게 점검할 수 있다.
- 내적인 긴장, 동경, 슬픔을 견디고, 받아들이고, 그와 더불어 사는 것을 배울 수 있다. 그렇게 할 수 있을 때만이 독립적이고 스스로를 책임지는 사람이 될 수 있다.
- 혼자 있는 기간을 가진 다음에는 동반자의 가치를 새롭게 깨닫게 되고, 곁에 있는 사람을 더 의식적으로, 더 주의 깊게, 더 신기하게 경험하게 된다. 상대가 세상에 유일무이한 존재임을 자각하게 된다.

▽ 때로 힘들게 하는 것들

혼자 사는 사람들은 한 번씩 최악의 시나리오를 상상한다. 혼자 지내다가 아무도 모르게 세상을 떠나버리는 게 아닐까? 그리고 몇 주 뒤에 결국 시신 썩는 냄새로 인해 내 시신이 발견되는 것 아닐까? 그런 생각이 머리를 떠나지 않고 맴돌 수도 있다. 정말로 그런 경우가 발생할 수도 있기에, 이런 노후에 대한 걱정이 다른 사람과 유대를 맺는 본질적인 이유가 될 수도 있다. 금전적·감정적 안정, 성적 기본 욕구로 인해 결혼을 하는 것은 과거 수백 년간 아주 일반적인 현상이었다.

또한 심리학자 페터 쉘렌바움은 상대가 자신을 더 이상 사랑하지 않는다고 느끼거나 상대가 떠나버렸을 때 받는 상처가 아프기에 새로운 관계를 통해 고통이 경감되기를 희망하며 부리나케 새로운 사랑으로 뛰어드는 현상을 지적한다. 너무나 인간적인 일이다.

게다가 여자 나이 서른다섯, 늦어도 마흔이 넘으면 하루하루 파트너를 만날 기회가 더 줄어든다는 인상을 받기 마련이다. 시계는 똑딱이며 가고, 자녀를 갖고 싶은 사람들은 특히나 조급해진다. 그렇게 내적으로 조급해지면, 잡을 수 있는 남자는 잡고 보는 경향이 나타난다. 다시금 희망을 안고, 새로운 실망으로 나아가는 것이다.

그러나 그런 태도로 실패를 맛보았다면 이제는 다른 걸 시험할 시간이 된 것이 아닐까? 혼자서 작전 타임을 가지며 새롭게 스스로의 마음을 정리해보라. 그러면 깨달을 수 있을 것이다. 외로움 속에서도, 아픔 속에서도, 자신을 견딜 수 없어 하는 중에서도 우리 모두가 각각 사랑받을 만한 존재임을, 매력적인 존재임을 말이다. 그 누구도 우리에게 우리가 그런 존재라는 것을 증명해줄 수는 없다. 아무리 사려 깊은 배우자가 사랑을 맹세하면서 당신이 이 세상에서 유일무이한 존재라고 설득해도 그의 말은 우리 마음 깊숙한 곳에 이르지 못한다. 자신이 그런 존재임을 깨닫는 것은 혼자 지내는 시기에 스스로 터득해야 하는 과제다.

때로는 친구가 새로운 남자보다 낫다. 친구는 생각의 정리를 도와주고, 독립적인 인간으로서 생각할 수 있도록 해준다. 혼자 지내는 시기에 전문가의 도움을 받는 것도 좋을 것이다. 심리치료 전문가들은 우리와 함께하면서도, 우리가 그에게 개인적으로 매달리거나 집착하는 관계가 아니기에 유용한 동반자가 되어줄 수 있다. 능숙하게 자전거를 탈 수 있을 때까지 한동안 자존감의 자전거에 보조 바퀴를 달고 달리는 거나 마찬가지다. 능숙하게 안전 운행하게 되면 우리는 선택이 가능하다. 남자가 등장해 의미심장한 미소를 지어 보인다고? 옛날처럼 무조건 그에게 매달리는 대신, 한순간 멈춰 서서 스스로를 느끼며 자신이 진정 원하는 것이 무엇일까 자문해보라. 사귀는 것? 파트너 관계? 어떤 형태, 어떤 강도로, 어떤 모습으로? 그럼으로써 두 사람 사이에 춤이 시작될 수 있다. 하는 수 없어서가 아니라, 기쁨으로 추는 춤이다.

▽ 더 나은 싱글 라이프를 위한 팁

몇 년 전에 나는 독특한 서신 교환을 했다. 바로 자유를 사랑하는 나와 애착을 원하는 내가 서로 편지를 교환하게 했던 것이다. 내 안의 두 속성이 각자 자신의 목소리를 내면서 화목을 도모하고자 노력한 이 작업은 참으로 유익했다. 이 두 속성은 앞서 만났던 이브(10장)와 릴리트(11장)이다. 이 두 속성이 완전히 서로 다른 것을 원하기에, 우리는 종종 마음이 갈라지고 이런 경험으로 인해 자못 힘이 빠진다. 하지만 이 책에서 이 둘을 각각 만나보았으니, 이제 이 둘을 서로 화해시킬 시점이 되었다. 자, 시작해볼까?

다시금 약간의 시간을 내어 침대나 소파에 고요히 앉으라. 이번에는 쿠션 두 개를 준비해서 조금 거리를 두고 오른쪽, 왼쪽에 놓으라. 그런 다음 한쪽에는 내면의 이브를, 한쪽에는 내면의 릴리트를 앉힌 다음, 이 둘에게 차례로 감정 이입을 해보라. 이들과 이야기를 나누어보고, 각자가 상대를 어떻게 생각하는지, 함께 지내기가 어떤지, 화해하기 위해 무엇이 필요한지를 물어보라. 그런 다음 당신 스스로 이쪽 쿠션과 저쪽 쿠션에 번갈아 앉아가며, 이 둘이 서로를 어떻게 느끼는지, 무엇이 서로를 가깝게 만들 수 있을지를 느껴보라. 마지막으로 중앙에 앉아 전인격적인 자신을 경험해보라.

이브와 릴리트가 서로를 진정한 자매이자 친구로 인식하면 상당히 고무적이고 감동적일 것이다. 자유를 원하는 여성성과 애착을 원하는 여성성의 분열이 치유되는 것이니까 말이다. 이 두 면을 인정하면 이런 모델 혹은 저런 모델을 주로 표방하는 여성들 상호 간의 반목이 치유될 것이며, 아담과의 오랜 갈등도 치유될 수 있다.[91]

14 혼자의 충만함을 다른 이에게!

혼자 있을 수 있는 사람은 다른 사람에게도 풍요로운 사람이 된다. 혼자서도 충만한 시간을 보낼 수 있는 사람만이 자신의 필요로 인해 관계에 집착하지 않을 수 있으며, 인간관계에서 자신의 이로움만을 구하지 않을 수 있다. 아울러 자기만의 시간을 갖는 것에 친숙한 사람은 갑자기 어쩔 수 없이 혼자 시간을 보내야 하는 형편이 된 다른 사람들에게 굉장히 큰 힘이 되어줄 수 있다. '홀로 있음에 푹 잠겨' 그 시간들을 누릴 수 있는 사람은 싱글에 대한 인식을 변화시킬 수 있다. 싱글에 대한 이미지가 변화하면, 혼자 사는 것에 대한 괴로움도 절반으로 줄어든다.

▽ 나와 잘 지내면 남과도 잘 지낸다

혼자 있는 시간은 자기감정을 더 건설적으로 다룰 수 있는 기회를 준다. 이렇게 할 수 있는 사람은 자신뿐 아니라 다른 사람과도 더 잘 지낼 수 있고, 다른 사람에게 더 유쾌한 사람이 된다. 이런 길은 인생에서 필수적으로 거쳐야 하는 코스다. 즉 자신과 잘 지내는 것이 모든 다른 관계의 토대가 된다.

내면에서 자신을 만나지 못하는 사람은 끊임없이 다른 사람들을 필요로 한다. 그리고 그러는 가운데 자신만의 시간을 가져야 할 필요를 간과하게 된다. 신학자이자 심리학자인 부니발트 뮐러(Wunibald Müller)는 어떤 관계나 만남에서 기쁨을 느끼기 위한 '공명판'은 자기 내부에 있다고 말했다. 내면에 공명판이 없거나, 공명판을 깨닫지 못하거나 돌보지 못한 사람은 다른 사람과의 관계도 피상적일 수밖에 없다. 만남은 기껏해야 기분 전환에 불과할 뿐이다. 한스 페터 헴펠은 "의식적으로 자신의 실존을 자각하고 책임질 때만이 다른 사람들의 실존도 존중할 수 있다"[92]고 말한다.

데이트에서도 그렇다. 무조건 상대와 엮여야 한다는 마음으로 성급하게 나아가는 사람이 얼마나 매력적으로 유쾌하게 느껴지겠는가? 상대에게서 무조건 뭔가를 얻으려 하는 마음 없이 만남 자체에 의미를 두는 사람이 훨씬 더 매력적으로 다가온다. 그는 스스로 충족된 마음을 내비치게 되고, 유희적이고 경쾌한 태도를 가지게 되며, 무엇보다 상대를 한 사람의 인간으로서 대할 수 있다.

짐이 가벼운 여행자는 신속히 부응할 수 있다

예전에 우울한 시간을 보내면서 나는 가정해보곤 했다. 만일 이러이러한 상황이 된다면, 그때도 여전히 내게 남아 있고 내가 믿을 수 있는 사람이 누구누구 있을지 손으로 꼽아보곤 했다. 하지만 세월이 흐르면서 그런 질문을 별로 하지 않게 되었고, 어느 순간 다른 질문이 내 안에 움텄다. 바로 '나를 신뢰할 수 있다고 생각하는 사람이 몇이나 될까?' 하는 것이었다. 그리 많지 않았다. 그중 몇 사람은 그들이 정말로 그렇게 생각할지 헷갈렸다. 그 이래로 나는 그 숫자를 늘리기로 다짐했다. 생각의 전환이 일어났던 것이다.

외롭다고 느낀다면, 자신에겐 아무것도 줄 것이 없다고 말하는 자기 의심에서 벗어나라. 당신의 내적 풍요가 느껴지는가? 당신 세포에 삶에 대한 기쁨이 충만하여 외부로까지 넘쳐흐르는가?

이번 장에서는 혼자 있는 것이 좋은 여러 가지 이유들이 합쳐진다. 좌절에 빠져서 에너지가 술술 새어 나가는 심정으로 주변 사람들에게 다가가는 사람보다, 혼자 있는 가운데 스스로를 회복하고 재충전한 사람이 주변 사람들에게 유쾌한 존재로 느껴진다. 혼자 있는 시간에 깊이 몰입하는 사람들은 다른 사람과의 만남도 더욱 기쁘게 기대한다. 다른 사람을 자신의 필요에 동원하는 것이 아니다. 자신이 힘들어서 다른 사람에게 채움을 구하는 게 아니라, 넘쳐나는 따스한 감정들이 만남에 동반된다.

혼자 사는 사람들은 유연성을 발휘할 수 있다. 싱글은 인생에서 '가벼운 짐을 가진 여행자'이므로 다른 사람들의 필요에 '빠르게' 부응해줄 수 있다. 가족들을 돌봐야 하는 사람은 주변 친구가 도움이 필요할 때 그렇게 신속하게 대처할 수 없다. 친구에게 도움을 베풀려고 할 때나 그냥 극장에만 한번 가려고 해도 먼저 두루두루 조치를 취해야 한다. 영화 한 편 즉흥적으로 보기가 얼마나 어려운지! 하지만 혼자 있는 시간이 많은 사람은 즉흥성을 발휘하기가 힘들지 않다. 친구들이 필요로 할 때 아이들이나 애완동물을 돌봐줄 수도 있고, 대신해서 어디를 가줄 수도 있다. 순발력을 발휘하기 쉬운 상황이기에 주변 사람들이 쉽게 그런 도움을 요청할 수 있다.

챙겨줄 사람이 너무 많으면, 일일이 다 배려하기는 힘들다. 만남이 너무 많지 않아야 함께 있음을 더 소중히 여길 수 있다. 일상이 너무 빡빡하게 돌아가면 우리는 산만하고 부주의하게 되며, 주변 사람들은 그냥 가구 같은 존재들이 된다.

"혼자 사니 어때?" "멋져!"

스페인 테네리페에서 엘이에로까지 짧은 구간을 오가는 작은 비행기 안. 승객 서른 명이 빼곡히 앉아 있었다. 대부분 나이 든 승객들이었다. 그런데 이륙 직후 강한 난기류에 휩싸여, 비행기가 마구 흔들리기 시작했고, 승객들의 낯빛이 하얗게 질렸다. 모두가 가슴이 쿵쾅대는 가운데 온몸이 뻣뻣해져서 좌석에 앉아 있는데, 열다섯 살쯤 되어 보이는 소년이 킥킥거리기 시작했다. 그러더니 비행기가 요동칠 때마다 터져 나오는 웃음을 겨우 억눌렀다. 마치 회전목마를 타고 있는 듯 흔들림을 즐기는 것 같았다. 그러자 무슨 일이 일어났을까? 그 아이의 웃음소리를 들은 승객들이 차츰 긴장을 풀었다. 그래, 즐기자 라고 생각하는 듯했다. 높은 공중에서 이렇게 흔들거리며 여행을 하다니 얼마나 즐거운가 하고 말이다. 언제 또 이런 경험을 하겠어? 그렇게 비행기는 명랑해진 승객들을 싣고 흔들리며 목적지로 향했다.

개개인은 특별히 의도해서가 아니라 존재 자체로 경쾌한 분위기를 자아내면서 전체에 영향을 끼칠 수 있다. 비행기 안 금발 곱슬머리의 행복한 천사 소년 덕분에 나는 이를 새삼 깨달았다. 싱글로 사는 것도 마찬가지다. 혼자서 즐겁고 충만하게 사는 사람은 다른 모든 사람들이 그렇게 사는 것을 더 쉽게 해준다. 마하트마 간디가 한 말을 알고 있을 것이다. "세상이 바뀌기를 원한다면, 당신 스스로 그 변화가 되십시오." 이런 의미에서 혼자 사는 것을 좋아하는 모든 이 역시 싱글 라이프가 사회에 용인되도록 하는 사람이다. 이런 사람들이 많아지면, 어쩔 수 없이 혼자 살게 된 사람도 한결 가벼운 마음으로 싱글 라이프를 시작할 수 있다.

내가 이 책을 쓰게 된 동기도 바로 이런 것이었다. 평범한 일상 가운데 혼자서 자연스럽고 긍정적으로 살아가는 내 모습을 보고 용기를 얻었다는 사람들이 있었다. 파트너와 막 헤어졌거나, 외로움을 느끼는 사람들이었다. 나 역시 혼자 즐겁게 살면서 좋은 분위기를 풍기는 사람들을 통해 내적으로 힘을 얻을 수 있었다. 주로는 여성들, 또 소수의 남성들이 혼자서 삶을 잘 일구어가는 것을 보고 내게 주어진 이런 모험에 더 적극적으로 응할 용기를 냈다. 내게 주어진 고요함과 자유와 내면세계로 더 깊이 나아가고자 했다. 나는 혼자가 아니었다. 책이나 지인들의 이야기를 통해 알게 되었을지라도 나는 그런 사람들에게 연대감을 느꼈다.

싱글에 대한 이미지가 서서히 변화하는 시대에 살고 있고, 나 자신도 그런 이미지에 일조할 수 있어서 다행이라는 생각이 들었다. 지평은 변하고 있다. 독신에 대한 이미지도 좋아지고 있다. 그것이 왜 좋을까? 싱글 라이프가 긍정적으로 조명되면, 이런 것이 가능하다.

- 힘든 파트너 관계를 무조건 감수하지 않고, 파트너 관계 안에서 더 용기 있게 변화를 도모할 수 있다.
- 그렇게 했는데도 관계가 긍정적인 쪽으로 전혀 바뀌지 않을 때 관계를 더 수월하게 청산할 수 있다.
- 파트너와 파트너 사이의 과도기를 더 긍정적으로 누릴 수 있다. 마음을 정리하고, 더 홀가분한 상태에서 새 사람을 만날 수 있다.

- 일시적인 싱글, 혹은 영원한 싱글로서 주변 사회에 더 당당하게 나아가고, 스스로를 더 많이 이해하고 자존감을 도모할 수 있다.
- 다른 여성들, 나아가 세상 앞에 파트너 없이도 온전한 삶을 영위하며 여성성과 인간됨을 누리며 살아가는 모습을 보여줄 수 있다.
- 싱글로 살든, 파트너와 함께 살든, 자신만의 시간에 더 깊이 잠겨 스스로를 재충전할 수 있다. 때로 오프라인 상태로 있는 것이 더 수월해지고, 다른 사람과 접촉이 없어도 그다지 스트레스로 다가오지 않는다.

내적 고요에 이른 사람은 주변을 물들인다

전 사회, 혹은 전 지구가 당면한 어려움 속에서 분위기는 상당히 중요한 역할을 한다. 공포스럽거나 공격적인 분위기로 옮아가면, 전혀 좋을 것이 없다. 나는 영적으로 성숙한 사람들이 정치적으로 불안한 상황 가운데, 혹은 방금 일어난 테러 소식 앞에서 상당히 조용하고, 신중하고, 흔들리지 않는 태도를 보이는 것에 놀라곤 한다. 나는 그들의 이런 태도에 깊은 인상을 받고, 그들의 존재와 영향력이 참으로 중요하다는 생각을 한다. 홀로 있음에 익숙하고, 미디어의 견해나 집단적 분위기와 무관한 삶을 살아가는 사람들이 있다. 말로 가르치건 가르치지 않건, 영성에서 비롯한 것으로 규정하건 그렇지 않건 간에 그들은 그렇게 살아간다. 그들은 깊은 내적 고요를 발견한 사람들이며, 주변이 소란스러워도 흔들리지 않는다. 이상적인 경우 자신이 풍기는 아우라로 다른 사람들을 물들인다.

우리는 분주하고 소란스러운 시대에 살고 있다. 내면의 고요와 평화가 점점 더 필요한 동시에 그런 면을 지닌 사람은 점점 줄어드는 듯하다. 그것들이 얼마나 중요한지에 대해 잭 콘필드(Jack Kornfield)는 틱낫한의 이야기를 빌려 이렇게 설명한다. 베트남 난민들이 탄 작은 배는 종종 폭풍우에 휘말렸다. 그때 배 안에 패닉이 일어나면, 모두 승산이 없었다. 그러나 배 안의 단 한 사람만이라도 평온을 유지하면, 모두가 살아남을 수 있었다.[93] 힘든 상황에서 내적으로 평온을 유지하는 것은 내적 성숙을 전제로 한다. 그리고 그렇게 성숙한 사람이 되기 위해서는 규칙적으로 홀로 앉아 묵상 혹은 명상하는 시간이 필수적이다.

나는 늘 혼자 있음에 '푹 잠기는 것'을 이야기한다. 나의 경험상 이것은 새롭고, 더 깊고, 더 친밀하고, 더 편안한 유대 관계에 이르는 길이다. 이제 좁은 '나'로부터 넓은 '우리'로 가기 위해 자신의 부족함을 치유하는 데 포커스가 맞추어진다. 그렇게 하는 모든 이는 다른 사람을 위해 조금은 기여를 하는 것이다.

▽ 때로 힘들게 하는 것들

"조심, 혼자 여행하는 사람이다!" 예전에 나와 남편은 때로 여행 중에 싱글 여행자가 우리 테이블로 올라 치면 그렇게 속삭이곤 했다. 그런 여행자와 마주쳤다가 저녁 내내 그의 장광설을 듣고 앉아 있어야 했던 경험이 있었기 때문이다. 그것은 상황에 따라 재미있고 즐거울 수도 있지만, 그렇지 않을 수도 있다.

혼자 있는 시간이 많은 사람이 자동적으로 다른 사람들에게 유쾌한 존재가 되는 것은 아니다. 드문 만남에 감격한 나머지 다른 사람들이 무엇이 관심이 있을지, 어느 정도가 적정 수준인지 가늠 못 한 채 여러 시간 동안 도를 넘은 자기 독백을 펼칠 수 있다.

굶주린 사람처럼 사람들에게 돌진하면, 사람들은 무조건 반기지만은 않는다. 때로는 친한 친구들도 달가워하지 않는다. 그러므로 우리의 과제는 스스로 충족된 상태로 나아가는 것이다. 어떤 때는 슬플 수도 있고, 어찌할 바를 모를 때도 있을 것이다. 자신에게 연민을 느낄 수도 있다. 그러나 연민은 필요한 감정이며, 건설적인 태도다. 스스로 충족될 때에야 자신이 특정 만남을 원하는지 그렇지 않은지도 결정할 수 있다. 선택할 수 없는 상태에서는 무조건 다른 사람을 '필요로' 하게 되기 때문이다.

많은 시간을 홀로 보내는 사람들은 종종 자신이 '달라붙는' 것 같다는 느낌을 받기도 한다. 상대나 상황이 줄 수 있는 것보다 더 많은 것을 바라는 것은 다분히 인간적이다. 그러나 자신이 그렇게 하고 있음을 깨닫는다면, 그에 상응하는 대처를 해야 하고, 스스로를 돌아보며, 다른 사람에게 그의 개인적인 여지를 돌려주어야 한다.

그렇다고 타인을 향한 동경에 무조건 저항하는 것도 좋은 전략은 아니다. 쓴 뿌리가 있는 사람이 될 수 있기 때문이다. 긴 기간을 파트너 없이 지내는 가운데 다른 사람들에 대해 마음의 문을 꼭꼭 닫아버리고, 어떤 일에서든 혼자서만 헤쳐가려고 하는 사람들이 있다. 그들은 자신이 그렇게 하고 있음에 자랑스러워한다. 하지만 왕왕 그렇게 하면서 바늘 하나 들어갈 틈이 없는 사람 같은 인상을 주기도 한다. 그런 경우, 함께 하는 일은 그 사람이나 상대편 모두에게 쉽지 않다. 완고함이 마음을 닫아버리고, 친밀함과 공감을 방해하기 때문이다.

하지만 어떻게 다시 마음을 부드럽게 할 수 있을까? 타인과는 아직 잘 되지 않는다면, 나무에 기대고 나무가 주는 지지를 느껴보는 것도 좋다. 일종의 내면의 대화를 통해 강이나 호수에 마음을 토로해보는 것도 좋다. 풀밭에 누워 어머니 대지의 품 안에 의식적으로 안겨보는 것도 좋다. 내면의 원초적 욕구를 오랫동안 느껴보지 못한 사람은 그렇게 하면서 약간 눈물이 날 수도 있다. 눈물을 흘리는 것은 치유의 표시다. 나와 너의 경계가 허물어지고, 우리는 스스로를 더 커다란 존재의 일부로 느낄 수 있다.

▽ 더 나은 싱글 라이프를 위한 팁

"남에게 대접받고자 하는 대로 남을 대접하라." 우리가 종종 듣는 말이다. 때로 이런 말을 들으면 짜증이 나기도 하지만, 결국은 맞는 말이다. 우리가 더 많은 관심을 열망한다 해도 그것이 저절로 오지는 않는다. 우리가 할 수 있는 일은 우리가 원하는 것을 주는 일뿐이다. 관심은 관심이다. 우리가 관심의 수신자가 되든, 송신자가 되든 중요하지 않다.

작은 제스처로 타자를 환대해주는 것은 참으로 기쁜 일이다. 모두 알다시피 말이다. 휴가 중이나 여행 중에, 혹은 집에서도 누군가에게 즉흥적으로 작은 엽서를 써주면, 받는 사람이나 보내는 사람이나 동일한 기쁨을 누릴 수 있다. 먼저 보내면 받을 수 있는 확률도 높아진다. 나는 때로 상냥한 메모를 남기거나, 주차된 자동차에 'Hello'라고 써서 와이퍼 아래에 꽂아놓기도 한다. 이런 작은 행동은 누구라도 할 수 있지만, 자기만의 시간이 많은 사람이 그런 행동을 하기가 단연 더 수월하다.

좋아하는 사람들을 위해 뭔가 해주면 유대감이 생긴다. 기령 나는 때로 모임이 끝나고 대중교통을 이용하려 했던 친구나 지인들을 자동차로 태워다 준다. 물론 그렇게 하면 나는 많이 돌아가지만 그것을 감수한다. 나야 집에서 누가 기다리는 것도 아니므로 유연성을 발휘하기가 쉽다. 친구들에게 이런 기쁨을 안겨주면 나도 기쁘다. 나는 30대 초반부터 운전을 했는데, 그전에 대중교통을 이용할 때 누군가 나를 태워주면 그렇게 기쁠 수가 없었다.

기차역이나 공항으로 누군가를 마중 나가는 것도 기쁜 일이다. 챙길 가족이 없는 사람에게는 그런 일이 그리 귀찮지 않다. 다른 사람에게는 그냥 일상적인 의무에 불과한 일이 내게는 즐거운 체험이나 해프닝으로 다가올 수도 있다. 자녀들을 하루 세 번씩 어디론가 실어 날라야 하는 사람은 가족 아닌 누군가를 픽업하는 일이 그리 즐겁지 않지만 그런 의무가 없는 사람은 이런 일이 즐거울 수 있다. 소소한 친절을 베풀고 유대감을 기뻐하는 것, 그러고 나서 혼자만의 공간으로 쏙 들어가는 것은 좋은 일이다.

15 사랑한다고 늘 함께여야 할까

혼자 사는 사람은 새로운 파트너십 형태의 창조자가 될 수 있다. 여성의 지위는 최근 상당히 도약했고, 남성들은 별로 불만을 느끼지 못하는 전통적 파트너 관계 패턴에 더 이상 부응할 마음이 없는 여성이 늘고 있다. 남성과 여성의 세계는 미묘하게 간극이 벌어지고 있다. 세계적으로 많은 여성들이, 불평등하고 삭막한 파트너 관계에서 살아가느니 차라리 싱글의 삶을 선택하고 있다. 물론 파트너에 대한 동경은 남는다. 그리하여 많은 사람들이 폴리 아모리(polyamory, 비독점적 다자 연애-옮긴이), LAT(living apart together, 친밀한 관계를 유지하지만 주거는 독립적으로 유지하는 관계-옮긴이) 등 새로운 파트너십 형태를 시험하고 있다. 혼자 사는 가운데 스스로를 발견하는 사람은 경직되지 않고 실험하기를 좋아하는 경향이 있는 경우가 많다. 이들은 집단적 변화의 선구자들이다.

▽ 친밀한 관계 속 균형 찾기

모두가 사랑과 공동체를 동경하는 '관계적 존재'들이지만 우리는 이와 관련하여 현재 커다란 어려움에 직면해 있다. 에크하르트 톨레의 말에 따르면 "남녀 관계는 현재 인류가 봉착한 깊은 위기를 반영한다. (…) 현재 수많은 사람들이 혼자 살고 있다. 한편으로는 친밀한 관계에 들어가지 못해서이기도 하고, 한편으로는 과거의 정신 나간 드라마를 반복할 생각이 없기 때문이다."[94]

연인이나 배우자와 살다가 헤어진 사람 중 파트너십 자체를 반대하는 사람은 거의 없다. 의식적으로 싱글로 살고 있는 사람도 마찬가지다. 11장에서 살펴보았듯이, 오늘날 여성들이 거부하는 것은 바로 아담이 이브만 원하고 릴리트와는 잘 지내지 못하는 그런 관계 형태다. 그러나 릴리트는 우리 시대에 많은 여성들 안에서 새로이 깨어나고 있다. 하모니를 방해하기 위해서가 아니라,(물론 겉모습뿐인 가짜 하모니인 경우 하모니를 방해하긴 한다) 우리를 한 걸음 앞으로 나아가게 하기 위해서다. 진짜 하모니가 가능한 곳으로, 파트너들이 서로 존중하는 진정 어린 만남으로, 자신의 욕구와 파트너십에 필요한 것이 적절히 균형을 이루는 곳으로, 여성성과 남성성이 조화를 이루는 곳으로 말이다.

릴리트 성향이 일깨워진 여성들은 온 마음으로 남성들과 함께 갈 수 있는 길을 찾고자 노력한다. 그들은 자신 안의 옛 패턴에도 부응할 준비가 되어 있으며, 남자들 중에도 그들처럼 똑같이 이렇게 의식 있게 나갈 수 있는 사람이 많아지기만을 바란다. 의식 있는 남녀가 만나면, 내적으로 결속된 동시에, 각자가 자신의 삶을 독자적으로 살아갈 수 있을 것이기 때문이다.

선구자로서의 싱글들

그러나 지금으로서는 남성과 여성이 파트너 관계에 요구하는 내용이 서로 잘 맞지 않는 경우가 너무나 많다. 여성운동은 있었지만 남성운동은 없었다. 많은 싱글 여성들은 남성들보다 싱글 라이프를 훨씬 더 잘 꾸려가고 있다. 반면 남성들은 불안하다. 많은 남성이 자신의 유익을 확보하기 위해 옛 패턴으로 더 깊이 경도되곤 한다. 하지만 이제 새로운 모델을 시험해볼 시기가 되었다.

모든 인간은 역사적 흐름과 무관하지 않다. 그리고 이런 흐름 속에서 싱글들은 새로운 물결의 선구자들이라 할 수 있다. 에바 예기의 표현에 따르면 "현대의 선구자들"이고, 슈테판 흐라딜의 말을 빌리면 가치 변화와 개인화의 "창끝"이다. 1991년 〈차이트 운트 가이스트〉 5권에 실린 「차라리 싱글로?」라는 짧은 텍스트는 이렇게 지적했다. "싱글들의 집중적인 등장은 새로운 사회적 생활환경을 모색하기 위한 탐구 전략으로 보인다."[95] 그로부터 25년이 넘게 흘렀지만 우리는 아직도 정확히 이 지점에 있다. 싱글들은 부분적으로는 속으로 곪은 상태이거나 무너진 가슴을 안고, 때로는 슬픔을 견디면서도, 새로운 관계의 모델을 모색하고 있다. 그들 모두 인간적 친밀함과 사랑에 대한 욕구를 함께 충족할 방법을 찾고 있다.

사실 싱글들의 커다란 두려움 하나는 노후를 어떤 모습으로 보낼 수 있을까 하는 것이다. 재정적인 문제는 없다 해도, 아프면 누가 나를 돌보지, 누가 내 곁에 있어주지? 하는 생각이 든다. 이런 질문을 통해 그들은 노년에도 서로 도움을 주고받을 수 있는 새로운 연대 모델을 만들기 위해 애쓰고 있다.

연애와 연인으로서의 지위

새로운 것에 열려 있는 관계는 어떤 모습일까? 마이클 메리의 말대로 우리의 예전 콘셉트는 무조건 "한 사람과 영원히"였다. 이런 장밋빛 콘셉트가 아직도 많은 사람들의 머릿속을 지배하고 있기는 하지만, 그보다는 연속적 일부일처제(serial monogamy)(또는 연속적 단혼제라고도 한다-옮긴이)로 살아가는 사람들이 많아졌다. 즉 한 사람과 일정 기간 살아가다가, 새 사람이 나타나면 이혼하고 다시 그 사람과 재혼하는 형태 말이다. 하지만 이런 형태는 이미 많은 사람들을 힘들게 했다. 계속 실망하고, 헤어지고, 희망이 깨지는 일을 반복해야 하기 때문이다. 어쨌든 일부일처제는 여전히 이상으로 여겨진다.

한편 많은 싱글 여성들은 결혼하지 않고 연인 관계로만 살아가는 모델에 매력을 느낀다. 자유를 누리면서도 한 남자와도 함께할 수 있기 때문이다. 하지만 이와 관련된 인터넷 게시판을 보면, 자신의 유부남 애인이 부인과 헤어지겠다는 약속을 지키지 않는다고 눈물짓는 여성들의 글로 가득하다. 언젠가 그러겠다고 하지만 아직 그 약속을 지키지 않는다는 것이다. 하지만 동시에 그것을 원하지 않는 여성들도 늘어나고 있다. '독점적으로 아름다운 시간을 가질 수 있는데 뭐하러 함께 살며 자질구레한 일상을 보내겠어?'라고 생각하기 때문이다.

특히나 젊은 세대는 성적으로 점점 자유로워지고 있다. 원나잇 스탠드 같은 것이 늘어나고, 앱을 통해서도 곧바로 밤을 함께 보낼 사람을 구할 수가 있다. 이에 대해 여성 잡지는 상당히 호의적인 목소리를 낸다. 작은 모험을 즐기는 것이 용인되고 있음에 분명하다. 많은 싱글들에게 이것은 이상적일 것이다. 그러나 경계 지대에서는 많은 눈물과 괴로움이 있다. 부부 관계 전문 심리치료사인 리자 피슈바흐(Lisa Fischbach)와 홀거 렌트(Holger Lendt)의 말마따나 외도와 숨겨진 욕망을 대하는 우리의 태도는 최근 몇십 년간 오히려 뒷걸음질해왔기 때문이다. 예전에는 파트너 관계가 오래 지속되었지만, 그렇다고 정절을 지키는 경우가 더 많았던 것은 아니다. 남자의 외도는 때로 묵인되었다. 그 이래로 정절에 대한 요구는 더 커졌다. 여성들이 오늘날 그것을 더 많이 요구하기 때문이다. 모험 욕구를 표출하는 유부남들 앞에서 싱글 여성들은 이렇게 혼잣말을 한다. 내가 이런 게임에 말려 들어가면, 저 사람이 이혼하고 나랑 결혼해줄까?

하지만 여성들은 무엇을 원할까. 우리 중 점점 더 많은 사람들이 솔직하게 의견을 나누고, 감정을 나누고, 업그레이드된 진정한 사랑을 원한다. 터놓고 대화를 할 수 있다면 삼각관계로 사는 것도 괜찮다고 보는 여성들도 많다. 투명한 다자 연애에 찬성하는 여성들도 있지만, 이 형태는 대화와 감정적 조율이 필요하므로, 혼자 지내기를 좋아하는 사람은 이런 형태를 다소 부산하게 여길 것이다. 그러나 이런 추세로 볼 때 드디어 사랑의 숨통 틔우기가 나타나고 있다고 보아야 할 것이다.

"사랑이 우리의 '새장' 앞에 자꾸만 자아를 벗어난 삶과 우리 안의 생동감을 일깨우는 것들을 가져다 놓는다."[96] 열린 관계에서 이런 숨통은 막히지 않는다. 모두가 새로운 것에 부응할 수 있다. 물론 노력이 필요하다는 점은 두말할 나위가 없다. 하지만 솔직히 말해 오늘날 파트너랑 함께든, 아니면 혼자서든, 내적 씨름과 외적 커뮤니케이션 없이 충만하게 사는 것이 가능할까? 어떤 노력들이 더 보람이 있을까?

LAT(Living Apart Together)

모든 파트너 관계는 적절한 친밀감과 거리 사이의 균형을 발견해나가려는 시도라고 할 수 있다. 커플마다 이런 균형은 모두 다를 것이며, 늘 새롭게 조율할 수 있을 것이다. LAT는 거리 쪽에 더 비중을 둔 관계다. Living Apart Togehter, 따로 또 같이? 말하자면 두 사람이 커플이 되되, 서로 주거를 함께하지는 않는다는 뜻이다. 무엇보다 여성들이 이런 관계를 선호한다. 더 많은 자유를 누릴 수 있기 때문이다. 미국 작가 에리카 종(Erica Jong)은 "남자가 있는 동시에 없는 것은 참 좋다"[97]고 말한다. 혼자가 아닌 동시에 혼자 됨의 즐거움들을 누릴 수 있는 상태다. 1인 가구의 수가 폭발적으로 증가하는 것은 놀랄 일이 아니다. 통계에 따르면 의식적으로 이런 삶의 형태를 선택한 커플들이 더 행복한 것으로 나타났다.

함께 사는 커플이라 해도, 혼자 있기를 좋아하는 사람들이라면 침실을 따로 쓰는 것도 좋다. 파트너가 코를 고는 경우 각방을 쓰지 않으면 수면의 질이 무참하게 떨어진다. 각자의 방을 갖는 것에 합의한다면, 서로 더 이상 에너지를 빼앗길 일 없이, 독립적인 공간을 소유하고 때때로 상대와 공간을 나눌 수 있다. 간혹 약속해서 함께 밤을 보내곤 하면, 그 밤이 더 특별해진다.

외롭다고 느끼면, 파트너십, 만남, 섹스, 결속감, 사랑이 어떻게 이루어져야 하는지에 대한 전통 관념에서 벗어나라. 당신의 마음은 무엇을 원하는가?

함께하는 자율적인 삶

저널리스트이자 작가인 클라우디아 슈치에스니 프리트만(Claudia Szczesny-Friedmann)은 많은 여성의 이상을 "적절한 거리를 둔 친밀함"이라고 말한다. 상대의 시시콜콜한 간섭과 요구에서는 자유로운 가운데, 상대와 내적 유대감을 누리는 관계가 그것이다. 장클로드 카우프만은 새 천 년으로 넘어오는 전환기에 "함께하는 자율적인 삶"이라는 개념을 도입했다. 동등한 눈높이에서 자신의 재능을 펼치고, 필요를 돌볼 수 있을 만큼 자유로운 관계, 서로 허심탄회하게 나눌 수 있는 관계가 그런 관계다. 결속감을 가진 독점적인 파트너가 되되, 자율성과 자유를 누리는 삶이다.

이 개념은 아쉽게도 그리 널리 확산되지는 않았지만, 나는 이것이 바로 우리 시대의 파트너 관계가 지향해야 하는 형태라고 생각한다. 특히나 혼자만의 시간을 갖는 것에 익숙해진 여성들은 전통적인 갑갑한 결혼 생활로는 더 이상 돌아가고 싶지 않다. 이런 전통 모델은 주로 남성들의 유익을 담보로 하며, 남성의 자유를 극대화하기 때문이다. 이제 남성들도 그들의 그림자를 뛰어넘어 여성들에게도 자신들이 누렸던 자율성을 인정해주어야 할 것이다. 프리드리히 실러의 말을 빌리자면 "사람은 스스로를 자유롭게 하는 것만을 사랑할 수 있기 때문이다."

______ 싱글로 사는 것도 온전한 삶의 형태

싱글 라이프를 독자적인 삶의 형태로 보는 사람들은 오래전부터 있었다. 울리케 슐리히트는 여성이 자녀 없이 혼자 사는 형태를 충분히 지속 가능한 삶의 형태로 꼽았다. 2002년에 그녀는 그럼에도 싱글로 사는 것이 과도기적 형태로만 취급된다고 평했다. 하지만 서서히 변화하고 있다.

여성들이(물론 남성들도) 혼자 사는 것이 점점 더 자연스러워지고 있는 것이 세계적인 추세다. 미국의 저널리스트 해나 로진에 의하면 미국의 설문 조사 결과 여성의 80퍼센트가 계속적으로 커리어를 쌓기를 원하고, 남성들의 40퍼센트가 이런 면에서 아내를 뒷받침해줄 용의가 있는 것으로 나타났다. 동시에 세계 전반에 걸쳐 전통적으로 남성의 전유물이었던 힘을 요구하는 직업군이 줄어들고, 대신에 커뮤니케이션과 서비스 등 여성적인 능력을 요구하는 일들이 증가하고 있다. 고학력 여성이 늘어나면서 기업 임원 중에 여성이 차지하는 비율도 높아지고 있다. 야심차고 자신에 찬 여성들이다.

이런 변화의 결과는 무엇일까? 커리어를 중시하는 많은 여성들은 시답지 않은 결혼 때문에 자신이 이룬 것들을 포기하느니 차라리 싱글의 삶을 선택하는 추세다. 벌이도 변변치 않으면서 뒤치다꺼리를 원하는 남성 파트너와 엮일 마음이 없다고 응답하는 싱글 맘들이 증가하고 있다. 무엇보다 아시아에서는 이런 생각이 대세다. 로진은 최근 몇십 년간 여성들은 자신들의 롤 모델을 상당히 변화시키고 확대해왔다고 말한다. 반면 남성들은 경향적으로 옛 모델에 갇혀 있다. 그도 그럴 것이, 남성들에겐 전통적인 모델이 더 편하기 때문이다.

하지만 이미 새 모델이 등장하고 있다. 새로운 모델에 마음을 연 남성들에게는 '그네 타기 같은 결혼 생활'도 가능하다. 어떤 때는 남자가 생계비를 벌고, 어떤 때는 여자가 번다. 이때는 남자가 집안일을 하고, 저 때는 여자가 한다. 그렇게 하면 이론과 실제 사이의 불화도 사라진다. 로진은 한 지인의 말을 빌려 이렇게 전한다. "그는 이론적, 정치적으로 남자 가정주부가 가능하다고 100퍼센트 믿는다고 말했다. 다만 스스로 가정주부가 되고 싶지는 않을 뿐이라고 했다."[98]

세상이 변하면서 독신으로 사는 것도 점점 자연스러운 일이 되고 있다. 우리는 이미 '자발적 싱글(Single at Heart)'에 대해 이야기했고, 자기 자신과 결혼했다는 반(半)우스갯소리도 종종 들린다. 자신의 프러포즈를 받아들이고, 기쁠 때나 힘들 때나 스스로를 돌보아주겠다고 약속했다는 것이다. 그런 약속은 자기 사랑의 놀라운 리추얼이 될 수 있다.

성장이냐 애착이냐. 모든 시기, 모든 순간은 이 둘 중 하나에 포커스가 맞추어진다. 하지만 균형은 가능하다. 바로 사랑하는 가운데 이 둘 사이의 균형을 잡을 수 있다. 사랑 속에서 우리는 타자와 연결되면서도 스스로 온전한 사람이 되고 계속 성장하는 자유를 누릴 수 있다. 다행히 오늘날은 많은 것이 변했기에 사랑의 진정한 모습을 모색할 수 있다. "세상을 변화시키고 싶다면, 한 남자를 사랑하라"라는 어떤 시 구절이 내게 상당히 의미 있게 다가왔다. 이 구절은 그 사람을 있는 그대로 받아들이라는 의미일 것이다. 훌륭한 면모, 괴로워하는 모습, 힘을 내고 노력하는 동시에 한편으로는 회피하고 물러서는 모습 모두를 말이다. 사랑은 우리를 상처받기 쉽게 만들기도 하지만, 무지막지하게 강하게 만들기도 한다.[99] 사랑은 소유에서 존재로의 비약을 이루어낸다.

소유하고 과시하는 것이 아닌, 사랑하는 것이 중요하다. 꼭 현재의 배우자나 파트너가 아니라도 좋다. 친구, 이웃, 아버지, 동료, 상사, 부하 직원, 혹은 모르는 사람도 그 대상이 될 수 있다. 그들을 받아주고, 인정해주고, 만남의 지평을 변화시키라. 예전의 경쟁이나 불신이 아닌, 새롭게 인간적인 모습으로 다가가라. 여성, 혹은 남성으로서 자신의 강함을 의식하라. 설사 헤어졌다 해도 헤어짐이 꼭 사랑의 종말일 필요는 없다. 심리치료사 캐서린 우드워드 토머스(Katherine Woodward Thomas)는 "의식적인 언커플링(Conscious Uncoupling)"이라 하여, 호의를 유지하는 가운데 의식적으로 일단 헤어져 살기로 하는 콘셉트를 개발했다.

에크하르트 톨레도 마찬가지로 파트너들이 의식이 깨어나는 과정에서 서로를 뒷받침해줄 수 있고, 그렇게 "새로운 의식의 시발점"이 되어

줄 수 있다고 지적한다. 상대가 옛 모델로 퇴행해버리거나 "고통체"로 행동할 때 그것을 친절하게 상기시켜줄 수 있다.[100] 이 모든 것과 더불어 사랑은 생명에 대한 사랑이 된다. 필로필리아(Philophilia), 즉 사랑을 위한 사랑이다. 그러면 우리는 더 이상 한 사람에게, 혹은 그 한 사람이 없다는 사실에 고착되지 않고 매일매일 기회가 될 때마다 사랑의 행동을 할 수 있다. 이런 일을 점점 더 잘할 수 있게 되는 것, 그것이 우리가 스스로와 세상에 줄 수 있는 아름다운 선물이다.

▽ 때로 힘들게 하는 것들

정신분석가 마가렛 말러(Margaret Mahler)에 따르면 혼자만의 시기를 충만하게 보낸 다음에 드디어 다시금 사랑하는 사람이 생기는 경우 "유아적인 단계로 퇴행"해버리는 일이 일어날 수 있다. 이제 모든 것이 다시 그 애착 인물을 중심으로 돌아가게 되고 우리는 굉장히 유치해진다. 장밋빛 안경과 호르몬이, 방금 전에 무사 탈환했다고 믿었던 고지에서 다시 물러나게끔 만든다. 그러므로 가능하면 혼자 있는 시기에 미리 목록을 작성해두라. 새롭게 사랑을 한다면 어떤 모습으로 할 것인지, 이제부터 내게 정말로 중요한 것은 무엇일지, 예전과 어떤 점들을 다르게 할 것인지 등.

마음의 깊숙한 방에 아직도 낭만적이고 위대한 사랑에 대한 환상이 있는 한 그것을 추구하는 것은 자연스럽다. 하지만 "죽음이 너희를 갈라놓을 때까지"가 유일하게 용인되는 라이프스타일이 아님을 의식하면,

모든 것이 상당히 수월해진다. 어떤 점이 수월해질까?

- 이루기 불가능한 단 하나의 삶의 목표에 얽매이지 않을 수 있다.
- 연인과 헤어졌거나 이혼했더라도 스스로를 실패자나 뭔가 잘못된 사람으로 여기지 않고, 그간의 경험을 바탕으로 자유롭게 새로운 영역으로 나아가 계속해서 사랑하고 성장할 수 있다.
- 사람을 틀에 박힌 기준에 따라 곧장 추려내거나 반대로 집착하지 않고, 더 자유롭고 여유 있는 만남을 가질 수 있다. 그러면 예기치 않은 멋진 사랑에 놀랄 가능성이 많아진다.
- 일시적으로 혹은 지속적으로 다른 삶을 사는 사람도 자연스럽게 자신의 개성을 펼칠 수 있다.
- 훨씬 더 많은 사람들이 혼자 있는 시기에 자신의 잠재력을 이끌어내고, 더 많은 사람들이 즐겁게 자기 삶의 중심이 될 수 있다. 그러다 보면 타자나 삶의 도전에도 더 호의적이고 힘 있게 응할 수 있다.

▽ 더 나은 싱글 라이프를 위한 팁

관계란 민감하고 침해당할 수 있는 성질의 것임을 깨닫고 나면, 영리한 사람들은 흥미로운 사람을 사귈 때 템포를 늦춘다. 홀로 있음에서 출발하여 신중하고 깨어 있는 의식으로 나아간다. 매 순간을 만끽한다. 옛 패턴을 따라 뭔가에 홀린 듯 섣불리 살림을 합치고 지금까지 중요했던 모든 것을 포기하고 내던져버리지 않는다. 머릿속에 넣어두었거나 서면으로 작성해둔 목록에 따라, 어떤 관계 방식이 바람직하고 어떤 방식이 바람직하지 않으며 새로운 사랑에서 지켜야 할 것은 무엇이고 새 파트너와 함께 힘써 노력해야 하는 부분은 무엇인지 알게 될 것이다. 자, 당신의 목록은 무엇을 이야기하는가?

16 내 삶의 동반자는 바로 나

혼자 있는 시간이 많은 사람은 스스로를 사랑해야 한다.
'내게 속하는' 사람이 아무도 없는 것 같은가? 바로 나 자신이 내게 속하는 사람이다. 다른 사람들에게 이런 기능을 기대하지 말라. 의식적이고 강렬하게 내가 나에게 소속감을 줄 수 있다.
많은 시간을 혼자 있는 사람은 자신과 더불어 살며 자신을 돌봐야 한다. 혼자 있는 시간은 자기 사랑을 발전시켜나갈 최상의 기회다. 이런 시간은 소중하다. 자기 사랑은 모든 치유와 진정한 만남의 토대이기 때문이다. 자신을 사랑하라는 말이 이기주의자로 살자는 의미는 아니다. 스스로 자신의 진정한 친구가 될 수 있을 때라야 다른 사람들의 친구도 될 수 있다. 상처받은 내면의 아이를 치유하는 것이든, 강할 때나 약할 때나 기쁠 때나 슬플 때 자신에게 더 공감하는 훈련을 하는 것이든 간에, 혼자 있는 시간을 통해 자기 사랑으로 나아갈 수 있다.

▽ 나의 안부, 나의 바람을 확인하며 살기

〈엘르〉지 전 편집장이자 작가인 소피 퐁타넬(Sophie Fontanel)은 저서 『욕망』에서 이렇게 전한다. 자신이 개인적으로 관습에서 해방된 삶을 살기 시작하자, 만나는 사람마다 자신에게 젊어졌다, 얼굴에서 광채가 난다, 사랑에 빠진 것 같은 분위기다, 라고 말했다고. "자기 자신과 만나자마자, 다른 사람들은 이 사람이 대체 누구를 만난 것일까 알아내려고 한다"[101]는 것이 그녀의 멋진 문장이다. 소피 퐁타넬은 의식적으로 섹스 없이 살기로 결심했고, 12년간 그렇게 살았다. 예전의 상처와 경직된 패턴에서 해방되어 스스로를 발견하고 새로운 자신을 알아가기 위함이었다. 많은 사람들에겐 고려 대상이 되지 못할 실험이었지만, 그녀에게는 좋은 시간이 되었다. 여기 인용한 그녀의 문장이 혼자 사는 것과 관련해서도 흥미롭다고 생각한다. 혼자 있는 시간에 자신에게 관심을 기울이면, 우리 자신과 사랑의 관계를 맺을 수 있다. 다른 사람들을 배제하지 않지만, 드디어 자신을 포함하는 관계다.

어떻게 사는 것이 '제대로 사는 것'인지 우리는 결코 알 수 없다. 누가 그 잣대를 제시할 수 있겠는가? 스스로 자신에게 충실한 삶을 살고 있는가라는 물음에 답하고, 늘상 다시금, "내 영혼아, 어떻게 살고 싶은가"라고 묻고, 그 대답을 들으려 하는 것 외에는 말이다.

자신과 절친 되기

인생을 홀로 헤쳐가는 사람은 100퍼센트 자기 삶을 책임져야 한다. 자신이 잘 지낼 수 있도록, 건강하고 좋은 기분으로 지낼 수 있도록, 맡은 일을 다하거나 새로운 일을 찾을 수 있도록 돌보아야 한다. 실제적인 면에서나 도덕적인 면에서나 타자들의 도움을 당연한 듯 기대해서는 안 된다. 싱글들은 대부분 친구들과 지인들의 긴밀한 네트워크를 가지고 있고, 각종 도움을 주고받을 수 있다. 하지만 도움을 구하는 것도 쉬운 일은 아니다. 이유를 말하고 부탁을 하는 일이 수반된다.

혼자 지내는 사람이 자신에게 줄 수 있는 가장 좋은 선물은 바로 시간이다. 자기를 위한 시간, 스스로에게 다가갈 수 있는 시간이다. 일시적으로 두 개의 나로 나뉘는 듯한 느낌이 들기도 한다. 걱정하는 나와 보살펴주는 나로 말이다. 파트너 혹은 친구에게 해주듯 자신을 위해 애쓰고 신경 써주거나, 즉흥적으로 자신을 방문할 수 있다. "너 거기 있니? 어떻게 지내니?"

한 실험에서 학자들은 대학생들로 하여금 자신과 정말로 데이트를 하게 했고, 홀로 있는 시간을 능동적으로 보내도록 했다. 그 결과 이 실험에 참가했던 이들은 훗날 혼자 있는 것에 별로 어려움을 느끼지 않은 것으로 드러났다.[102] 따라서 홀로 있음은 능동적으로 긍정적인 경험을 하는 가운데 훈련할 수 있는 성질의 것이다.

당신 자신과 데이트를 한번 해보면 어떨까? 데이트 시간과 장소를 정해보라. 카페도 좋고, 공원도 좋다. 그곳에 가서 책을 읽거나 핸드폰을 만지지 말고, 자신과 시간을 보내보라. 좋아하는 사람과 데이트를 하면서 딴짓을 하는 사람은 없지 않은가. 당신은 어떤 사람인가? 당신의 좋은 점은 무엇인가? 당신은 어떤 특성을 지닌 사람이며, 무엇을 좋아하는가? 당신은 당신의 절친이 될지도 모른다.

생일이나 한 해의 마지막 날 등 싱글들로서는 뭔가 창조적인 프로그램이 필요한 날에도 그런 데이트를 하면 좋을 것이다. 하지만 스스로를 존중하고 잘해주는 일은 언제나 가능하다. 그것이 특별한 날의 예외적인 프로그램이 아니면 더 좋다.

스스로를 돌보는 가운데 홀로 있음이 자칫 빚어낼 수 있는 위험들에 적극적으로 대처해나가라. 신경학자 존 카치오포(John T. Cacioppo)와 학술편집자 윌리엄 패트릭(William H. Patrick)은 『인간은 왜 외로움을 느끼는가』라는 저서에서 외로움이 초래하는 건강상의 리스크를 요인별로 기술했다. 외로운 사람들은(여기서 외로운 사람들이란 꼭 혼자 사는 사람들을 가리키지는 않는다. 연구 참가자들 중에는 기혼자들도 있었다) 건강 위험 요인을 더 많이 안고 있는 것으로 나타났다. 싱글의 경우는 이 책에서 제시하는 위험 요인을 참고하여, 그것들에 더 적극적이고 긍정적으로 대처하면 좋으리라. 그러면 간혹 외로움이 밀려들 때라도, 부정적인 악순환에 말려들 우려가 없을 것이다.

- 연구자들이 우선적으로 꼽은 것은 외로운 이들은 사회적 통제의 부족으로 인해 건강에 해로운 행동을 하기가 쉽다는 점이다. 자신에게 잔소리를 하거나 말리거나 싫은 소리를 하는 사람이 없기 때문에 과음을 하거나 정크푸드를 먹거나 줄담배를 피우기 쉽다. 하지만 뒤집어보면 이것은 단순히 싱글일수록 더욱 건강에 신경을 써야 한다는 의미다. 충분한 운동과 균형 잡힌 식사를 하라. 때로는 내면의 게으름이 방해를 하겠지만, 적극적이고 지속적으로 노력하면 건강하고 행복해진다.
- 카치오포와 패트릭은, 외로운 사람들은 객관적으로 스트레스 요인이 되는 일을 더 많이 경험하며, 가벼운 스트레스를 받아도 신체적으로 더 두드러지게 나타난다고 지적한다. 전반적인 삶의 안정감이 결여되어 있기 때문이다. 이에 대한 반대 조처는 주체성을 더 기르고 스트레스 극복 전략들을 마련하는 것이다. 삶에 대해 긍정적인 시각을 가질 수 있도록 노력하는 것도 좋다. 행복 일기를 쓰는 것도 유용한 방법이다. 매일 저녁 그날 있었던 아름다운 일 내지 좋은 일 다섯 가지를 적어보라. 예기치 않게 마음에 다가왔던 일, 행복했던 일들을 적어보라. 묵상이나 명상도 신체적·정

신적·영적 균형에 이르게 해준다.

- 외로운 사람들은 수면의 질도 좋지 않고 제대로 푹 쉬지도 못하는 경우가 많다. 이에 대한 반대 조처로 쉼을 누리고, 때로는 게으름도 부려보라. 스트레스를 받는 시기에는 의식적으로 자꾸 마음을 가라앉히고, 수면을 위한 최적의 조건을 만들라.

이미 말했듯이 독신이든 기혼이든 외로운 사람들에게는 이런 어려움이 나타나는 빈도가 높다. 싱글이지만 즐겁게 사는 사람은 이런 것들과 별 관계가 없다. 그런 사람들은 삶을 적극적으로 형상화하고 누린다.

내가 보기에 자신을 챙긴다는 건 계속하여 이렇게 자문하는 것이다. "내가 지금 무엇을 원할까? 지금 무엇이 내게 좋을까?" 이런 질문은 음식에 관련될 수도 있고, 다른 활동이나 직업, 홀로 보내는 시간과 다른 사람들을 만나는 시간의 비율에 대한 것일 수도 있다. 싱글은 기본적으로 유연성을 발휘할 수 있으므로 다양한 가능성을 활용할 수 있다. 적절한 것이 떠오르면 기쁨이 밀려오거나('그래, 해 먹느니 밖에 나가서 먹겠어') 마음이 가벼워진다('그래, 오늘은 그만하고, 내일 아침 일찍 일어나서 다시 시작해보자'). 직관이 내 머리로는 도저히 생각해내지 못할 아이디어를 던져주면 감사가 샘솟는다.

______ 기분이 안 좋을 때도 자신을 안아주기

싱글들은 비참한 기분이 들 때 그 이유를 파트너가 없기 때문이라고 생각하는 경향이 강하다. '배우자가 있다면 모든 것이 좋을 텐데. 그러면 나는 늘 기분이 좋고, 이렇게 우울하지 않을 텐데…….' 하지만 그 말이 사실일까? 내 경험상으로는 그렇지 않다. 남편이 있는데도 좌절하고 절망하는 여자들이 얼마나 많은가. 그뿐 아니라, 돌아보면 결혼 생활을 할 때 나 역시 좋은 날들도 있었고 나쁜 날들도 있었다. 내면 상태에 따라서 말이다. 남편이 그런 상태에 기여를 한 적도 있었고, 그렇지 않은 적도 있었다. 하지만 그와 상관없이 기분은 등락을 거듭했다.

외롭거나 기분이 좋지 않을 때, 당신에게 필요한 사람은 바로 자기 자신이다. 긍정심리학에서도, 불교 명상에서도 행복의 근원은 자신 속에 있다고 이야기한다. 일단 내면과 만나고, 내면의 기분을 보살펴야 한다는 것이다. 마음 챙김 명상, 사랑과 자비 명상, 긍정적으로 경험된 순간들을 마음속에 간직하는 것 등이 도움이 된다.[103] 행복은 외적 상황보다는 내면 상태에 더 많이 좌우된다는 것이 연구자들의 공통된 견해다.

좋은 삶을 위해서는 신체와 정신과 영이 사용할 수 있는 행복의 연장들을 많이 마련해두는 것이 굉장히 중요하다. 명상법이건, 정신적 기술이건 신체적 훈련법이건 간에 행복의 연장들을 갖고 있으면 어떤 상황에서도 삶이 더 수월해진다. 이런 기법을 연습함으로써 스스로를 돌보는 것은 자신에게 줄 수 있는 선물이다. 금요일 저녁 여가 시간을 이용해, 요가를 하거나 기공 연습을 해보라. 매일 묵상이나 명상의 시간을 가져보라. 붓다는 이렇게 말했다. "아무리 극악무도한 원수라 하여도 훈련되지 않은 자신의 영혼만큼 많은 피해를 야기할 수는 없다. 또한 아무리 자애로운 엄마라 하여도 자신의 훈련된 영혼만큼 도움이 되지는 않는다."

깨어 있어 스스로를 훈련하고 호기심을 잃지 않고 좋은 삶을 위해 노력하는 사람은 세월이 흐르면서 주체적으로 기분 저하에서 벗어날 여러 연장을 마련할 수 있게 된다. 그 밖에 온몸과 마음으로 예전에 좋았던 것들을 추억할 수 있다. 이런 상태가 되면, 저녁에 잠시 일상을 멈추고, 고요히 촛불 하나 밝히는 것으로 충분하다. 촛불 하나로도 이미 자신만의 시간을 가지면서 평화를 누리는 것이 가능해지고, 앞으로의 삶에 대한 신뢰가 생겨난다. 마음속에서 평화의 샘을 발견하는 것은 인생에서 가장 고귀한 과제 가운데 하나라 하겠다.

우리 모두에게는 받아들이고, 치유받고, 계발하고, 연습해야 할 것이 많이 있다. 물론 그 과정에서 이따금 옛 패턴으로 되돌아가고 뒷걸음질 칠 수 있다. 하지만 바로 그럴 때 우리는 자신을 위한 시간을 내야 한다. 마음과 두뇌와 스킬이 제공하는 모든 것들과 함께 자신을 보살펴야 한다. 때로 퇴보할지라도, 그것을 깨닫고 다시금 자기 자신에게 신경을 써주는 것이 중요하다. 그러면 삶의 방향은 자연스럽게 다시금 바뀐다. 조금쯤 공회전이 필요한 시간들도 있다. 자신을 괴롭히는 모든 것들에서 벗어나 그냥 자신에게 머무르는 그런 시간들 말이다.

외롭다고 느낄 때면 다른 사람들에게서 물러나 당신 자신에게 관심을 가지라. 당신 인생의 파트너는 바로 당신이다.

______ 나 자신과 평화를 누리며

혼자 있는 시간은 자신을 성찰하는 시간이다. 내면은 자신에게 주의를 집중해달라고 호소한다. 정리되지 않은 부분들을 정리해주기를 원한다. 그런 욕구에 부응하다 보면 어느 순간 마음이 정리가 된다. 자신과 화목하면 굉장히 편안하고 힘이 넘친다. 있는 그대로의 내 모습과 내가 원하는 모습 사이의 간극이 그리 크지 않다. 자신이 훌륭하거나 모든 것을 성공적으로 해냈기 때문이 아니라, 주어진 상황에서 최선을 다했음을 알기 때문이다. 순간순간 멍청하게 행동했을 수도 있고, 일을 복잡하게 만들었을 수도 있고, 누군가에게 상처를 주었을 수도 있다. 하지만 악의에서 그런 것이 아니고, 바보라서 그런 것도 아니다. 그 순간에는 어쩔 수가 없었기 때문이다. 자신의 상태를 뛰어넘어 더 의식적이고, 사랑이 많고, 현명하고, 자유롭지 못했던 탓이다.

자신을 찾은 느낌은 형언하기 어렵다. 자신과의 일치 속에 심오한 기쁨이 느껴진다. 두 존재가 서로 녹아드는 것 같은 느낌이다. 깊은 고요 가운데 여기 이 지상에서 활동하는 나의 존재와 나의 영혼이 합쳐지는 느낌이랄까. 기쁘고 감사하다. 나를 향한 더 커다란 존재의 위대한 사랑을 느낄 수 있고, 내가 나를 신뢰할 수 있음에, 언제나 나 자신으로 존재할 수 있음에 깊은 감사를 느낀다. 지금 나의 모습으로, 지금 나의 능력으로 내게 맞는 삶, 나를 든든하게 해주고 성장으로 인도하는 삶을 살 수 있음이 감사하다.

지금까지 크게 '성장/자율'과 '관계/결속감'으로 대별되는 인간의 두 가지 기본 욕구에 대해 여러 번 이야기했다. 에바 일루즈에 따르면 파트너 없이 싱글로 사는 가운데 자기 사랑을 계발해가면 우리는 점점 더 자율적인 존재로 나아간다. 하지만 관계와 결속은 계속해서 부족해지고, 사회적 존재로서 필요한 인정을 받지 못해서 괴로운 삶을 살게 된다.[104] 이것이 에바 일루즈의 이야기다. 한편으로는 일리 있는 이야기다. 그러나 나의 경험은 다르다. 진정으로 사랑이 싹트면, 그 사랑은 우리 자신에게만 머물러 있지 않고 다른 사람들에게도 흘러 나가며, 그럼으로써 사회에서 좋은 관계들을 맺을 수 있다. 흘러넘치는 우리의 사랑은 주변 사람들에게서 더 많은 반응을 자아낸다. 무엇보다 상호 존중의 형태로 말이다.

아울러 에바 일루즈가 상세히 서술한 대로 파트너 관계를 둘러싼 상황이 오늘날 상당히 열악하고, 변혁의 한가운데 놓이게 되었다는 것은 우리 개인이 쉽사리 변화시킬 수 없는 전반적인 사회의 문제다. 개개인이 영향을 끼칠 수 있다면, 그것은 이런 상황을 대하는 개인의 자세를 통해서다. 내가 볼 때 가장 좋은 방법은 사랑을 느끼고, 스스로에게 사랑을 선물하고, 사랑을 흘러가도록 하는 것이다. 이 길이 가장 충만한 길이다.

내면의 아이

노발리스는 모든 인간은 '작은 사회'라고 말했다. 여기서 작은 사회란 각 사람마다 여러 인격적 요소가 합쳐져 있음을 의미한다. 심리치료에서는 이런 인격들이 서로 대화하게끔 하는 방법도 활용하는데, 우리는 이미 10, 11, 13장에서 이브와 릴리트를 통해 그 방법을 실행해본 바 있다.

자신에게 속한 여러 인격을 의식하는 것은 정신적으로 문제 있는 행동이 아니다. 오히려 그렇게 하면 더 이상 마음이 갈가리 찢긴 기분으로 살아가지 않고 마음의 조화와 균형을 이룰 수 있다. 각 부분은 모두 서로 다른 것을 원하고, 그것은 그 자체로 나쁘지 않다. 이런 여러 면들 덕분에 우리는 삶의 다양한 상황에 적절히 반응할 수 있다. 우리가 삶에서 표현하고 행동하는 양식은 상당히 여러 레퍼토리로 구성되어 있다. 이를 의식할 때, 이 모든 것은 매우 건설적으로 작용할 수 있다. 그러면 내적인 제안, 바람, 아이디어를 어떻게 다루어야 할지 선택이 가능해진다.

내면의 아이도 인격 요소 중 하나다. 우리 내면의 아이는 종종 외로움을 느낀다. 내면의 아이는 영원히 아이로 남아 있는 우리 안의 인격을 말한다. 내면의 아이 안에 유년 시절의 경험들이 축적되어 있다. 그동안 우리가 우리 안의 아이 같은 부분, 보살핌이 필요한 부분을 어떻게 대해왔는지도 내면의 아이에 녹아들어 있다. 이번 장의 '더 나은 싱글 라이프를 위한 팁'은 특별히 내면의 아이에게 할애하려고 한다. 내면의 아이를 해방시켜주고, 치유해주고, 다시금 행복하게 해줄 때, 우리 자신도 치유받게 되며, 외로움은 더 이상 그리 문제가 되지 않는다.

______ 상상 속 연인과 내면의 연인

상당 기간 싱글로 지내본 사람은, 마음이 열려 있다면 싱글로 사는 가운데 아주 새로운 '관계의 형식'들을 경험할 수 있음을 알 것이다. 한편으로는 다른 선택이 없기 때문이기도 하다. 한 가지 예를 들어보자. 쉽지 않은 발전 단계들을 거칠 때, 삶은 사랑스러운 트릭들을 사용한다. 그중 하나는 지금까지 잘 몰랐던 두 사람이 잠시 함께하는 기회가 생기고, 그 시간을 통해 한 사람이 다른 사람에게 반해서 사랑에 빠지는 것이다. 이런 사랑은 응답을 받지는 못한다. 상대와 계속 이어지기는 상황상 불가능하기 때문이다. 하지만 그럼에도 이런 강렬한 감정은 한동안 남아 에너지를 공급해주고, 이런 에너지를 로맨틱한 영역이 아닌 다른 영역에 활용할 수도 있게 해준다.

이런 사랑의 백일몽 속에서 당사자는 자신에 대해 더 많이 알게 되고, 자신이 상대의 어떤 부분에 매력을 느끼는지도 더 잘 알게 된다. 상상의 대화를 통해 그의 안에서 새로운 시각들이 배태된다. 상대의 좋은 특성을 자신 속에서 발견하고 그것들을 펼쳐나갈 수도 있다. 또는 상대에 대한 이미지를 점점 내면화시키는 가운데, 파트너로 어떤 사람이 좋을지에 대해 그간에 갖고 있던 생각들이 바뀔 수도 있다. 상상 속 연인의 존재가 내면에 살아서 강력하게 현존할 수도 있는데, 이렇게 되면 이런 심급은 심리학에서 말하는 원형의 반영으로, 또는 카를 구스타프 융의 아니무스와 아니마로 볼 수도 있다.[105] 외적인 만남에서는 더 이상 아무 일도 일어나지 않더라도, 아무튼 내적으로는 사랑을 성사시킬 수 있는 것이다.

신경정신과 의사 만프레드 슈텔치히는 내면의 인격 요소로서의 연인과 상상으로 만나는 연습을 해보라고 추천한다. 스스로 내면의 연인 옆에 앉아 그를 정확히 관찰해보라. 그를 느껴보고 냄새를 맡아보고 사귀어보라. 대화를 나누며, 두루두루 경험해보라. 그런 다음에 자리를 바꾸어, 사랑하는 내적인 인격이 우리를 어떻게 바라보는지를 느껴보라. 이런 연습은 차츰차츰 스스로를 더 사랑받을 만하고 에로틱한 존재로 느낄 수 있게끔 도와줄 것이다. 상대방이 나를 굉장히 매력적으로 생각한다는 확신을 안겨줄 것이다.[106]

한 가지 유의할 것은 상상의 연인(따라서 당신의 사랑에 대해 아무것도 알지 못하고, 그 사랑에 응답하지도 않는 남성)과의 '관계' 속에서, 또는 내면의 인격 요소와의 관계 속에서 자신을 잃어버리지 않아야 한다는 점이다. 상상 속 사랑은 아름답고 일시적으로 힘을 줄 수 있지만, 우리는 이런 내적 인격 요소나 이미지로 소풍을 떠났다가도 언제나 다시금 자신으로 돌아와야 한다. 물론 좋은 느낌은 없어지지 않는다. 깊은 사랑을 했던 경험이 있다면 그에 대해 느꼈던 깊은 감사도 알 것이다. 그 사랑이 어떻게 끝났건 상관이 없다. 그 사랑은 당신 안에 살아 있고, 당신 존재의 일부로, 느낌으로 존재한다. 상상 연인과의 경험에서도 바로 이 점이 중요하다.

사랑은 감정이다. 누군가를 사랑한다는 것은 그를 소유해야 한다는 의미가 아니다. 그와 함께해야 한다는 의미가 아니다. 마음과 영을 여는 부드럽고 감미로운 느낌은 당신 안에 있으며, 당신 안에서 이런 느낌을 경험할 수 있다. 물론 그럴 때 상대를 가까이하고 싶고, 상대의 존재를 누리고 싶은 소망은 커진다. 때로는 그것이 가능하지 않다. 하지만 이런 느낌을 경험하고, 이런 느낌이 자신의 존재를 변화시키도록 하는 것은 언제나 가능하다. 그럴 때 사람은 계속 나아갈 수 있다.

캐서린 우드워드 토머스는 얼마간 호의적이고 의식적으로 헤어져서 지내는 '의식적인 언커플링'이라는 콘셉트에 대해 이렇게 말했다. "당신이 평생 다른 사람에게서 얻고자 했던 그 모든 사랑, 챙김, 배려, 성실을 당신 자신에게 전달하라."[107] 이것은 우선 외부에서 받으려고 하는 대신 스스로 자신 안에서 이런 것들을 허락함을 전제로 한다. 특정한 한 사람보다 더 많은 것들을 향할 수 있는 사랑을 느끼는 것이다. 삶 자체, 즉 존재의 신비에 사랑을 느낄 수도 있고, 생명의 표현 형식 중 하나인 우리 자신에게 사랑을 느낄 수도 있다.

자기 사랑의 진짜 의미

다른 사람들이 우리를 얼마나 풍요롭게 할 수 있건 간에, 우리가 그들을 얼마나 좋아하고 마음에 품고 사랑할 수 있건 간에, 우리 삶의 중심은 자신일 수밖에 없다. 이런 말을 이기적이고 자기중심적으로 살아도 좋다는 말로 듣는다면 오해다. 자기 사랑은 이기주의가 아니다. 자기 사랑은 어느 시점부터는 개인적인 것을 초월한다. 우리는 자신 속에서 삶의 다양성을 경험할 수 있다. 지상에서 선물 받은 시간을 자신의 개인적인 생명 현상을 탐구하는 데 사용할 수 있다. 내가 아니고 누구를 더 잘 알 수 있겠는가, 누구에게 그렇게 다가가고 누구랑 그렇게 친할 수가 있겠는가? 우리가 자신을 멋지게 생각하는가 하는 감정은 중요하지 않다. 중요한 것은 생명이라는 현상 자체다. 이런 생명 현상은 우리가 지금 이런 몸을 입은 가운데 경험하고 탐구하는 것이 가장 수월하다. 지금의 이런 형상이 모든 상황에서 우리 자신과 함께하기 때문이다.

사람은 혼자 사는 가운데서 점점 더 개성화될 수 있다. 더 차별화될 수 있고, 더욱더 '자기 자신'이 될 수 있다. 하지만 무엇보다, 성공적인 홀로 있음 가운데 사랑이 그의 마음을 움직일 때, 사람은 스스로를 초월하게 되는 듯하다. 이런 사랑은 에로스가 아니고, 아가페다. 고대 그리스인들이 이야기했던 순수한 '신적인' 사랑이다. 삶 자체에 대한 사랑이 내게 밀려오고, 나로부터 흘러 나간다.

내가 어떤 대상을 사랑하든, 사랑에 대상이 있든 없든 간에 내가 사랑을 느끼면, 고독은 사라져버린다. 어느 날 나는 이런 생각을 하게 되었다. '내 삶의 사랑은 사랑 자체다. 사랑의 느낌이 내게 점점 더 중요해진다.' 그러고 나서 나는 이런 생각을 아주 좋아하게 되었다.

한 사람의 파트너를 초월하고, 좋아하는 주변 사람들을 초월하고, 인간 자체를 초월하여 스스로를 넓힐 필요가 있다. 사랑은 영성의 핵심이며 모든 것을 변화시킬 수 있다. 우리는 사랑을 선물 받았으며, 동시에 이런 선물을 깨닫고, 받아들이고, 그 선물이 주는 힘을 신뢰하는 것을 배워야 한다.

이것은 실용적인 것이고, '현세적'인 것이다. 자신과의 생동감 있고 즐거운 관계 가운데 당신은 전 인생을 변화시킬 수 있다. 자신의 경험이 변화하기 때문이다. 뿐만 아니라 여기서 한 걸음 더 나아갈 수 있다. 젊은 페미니스트인 로리 페니(Laurie Penny)는 이렇게 쓴다. "이 세상의 모든 여성이 아침 일찍 깨어나 신체 깊숙이 정말로 기분 좋은 에너지를 느끼면, 세계 경제가 무너질 것이다."[108] 이 말은 무엇보다 극단적으로 치달은 소비로 말미암은 이 땅의 생태 위기를 자기 사랑으로 몰아낼 수 있다는 의미가 아닐까?

▽ 때로 힘들게 하는 것들

아이일 때 우리는 사랑은 외부에서 온다고 배웠다. 부모가 사랑을 준다고 말이다. 부모가 우리를 사랑하면 잘 지낼 수 있었고, 부모가 화를 내면 고통스러워하며 다시금 그 사랑을 얻으려 몸부림쳤다. 생존이 그 사랑에 의존되어 있었기 때문이다. 이런 행동 패턴은 우리 속에 깊숙이 내면화되어, 늘 그런 패턴에 따라 행동한다. 우리는 잘 지내기 위해 다른 사람들의 사랑을 갈구한다. 그리고 어른이 되어서는 파트너가 예전 부모님의 과제를 맡아주기를 기대한다.

하지만 어느 순간 이런 기능을 스스로 떠맡을 시간이 온다. 고통 중에 도움을 구하고 싶을 때, 그때가 바로 우리가 우리 곁에, 우리를 위해 있어야 할 시간이다. 그것이 어려운 사람은 나의 친구가 지금 나와 같은 상황, 혹은 기분에 있다면 내가 그를 위해 무엇을 해줄 것인가를 자문해보라. 그러고 나서 스스로를 위해 그것을 해주라.

잠잠히 내면에 주의를 기울이면, 자신의 상태를 알 수 있고 변화시킬 수 있다. 당신은 심란하거나 슬퍼하고 있는지도 모른다. 화가 나 있거나, 두려워하고 있는지도 모른다. 당신은 그것을 지각할 수 있고 인정할 수 있다. 이것이 지금 이 순간 당신에게 지각되기를 원하는 당신의 상태다. 이 상태는 지나가고, 다른 감정으로 대체될 것이다. 가령 당신이 자신에게 주의를 기울일 때 생겨나는 감동으로 대체될 수도 있다. 또는 당신이 한 사람의 인간으로 정말 애를 쓰며 살아왔음에도 지금은 어쨌든 슬프고 어찌할 바를 모르고 있다는 것, 거기에 공감하고 동정하는 감정으로 대체될 수도 있다.

얼마 가지 않아 당신은 진정한 힘의 원천은 자신에게 있음을 느낄 것이다. 더 이상 구체적인 수신자를 필요로 하지 않는 사랑의 샘물이 솟아나 흐를 수도 있다. 그러면 당신은 있는 모습 그대로 자신을 받아들이고, 안아줄 수 있다. 그리고 진정으로 자기 자신을 축복하고, 지금까지 수고했다고 격려할 수도 있다. 무슨 일이 일어났든 간에 당신은 최선을 다한 것이다. 각 시점에 당신에게 가능했던 일을 한 것이다.

▽ 더 나은 싱글 라이프를 위한 팁

우리가 자기 사랑을 계발해나가기 시작할 때 이 사랑은 무엇보다 성인인 우리가 내면의 아이에게 느끼는 사랑이다. 내면의 아이는 우리 안에 있는 아이 같은 인격적 요소로, 늘상 우리의 보살핌을 필요로 한다. 우리가 그를 잘 보살펴주면 그는 굉장한 힘과 생의 기쁨을 공급해준다. 내면의 아이는 상당히 민감한 경우가 많다. 자라나면서 종종 무관심과 몰이해와 고통을 경험했기 때문이다. 내면의 아이를 치유하고 내면의 아이와 화해하는 것은 가장 중요하고 근사한 생의 과제 중 하나다. 굉장히 보람 있는 과제다. 내면의 아이가 행복해지면, 우리는 훨씬 더 충만하고 힘 있는 삶을 살 수 있기 때문이다. 여기 내면의 아이를 치유하는 몇 가지 방법을 제안한다.[109]

- 조용한 시간에 지속적으로 내면의 아이와 만남을 시도하라. 배에 손을 대고 접촉을 시도할 수도 있다. 내면의 아이가 그곳에 살기 때문이다. 내면의 아이에게 말을 걸어, 당신이 그를 알고자 하며 좀 더 잘 돌봐주고 싶다고 말하라.
- 봉제 동물 인형을 내면의 아이를 표현하는 구체적인 대상으로 삼을 수 있다. 귀여운 봉제 동물 인형을 쳐다보고 만지면 내면의 아이에 대한 사랑의 감정과 공감을 느끼기가 쉽다. 봉제 동물 인형을 껴안아보면 좋은 느낌이 난다. 그 인형을 안고 춤을 추거나 안아줘도 좋다.
- 일상에서 내면의 아이가 좋아할 만한 것에 신경을 쓰라. 메뉴를 결정할 때, 여가 시간 활동을 정할 때 내면의 아이가 무엇을 좋아할지 그와 접촉해보라. 슬픈 순간이나 관계에서 어려움을 느낄 때, 내면의 아이가 무엇을 원하는지 의중을 물어보라. 내면의 아이는 신체적, 감정적으로 당신에게 이로운 것을 정확히 알고 있다.
- 종종 시간을 내어 내면의 아이에게 공감하고, 그가 무엇을 필요로 하고 무엇을 바라는지 물어보라.
- 때로 유치하게 느껴질지라도 내면의 아이의 바람을 채워주라. 내

면의 아이는 동물원에 가고 싶을지도 모른다. 썰매를 타고 싶을 수도 있고 눈사람을 만들고 싶을 수도 있다. 애니메이션을 보고 싶을 수도 있고, 만들기를 하거나 무당벌레가 손에 기어가게 하고 싶을지도 모른다. 그런 기쁨을 허락해주라. 자신을 잊고 내면의 아이와 함께 유희하라. 당신이 이것을 이상하거나 유치하게 여기지 않게 되자마자, 내면의 아이가 당신에게 기쁨을 안겨주는 것을 느낄 수 있을 것이다.

- 당신 내면의 아이가 당신과 더불어 살아주는 것, 당신에게 기쁨과 감동과 의욕과 신체적 즐거움, 감정과 신뢰를 선사해주는 것에 대해 내면의 아이에게 감사하라. 정확히 이런 부분이 내면의 아이의 삶의 영역이기 때문이다.
- 외로움을 느끼자마자 내면의 아이와 접촉하라. 그에게 말을 걸고, 그를 느끼라. 내면의 아이와 결속을 느끼면, 외롭지 않다. 슬픔은 남을지 모른다. 하지만 생동감 있는 공감 가운데 자신과 결속되어 있게 될 것이다.

17 완전히 홀로인 사람은 없다

홀로 있는 사람은 자연을 가까이하며, 영적인 세계에 다가가 그곳에서 더 커다랗고 힘이 되는 '너'를 경험한다.
우리 인간들은 일생 동안 '너'의 소용돌이에 휩싸인다. 우리는 상대를 필요로 한다. 우리 존재의 거울이자 증인을 필요로 한다. 이런 대상을 인간 가운데 찾지 못하는 사람은 자연이나 영적인 세계에 마음을 더 열어놓기 마련이다. 다른 사람들이 커플로 혹은 무리 지어 다니면서 대화하며 스스로를 잃어버리는 반면, 혼자 있는 사람은 나무, 호수, 풍경, 또는 옛 건축물과 조우하고 교감한다. 그런 것들에서 위로를 받고 독특한 호의를 경험하는 것은 무척 감동적이고 치유적인 일이다. 대화와 깊은 사랑의 결속이 가능하다.

▽ 수많은 인연이 나를 이루고 있음을

나는 외롭다고 느낀다. 낙담한 채 앉아 이렇게 탄식한다.

"내게 관심을 써주는 이는 아무도 없구나!"

또 다른 마음속 생각이 맞받아친다.

"이 무슨 자아도취적 발언이냐!"

뭐라고?!

천천히 나는 깨닫는다. 나는 실내 식물들과 물건들 사이에 앉아 있다. 다른 사람들이 만들어서 내게 판 물건들이다. 나무로 된 가구들도 있고, 천과 그릇들도 있다. 노래나 이야기 혹은 세계의 영상이 담긴 CD나

DVD들도 있다. 내가 여러 회사를 위해 일을 해주고 번 돈이 여기에 있는 모든 물건들을 구입하는 데 들어갔다. 그중 두 회사는 지금도 일을 해주고 있다. 얼굴을 맞대고 일하지는 않더라도 말이다. 창 앞에는 나무들이 서 있고, 멀리 아이들이 뛰어노는 소리와 자동차 소리가 들린다. 어디선가 화물 트럭에서 짐 내리는 소리가 들린다. 모든 생물이 호흡하는 공기가 이 모두를 이어준다.

혼자 있는 것이 과연 가능한 일일까? 우리 주변의 모든 것은 살아 있거나, 인간이 만들거나 고안한 것들이다. 우리가 먹는 음식은 누군가 재배한 것들이고, 우리가 입는 옷은 누군가 정성 들여 만든 것이다. 그런데도 우리는 다른 사람들에게 화내는 것을 당연하게 여긴다. 그들이 곁에 없다고, 혹은 그들이 우리의 기대만큼 우리를 사랑해주지 않는다고 말이다.

책을 읽으며 나는 정말로 이렇게 생각한 적이 많다. '이런 문장을 써주다니 정말 고마워요! 이런 글을 읽으며 당신에게 얼마나 유대감을 느끼는지 몰라요!' 책을 읽으며 아주 많은 영리한 사람들과 더불어 매력적인 주제에 대해 '수다'를 떨고 공감하는 것이다.

고독한 섬에 홀로 머무르거나 히말라야의 동굴 속에 은거한다 해도 우리는 다른 사람들에게서 비롯한 인상이나 체험과 더불어 있게 될 것이다. 언어 사용과 직립 보행조차 다른 사람들이 모범을 보이지 않았다면 가능하지 않았을 것이다. 문화적 업적과 발명품, 사고방식조차도 혼자서 이룬 것은 하나도 없다. 각 사람의 두뇌조차도 공동체 가운데 다른 사람과 영향을 주고받고, 주변에 반응하는 가운데 형성된 것이다.[110]

혼자 있는 가운데 자신을 대하는 방식은 의식적이건 무의식적이건 간에 다른 사람들한테서 넘겨받은 많은 태도들, 견해들, 입장들이 퍼즐처럼 합쳐진 결과물이다. 부모, 교사, 친구, 미디어, 책, 영화로부터 우리는 그런 태도들을 넘겨받는다. 지난 몇백 년간 그 테마와 관련하여 형성되어온 흐름도 우리에게 강력하게 작용을 한다.

내가 이 모든 것을 처음으로 깨달았을 때 깊은 경외감이 밀려왔다. 그렇게 많은 사람들이 나를 위해 무언가 했고, 내게 무언가 전해주었으며 나 역시 그들에게 그렇게 했다. 나는 수천 년간 내려온 전통과 발전의 일부였다. 이런 촘촘한 네트워크에 편입되어 있는 동시에 이 네트워크 안에서 자유롭게 느낄 수 있는 것이다.

‘너’라는 소용돌이

이렇듯 아무도 혼자일 수 없다면, 외로움은 무엇일까? 혹자는 외로움은 누군가에 대한 동경이라고, 우리를 이해해주고, 확인해주고, 가치를 부여해주는 누군가를 동경하는 것이라고 말한다. 우리 인간들은 기본적으로 관계적 존재들이다. 유년기에는 더욱 그렇다. 스스로 할 수 있는 것이 아무것도 없는 가운데 부모나 다른 애착 인물들에게 의존해 생존할 수밖에 없다. 성인이 되어서도 자기상을 계속 가꾸어나가기 위해 다른 사람들을 필요로 한다. 나에게 ‘너’가 되는 대상이 우리가 누구인지를 비추어준다. 파트너나 가까운 친구가 없을 때는 모든 것이 이런 ‘너’가 될 수 있다. 나아가 우리 자신을 부분으로 나누어 스스로 대화를 진행할 수도 있다. 이것은 어느 정도까지는 자연스럽고 심지어 의미 있는 과정이다.(7장을 보라.)

‘너’가 되는 대상을 자연 속에서도 발견할 수 있다. 나무나 동물이 그런 대상이 될 수도 있다. 또한 물리적 특성상으로도 우리는 도저히 혼자일 수 없다. 모든 사람은 통틀어 무려 50조 개의 세포들이 합쳐진 공동체다. 이들 세포 모두가 신체 안에서 전체의 일부분으로 활동을 한다. 생물학자 브루스 립튼(Bruce Lipton)은 이렇게 말한다. "인체는 50조 개의 세포로 이루어진 공동체의 노력을 보여준다."[111]

자연 속에서 북돋아주는 너

마음이 정리되는 장소는 어디인가? 어디에서 재충전이 되는가? 어디에서 스트레스를 날려버릴 수 있는가? 어디에서 가장 좋은 아이디어가 떠오르는가? 어디에서 마음이 평온해지고 나 자신으로 있을 수 있는가? 이런 물음에 대한 답으로, 자연 속에 홀로 있을 때를 꼽는 사람들이 많다.

인류가 자연에서 멀어졌다 해도, 자연은 여전히 우리의 삶과 생존의 토대다. 신체적으로 영양을 얻고 호흡을 하기 위해서뿐 아니라, 정신 건강을 위해서도 자연이 필수다. 우리는 어머니 대지의 아이들이며, 대지에 거하는 동물, 식물, 바위, 물, 들, 산 모두가 이런 의미에서 우리의 형제들이다. 그리하여 서로를 착취하고 다른 것들을 희생시켜 살아남으려 하는 것은 집안싸움에 불과하며, 결국은 모두에게 해가 될 따름이다. 우리는 몇십 년 전부터 이 사실을 뼈저리게 느끼고 있으며, 그 이래로 많은 사람들은 자연 착취에서 말미암은 파괴적인 악순환에서 하차할 길들을 모색하고 있다. 작게는 개인적 차원에서부터 다양한 조직과 단체를 통해서 말이다.

나무, 강, 아름다운 풍경에서 출발하여 자연을 느끼고 경험하면서 우리는 자연에 가까이 가는 동시에 우리 자신에게 가까이 간다. 자연 안에서, 자연과 더불어 존재함으로써 지혜도 자란다. 양 치는 목자들만 생각해도 알 것이다. 그들은 일찌감치 동물들과 더불어 야생에서 많은 시간을 보내고, 거의 사람을 만나지 않았다. 대부분은 학교 교육도 받지 않고 자연 속에서 가르침을 받았지만, 지혜가 있었고, 민간 의술에도 해박했다. 마을 사람들은 문제가 생기면 이들을 찾아가 상담했다. 이들이 일종의 내적 통찰을 통해 삶의 연관들을 더 깊이 깨닫고 있었기 때문이다. 자연은 그들의 '너'가 되어주었고, 문화인류학자 볼프디터 슈토를(Wolf-Dieter Storl)의 말대로 종종은 자연이 "정령, 산신령, 요정 등"의 형태로 그들에게 자신을 계시해주었다. 인간이 자연에게서 얻는 것은 예로부터 '다른 세계의 보물들'이고, 슈토를에 따르면 영감, 직관, "맑은 기운"도 그에 속한다.[112]

에리히 캐스트너는 "가장 나쁜 것은 둘이 있는데 외로운 것이다"라고 했지만, 나는 가장 안 좋은 것은 나 자신과 모든 좋은 존재들이 나를 떠날 때의 외로움이라고 말하고 싶다. 나는 혼자 있는 시기에 내가 의존할 수 있는 '좋은 존재들'이 무엇인지 정확히 알고 있다. 서른 살 즈음에 나는 몇 년간 함께해온 사람들, 내게 고향과 같았던 공동체를 떠났다. 동시에 남편과도 헤어졌고, 일시적으로 친정과도 연락을 끊었다. 정말 커다란 변화였고, 그런 가운데 완전히 새 출발을 해야 했다. 모든 것이 정신을 산란하게 만들어서, 오랫동안 누구와도 깊은 이야기를 하지 않았다. 그럴 만큼 가까운 사람도 없었다. 동시에 나는 시골로 거주지를 옮겼다. 직관적으로 그곳에서 다시금 나 자신을 찾고 새로이 시작할 수 있겠다고 느꼈기 때문이다. 그리고 정말로 그곳에서 자연스럽게 친숙한 존재들이 나타났다. 숲 속의 몇몇 오래된 나무들, 골프장 가장자리에 심어진 연하고 어린 나무, 매일 물끄러미 바라보곤 했던 호수, 고요함, 쉼, 호흡, 잔잔한 물결. 때로 내 안에서 뭔가가 피드백을 원했다. 난 아직 괜찮은 걸까? 내가 계속 살아갈 수 있을까? 그리고 곧잘 내 안에서 대답을 느꼈다. '너'로서의 자연에서 오는 위로, 희망, 새로운 확신. 그래 나는 살아 있어. 그래 나는 느끼고 있어. 그래 나는 새로 시작할 수 있어.

그간의 모든 결속에서 떨어져 나온 나는 새로운 '너'로 내게 와서 닿는 새롭고 고요한 세계를 발견했다. 자연이 나더러 자신에게 오라고 부르는 느낌이었다. 고립에서 벗어나라고 내게 말을 거는 것 같았다. 이런 나눔 가운데 차츰차츰 힘과 기쁨과 자신감을 되찾았고, 새로운 친구와 지인, 파트너 들을 발견했다. 나는 영혼이 추구하고 발견하는 것들을 신뢰할 수 있다는 걸 경험했으며, 자연을 가까이하고, 영성에 관심을 가지게 되었다. 이런 관심은 혼자 있는 상태에서 추구할 수 있는 것들이다.

지금까지 나는 세계와 결속되어 있음이, 호수, 강, 물, 식물, 새들과 함께 살 수 있음이 너무나 감사하다. 붐비는 시내를 홀로 걸어 다닐 때도 행복을 느끼고 재충전이 된다. 아는 사람이 하나도 없는, 심지어 모르는 거리라 해도 상관이 없다. 주변의 나무, 장미 넝쿨, 모퉁이를 돌아가는 고양이, 밤하늘의 별들과도 결속감을 느낀다. 레스토랑의 야외 자리에 앉아 빵 부스러기를 쪼아 먹는 참새들에게 말을 걸기도 한다.

인간은 이런 감수성을 타고난 존재라는 생각이 든다. 종종 그것들을 잊어버리거나 몰아내버릴 따름이다. 10대 시절 첫사랑의 아픔에 괴로울 때 하늘에 뜬 달이 대화 상대가 되어주었던 기억이 있다. 내가 두루두루 이성적인 분위기 속에서 성장했음에도 아무에게도 털어놓을 수 없는 아픔을 겪을 때, 달은 자연스럽게 내게 '너'가 되어주었다. 나는 이런 신비로운 방식을 통해 많은 위로를 받았다.

혼자 있는 사람에게는 온 세상이 '너'가 될 수 있다. 우리는 포커스를 계속해서 새롭게 바꿀 수 있다. 약간 마음을 넓히면, 가까이에 사람들을 거느리고 사람들에게 포커스를 두며 지내는 이들보다 '다차원적인' 삶을 살 수 있다. 오늘은 달에 잇대어, 내일은 나무에 잇대어 살 수 있다. 그러다가 시간이 좀 더 흘러 관심을 끄는 누군가 나타나면 달과 나무와의 결속감은 일단 뒤로 물러날 수 있다.

——— "난 바보야. 마술을 잊어버렸다네."

아무도 진짜로 혼자인 사람은 없다. 이를 깊이 느끼기 위해, 어디에 포커스를 둘 것인지 늘 새롭게 결정할 필요가 있다. (현재 존재하지 않는) 파트너에게 비중을 둘 것인지, (지금 곧장 손을 내밀어주지 않는) 사회에 비중을 둘 것인지, 자연과 예술, 고요함, 자신의 마음, 순간의 거룩함 등 있는 그대로 존재하는 모든 것에 비중을 둘 것인지…….

세계에 대한 우리의 시각은 지난 몇십 년 사이 크게 바뀌었고, 계속 바뀌고 있다. 최근 진보적 학자들의 세계관은 우리가 학교에서 배운 자연과학적 세계관에서 점점 더 멀어지고 있다. 의식 있는 학자들은 영적이라고 부를 수밖에 없는 영역에 점점 더 여지를 할애해나가는 추세다. 형태 형성 장(Morphogenetic field), 에너지와 의식의 작용 등이 중요한 결정력을 발휘하는 것으로 인정되고 있다.

학문 영역에서 모든 것을 확실히 아는 사람은 없다. 하지만 실제 영역에서는 조상들이 전해준 방법이나 생각, 영적 전통, 민간 치료 방법이 점점 더 일리가 있는 것으로 확인되고 있다. 우리는 현재 개개인이 차츰 함께 만들어나가는 집단적 변화들을 경험하고 있다. 이런 연관에서 나는 종종 모차르트의 오페라 〈마술 피리〉에서 파파게노가 했던 멋진 말이 생각난다. "난 바보야. 마술을 모두 잊어버렸다네!" 내가 어떤 문제를 그냥 머리로만 풀려고 할 뿐, 직관이나 영감이나 신비한 의식 여행이나 나무와의 대화를 도외시할 때, 나는 파파게노의 문장을 떠올린다. 어떤 문제와 씨름하다가, 나 혼자 씨름하지 말고 기도를 할 수 있지 않을까, 바이런 케이티의 질문들을 활용할 수 있지 않을까, 내면의 인격 요소들과 대화를 시도해봐야 하지 않을까 하는 생각이 든다.

이런 '마법적인 일들'은 인간이 생각이란 것을 할 수 있게 된 이래 우리의 레퍼토리에 속해 삶을 헤쳐나가는 데 도움을 주었다. 그러나 우리는 그런 방법들을 잊어버렸고, 이제 겨우 집단적으로 그런 레퍼토리를 우리의 기억 속으로 되돌리려고 하고 있다.

외롭다고 느낄 때면, 단지 사람하고만 결속감을 경험할 수 있다는 생각에서 벗어나라. 나무, 애완동물, 강, 새, 천사와 고요히 교감해보라. 지금 읽는 시 구절을 쓴 시인과 교감해보라.

이렇게 열려 있는 가운데 우리는 의식적으로 모든 것을 연결하는 네트워크에 잇닿아 있게 된다. 우리는 항상 모든 것과 연결되어 있으며, 인간끼리도 서로서로 연결되어 있다. 단지 그것을 깨닫지 못할 따름이다. 톰 새디악(Tom Sadyac) 감독의 다큐멘터리 영화 〈I am〉에서 학자들의 다양한 발언은 다음과 같은 결론으로 귀결된다. 우리 인간들은 개별적으로 투쟁하는(전투적인) 존재들이 아니다. 본질적으로 협동하고 공감하는 존재다. 함께하거나 서로에게 잘해줄 때 우리는 깊은 만족감을 느낀다.

그것을 느끼는 모든 이는 계속 그렇게 나아갈 수 있다. 현재 어떤 이유에서 사람들과 그리 잘 지내지 못한다 해도, 마음을 열고, 지금과는 다른 방식으로 결속감과 사랑을 경험하고 커다란 장으로 나아갈 수 있다.(20장을 보라.)

무엇보다 우리는 혼자 있는 가운데 혼자인 모든 사람과 결속된다. 명상하는 가운데 명상하는 모든 사람과 결속된다. 많은 시간을 혼자 보내다 보면, 사람들과 뭉쳐 다닐 때는 알지 못했던 많은 것을 느낄 수 있다. 삶을 이루는 모든 것과의 연대감과 결속감이 생길 수 있다. 이런 결속감을 통해 의식적으로 치유와 힘이 되고, 사랑으로 충만한 에너지를 경험할 수 있다. 요가를 하면서 '요가의 영'을 느낄 수도 있고, 악기를 연주하면서 작곡가의 에너지를 느낄 수도 있다. 지각을 점점 섬세하게 훈련해 나가다 보면 많은 것들이 가능하다.

홀로 있음 자체는 결코 우리를 떠나지 않는다. 홀로 있음을 에너지로 이해하고 지각할 수도 있다. 홀로 있음은 처음에는 무자비하고 가혹한 힘으로 다가올 수도 있지만, 차츰 커다란 지혜와 자비의 힘으로 바뀔 것이다. 많은 사람들이 혼자 있음 또는 고독을 가리켜 자신과 함께하는 '자매'라고 말한다. 윤리학 교수 클라우스 오이리히(Claus Eurich)는 이렇게 썼다. "고독을 통과하며 고독을 사랑하는 자매로 받아들이는 것은 죽음과 부활을 연습하는 것이나 마찬가지다. 그것은 유한성에 대한 자각에서 탄생하는 겸손의 훈련이며, 어둠을 빛의 사라짐이 아닌, 직접적인 지각에서의 일시적인 퇴장으로 보는 신뢰 넘치는 확신이다."[113]

▽ 때로 힘들게 하는 것들

우리는 생각보다 훨씬 더 다양한 모습으로 세계와 결속되어 있다. 어떤 사람들은 좋아하는 나무가 있어 그 나무와 대화하고, 교감한다. 어떤 사람들은 수호천사의 힘 있고 부드러운 현존을 느낀다.

굉장히 이성적인 우리의 세계에서, 이런 일들은 종종 웃음거리가 되거나, 최소한 경시된다. 하지만 이런 결속을 경험하는 사람들은, 이성적인 사고로는 불가능한 힘을 공급받는다. 그러려면 일단 이런 것들에 대해 마음 문을 여는 것이 선행되어야 하는데, 바로 이 부분이 쉬운 일은 아니다.

이런 면을 좋아하고 소중히 여기는 사람들은 종종 외로움을 느낀다. 세상에 분명 풍요로움을 선사하는데도 정신 나간 사람 취급을 당한다. 그러다 보니 우리는 오늘날 이런 삶의 기술을 배우기가 쉽지 않다. 하지만 그런 성향은 우리 안에 살아 있다가, 우리가 이성적이고 진부한 세계에서 한 발을 뺄 준비가 되어 있을 때 비로소 안에서 깨어난다. 그런 도움을 허락한 뒤, 사람들 사이로 나아갈 수 있다면 참으로 좋을 것이다.

물론 혼자 있기를 좋아하는 사람도 종종은 의지할 것이 필요하다. 다만 그럴 때 다른 사람들에게만 의지하지 않고, 자연이나 더 커다란 영적 존재를 찾는 비율이 더 높다.

▽ 더 나은 싱글 라이프를 위한 팁

고요한 시간, 자신이 어떤 것들과 결속되어 있는지 한번 의식해보라. 이 시간 당신 주변에 어떤 존재들이 있는가? 물건, 식물, 동물, 가까이 있는 사람들, 가까이하고 싶은 사람들…… 어떤 대상이라도 상관없다. 당신 안에 어떤 경험과 어떤 추억들이 살아 있어 이 모든 사람들, 동물, 나무들과 이어주는가? 생각만 해도 미소가 지어지는 장소들이 있는가? 예술이나 문화 상품, 클래식 연주회, 좋아하는 케이크의 레시피 등 소중하게 생각하는 것들을 떠올려보라. 영적으로 연결되어 있는 사람들, 마음으로 늘 함께하는 사람들, 작가들, 세상을 떠난 친척들, 지인들, 유명인 등, 당신에게 어떤 식으로든 위로, 격려, 힘이 되는 사람들을 떠올려보라.

18 나를 믿고 삶의 터널을 통과하다

홀로 있음을 배우면, 인생의 갈림길에 더 수월하게 대처할 수 있다. 인생의 중요한 결정들, 질병, 죽음. 독일의 싱어송라이터 라인하르트 마이(Reinhard Mey)는 인생의 갈림길에서 우리는 혼자라고 노래한다. 물론 죽음이나 질병을 맞았을 때 외적으로 보기에는 다른 사람들의 도움에 의존되어 있다. 하지만 내적으로는 혼자다. 처음 의식적으로 이를 실감해야 하는 사람은 추가적으로 적잖은 충격까지 감내해야 한다. 반면 평소 혼자 있는 것에 훈련이 된 사람은 인생에서 이런 중대한 시간에 맞닥뜨렸을 때, 기도나 명상 등 내적인 힘을 얻는 데 집중할 수 있다. 그는 자신이 혼자라는 걸 알며, 독립적으로 어려움을 헤쳐나가며 자기효능감을 증진시켜왔다. 현재 느낄 수 있든 없든 간에, 자신이 커다란 전체 안에서 보호되어 있음을 안다. 그의 내적인 존재는 그것을 잊어버리지 않는다.

▽ 결국 혼자 헤쳐가야 할 때를 위하여

우리는 삶의 중요한 순간마다 혈혈단신으로 돌아간다. 위기와 좌절, 헤어짐, 상실, 질병, 노화, 죽음을 맞으며 그동안 우리가 소중하게 생각했고 의지했던 것들은 다 무너지고 만다. 물론 주변 사람과 상의하고 의지하겠지만, 그럼에도 혼자다. 몸이 안 좋아서 지루한 치료를 받을 때 우리는 신체와 머리와 가슴으로 혼자다. 가족들의 난감함과 불안함도 경험한다. 다른 사람들의 도움과 따스한 손길을 받는 것이 기쁘지만, 동시에 우리는 늘 혼자였음을 안다. 태어날 때도 혼자였고 매일 밤잠에 빠질 때도 혼자였으며 마지막에는 홀로 이 육신을 벗어던지고 가야 하리라는 것을 말이다.

이런 위기와 방향 전환 앞에서 홀로 있을 준비를 미리 연습해둘 수 있다. 평소 어쩔 수 없이 홀로 있는 모든 시간이 그런 커다란 순간들에 대비하게 한다. 내면에서 이미 고향을 찾았다면, 우리의 내면은 이런 어려운 시기에도 피난처가 되어줄 것이고, 힘을 주고, 쉼을 가능케 해줄 것이다. 혼자 있음에 훈련이 된 사람은 삶의 유한성도 더 잘 받아들일 수 있다. 혼자 있는 것이 겁나지 않는다. 홀로 있음 가운데 내면과 더 결속되고, 고요한 가운데 우리를 기다리는 영적인 힘과 더 결속될 수 있음을 이미 알고 있기 때문이다.

불교에서는 뭔가가 영속적이라고 믿고 일생 동안 헛되이 그것을 추구하기보다는 모든 것이 영속성이 없음을 받아들일 때 바로 고요와 평화에 이르게 된다고 가르친다. 우리의 건강, 금전, 생각, 삶도 예외가 아니다. 젊은 시절부터 그것을 인식하고, 계속 자기 자신 속에 침잠하는 연습을 하는 사람은 훗날의 위기 때를 의미 있게 준비한 것이다. 영성을 키워나가면 나중에 신체가 쇠약해질 때 절망과 공허로 떨어지지 않을 수 있다.

작가 우르줄라 발저비피거(Ursula Walser-Biffiger)는 자연 속의 치유 의식에 대해 다룬 자신의 책에서 질병과 회복의 시간에 홀로 있음이 얼마나 중요한지를 강조한다. 온갖 진단들, 전문 지식, 호의적인 사람들의 조언, 가족을 걱정하는 마음에서 벗어나, 그냥 자기 자신으로 돌아가고, 자신의 감정과 욕구에 충실하고, 자연을 벗 삼아 그 안에서 결속감을 느끼는 것이 중요하다는 것이다. 혼자 있는 가운데 그간 억눌러온 것들도 다시금 느낄 수 있다. 두려움과 분노, 부당하게 고통받는다는 느낌, 더 이상 실현할 수 없는 꿈에 대한 슬픔. 혼자 있을 때는 이 모든 것에 여지를 둘 수 있으며, 마음의 소리에 귀를 기울이고 그것을 받아들일 수 있다. 자신만의 시간을 가지며 마음을 정리하는 것에 친숙한 사람은 위기에 수월하게 대처할 수 있다.

살면서 꿈을 실현하기 위해 부단히 노력해온 사람도 마찬가지다. 내가 아는 남자 지인 중에 70세가 되면서 그동안 억눌러왔던 생동감 있는 삶에 대한 욕구가 깨어나 거듭 여행을 예약하는 사람이 있었다. 그는 나이 때문에 원하는 만큼 여행을 다니지 못하게 될 것이 두렵다고 했다. 그런 모습을 보면서 나는 그 지인과 나이가 비슷한 여자 분께 그녀도 그런 갈증을 느끼는지를 물었다. 그녀는 잠시 생각하더니 이렇게 대답했다. "아니, 나는 고요한 순간들에 늘상, 내가 원하는 것이 무엇인지를 묻고 그것을 실행에 옮겼어. 아무런 후회나 아쉬움이 없어."

그렇다. 계속해서 자기 자신과 대화를 하면, 우리 마음에 맞는 삶을 살아갈 수 있다. 그리고 가능하지 않은 것과 화해를 할 수 있다. 그렇게 살면 제대로 살지 못하고 많은 것을 놓쳤다는 아쉬움이 남지 않는다. 시선은 평화롭게 점점 더 내면 깊숙이 파고든다.

위기를 넘는 건 자신의 몫

주로 혼자서 다니는 사람은 이런 순간들을 안다. 상황이 위험해지고, 빗나갈 수 있는데, 대안이 없는 순간들 말이다. 길이 얼어붙었는데 뒤로 돌아갈 수는 없다. 실제 길은 지도에 표시된 것과는 다르고, 이미 날은 어두워졌는데 전화도 되지 않는다. 그럴 때는 기도하고, 잘되기를 바라면서 그냥 직관적으로 나아가는 수밖에 없다. 이직으로 거주지를 옮기는 바람에 삶의 전반에 변화가 생기는 일도 있다. 모든 대안들을 검토하고 결정해야 한다. 뭔가가 잘못될 수도 있지만 행동하고 결과들을 감수해야 한다.

그런 순간들에는 굉장히 외롭게 느껴진다. 그러나 그렇게 밀고 나가는 수밖에 다른 대안은 없다. 탄식은 필요치 않다. 포커스를 바꾸고, 외마디 기도를 하며 주어진 상황에 모든 걸 걸고 나아갈밖에. 심호흡으로 한 걸음 한 걸음 발을 옮긴다. 간혹 상당히 긴장되는 만남을 위해 고속도로를 달릴 때 평소에는 외우지 않던 만트라가 자연스럽게 흘러나온다. 잠재의식에 이르기까지 모든 자원들이 동원된다. 온몸이 깨어나고, 힘이 분출된다. 상황을 무사히 넘겨서 기쁘고 안도감을 느끼는데도 온몸이 찌릿찌릿하다.

이렇게 혼자서 헤쳐나가야 하는 상황은 앞으로 우리를 도울 사람이 아무도 없는 때를 준비하는 훈련이 된다. 삶은 결코 안전하지 않다. 너무 신중해서 아무것도 시도하지 않는 사람들에게는 삶은 별로 좋은 일을 예비하지 않는다. 그런 삶은 오히려 고통이다.(연습이 되어 있지 않기 때문이다.) 힘든 일을 넘겼을 때 자랑스럽고 자신감이 쑥 올라가는 경험을 하지 못하기 때문이다.

외로움을 느끼면, 인생의 모든 길에 다른 사람들이 함께해줄 수 있다는 마음을 버리라. 그 모든 길에서 다른 동행이 필요하다는 생각을 버리라. 자신과 우주에 내재하는 더 높은 힘에 마음을 열라. 그 힘들은 당신을 위해 존재한다. 그 힘들이 활동하게 하라.

시험, 데이트, 수술, 중요한 직업상의 일정, 인생의 많은 중요한 일에 우리는 홀로 나아가야 한다. 저녁에 앉아 다음 날 있을 일들을 생각한다. 잘될 수 있을까? 주변 사람들은 우리의 말을 들어주고, 조언해주고, 엄지손가락을 치켜 올리며 응원을 해줄 수 있다. 문 앞까지 데려다줄 수 있다. 하지만 결국 그 일을 감당해야 하는 건 우리 자신이다. 자신에게 평소보다 더 많은 포커스가 주어진다. 쿵쾅거리는 것은 남이 아닌 나 자신의 가슴이고, 회전목마를 타며 진정하지 못하는 것도 자신의 생각이다. 닥친 일을 통해 영원히 변모하는 것은 자신의 삶이다. 계속해나가야 하는 건 우리 자신이다.

부담이 되는 순간에 잠시 후퇴하는 것은 자연스러운 일이다. 마음을 정리하고, 힘을 모으고, 아마도 기도하기 위함이다. 예술가들은 무대에 서기 전에 그렇게 하며, 운동 선수들은 중요한 경기를 앞두고 그렇게 한다. 옛날에는 출산을 앞둔 여성들도 자연을 신뢰하며 홀로 있는 시간을 가졌다.

▽ 때로 힘들게 하는 것들

나는 아파서 침대에 누워 있다. 원래는 이 책을 쓰려고 했는데, 지금 상태로는 도저히 쓸 수가 없다. 기진맥진한 상태에서 어두운 생각들이 끼어든다. 심한 열감기 때문에 이대로 쇠약해져서, 일어나지도 못하고, 물 한 모금 마시지도, 전화를 하지도 못하고 그냥 죽어버린다면 어떻게 될까? 싱글 라이프를 사랑하고 옹호하는 사람이었던 내가 하필 혼자 살아가는 것이 얼마나 위험한지를 방증하는 선례를 남기게 되지는 않을까?

이런 위험은 실재한다. 특히나 신체적으로 스스로를 돌볼 수 없을 때 누군가의 도움이 필요하다. 나이 들어가고 몸은 쇠약해지는데 도움을 받지 못한다고 생각하면 굉장히 겁이 난다. 싱글로 살고자 하는 사람은 경솔해서는 안 된다. 혼자서 사는 것이 무엇인지 아는 사람은 이런 삶의 한계도 아는 법이다.

돌봐주는 사람들을 억지로 동원할 수는 없는 노릇이다. 이 사실을 직시하는 것이 건강하고 영리한 일이다. 혼자 사는 사람은 늘 이런 삶이 동반하는 결과를 전적으로 책임져야 한다. 이를 아는 것은 위험에 의식적으로 대처하는 첫걸음이다. 용기와 함께 깨달음도 생긴다. 인간은 어차피 한 번은 죽어야 한다는 것 말이다.

그러나 무엇보다 이제 중년을 넘기면 더 이상 혼자 해내기가 힘들다는 느낌이 불쑥불쑥 치고 올라온다. 늘 혼자서 모든 것을 책임져야 하고, 모든 것을 조율해나가고 모든 것을 결정해야 하고, 돌봐줄 사람이 없으므로 아파서도 안 되는 삶. 늘 억척스럽게 개척하고 투쟁해나가야 하는 삶. 약해지는 순간, 일상의 부담이 너무 크게 다가오는 순간, 이제 더 이상 혼자서는 하지 못할 것 같은 생각이 슬그머니 치밀고 올라온다. 자세히 살펴보면 그런 마음은 진실보다는 현재의 약해진 마음에 기초하고 있지만, 이런 시간들에는 객관적으로 볼 수 있는 힘이 부족하다.

▽ 더 나은 싱글 라이프를 위한 팁

어려운 순간들에 우리는 쉽게 마음이 혼란스럽고, 깊은 외로움에 시달린다. 하지만 혼자인 사람은 스스로 책임질 줄 알아야 하고, 이런 기분에 오래 좌우되지 않도록 모든 것을 다해야 한다. 우주의 커다란 힘에 자신을 연결해, 힘과 결속과 자유를 느끼게 하는 오래된 연습이 이에 도움을 줄 수 있다. 이런 명상은 다양하게 응용할 수 있는데 나는 이것을 홀로 있음이라는 주제에 맞게 약간 변형했다.

자, 연습을 실행할 준비가 되었다면 똑바로 앉거나 서서 마음을 잠잠하게 하라. 몸이 아픈 상태라면 누워서 실행해도 무방하다. 베개를 베어 머리 부분만 약간 높게 하면 좋다. 자, 이제 당신의 신체와 호흡을 느껴보라. 호흡을 점차 심호흡으로 옮겨 가라. 그다음으로 발을 느껴보며, 바닥에서 아래쪽 옆쪽으로 뿌리를 뻗기 시작한다고 상상해보라. 뿌리가 발에서 시작해서 점점 자라나 사방으로 땅에 내리는 것을 느껴보라. 그러면 부담이 되는 에너지를 이런 뿌리를 통해 땅으로 전가하고, 땅으로부터 당신에게 힘을 공급해주는 에너지를 받아들일 수 있다. 당신을 떠받들어주는 어머니 대지와 사랑으로 가득한 연결을 느끼라.

잠시 후 위쪽으로 자신을 열기 시작하라. 하늘 쪽으로 스스로를 넓히고, 안테나를 뻗어 하늘 아버지의 축복을 받아들이라. 당신을 성장시키는 무한한 광대함, 자유, 잠재력을 느껴보라.

그렇게 당신은 하늘과 땅 사이에 보호되어 앉아 있거나 서 있다. 옛 주술 문화에서도 나무처럼 삶 가운데 우뚝 서서, 아래로 땅에 깊이 뿌리를 박고, 위로 하늘을 향해 뻗어나가며, 하늘의 광대함과 하늘이 주는 영감에 마음을 여는 일이 인간의 과제로 여겨졌다. 그렇게 인간은 신적인 것이 그를 통해 흐르도록 하는 채널이 된다. 위와 아래의 중재자, 남성적인 것과 여성적인 것의 중재자가 된다.

우리가 외로움을 느끼는 시기에 이런 연습과 함께 추가적으로 소중한 일이 일어난다. 인간이 지닌 두 가지 기본 욕구를 기억할 것이다. 바로 성장 욕구와 관계 욕구다. 인간의 상호 관계에서 이 두 가지를 모두 얻기는 상당히 힘든 일이다. 어떤 때는 성장하고, 어떤 때는 결속에 대한 동경에 집착한다.

하지만 의식적으로 하늘과 땅 사이의 채널로 살면, 이 두 욕구를 동시에 채울 수 있다. 우리를 받쳐주고 먹여주는 땅에 결속되어 수평으로는 모든 생명에게로 두루두루 뿌리를 뻗어나간다. 그리고 땅속 깊이 우리의 뿌리를 내린다. 위로는 하늘을 향해 자신을 열고 성장을 경험한다. 새로운 것에 대한 영감을 받고, 우리가 속한 커다란 전체에 연결된다. 우리의 가슴은 그 중간에서 사랑과 감사에 열린다.

19 내면의 에너지를 활용하다

홀로 있음을 친구로 삼으면, 홀로 있음은 늘 이용할 수 있는 힘의 근원이 된다.
우리에겐 힘을 주는 원천들이 많다. 하지만 늘상 이용할 수 있는 근원들은 많지 않다. 홀로 있는 능력, 홀로 있는 가운데 내면에서 힘을 얻을 수 있다는 지식은 소중한 힘의 근원이다. 홀로 있는 연습을 통해 우리는 홀로 있음의 오아시스에서 힘을 활용할 수 있을 뿐 아니라, 사람들로 북적이는 와중에서도 이런 힘을 활용할 수 있다.

▽ 내적 평화가 힘이 되어

세상의 소란, 생각, 일 처리, 대화, 감정, 통화, 만남……. 이 모든 것을 아무와도 나누지 못한 채 온전히 혼자서 소화해야 할 때, 전적으로 나 스스로 감당해야 할 때, 마음이 어지럽고, 요동친다.

나는 견디고 느끼고 지각하고, 생각에 더 이상 휩쓸리지 않도록 한다. 서서히 모든 내적·외적 사건들이 정리되기 시작한다. 마음을 들썩이게 했던 하루의 일들이 잠잠히 수그러들고, 불협화음이 다시 화음으로 변하는 것이 느껴진다. 새 힘을 주는 부드러운 물결이 내 안에 스며든다. 마치 숨겨진 땅속 깊은 근원으로부터 나오는 느낌이다.

감사가 나를 채운다. 홀로 있음이 선사하는 고요하고 평온한 저녁에 대한 감사, 홀로 있음을 벗 삼아 살아갈 수 있음에 대한 감사다. 홀로 있음은 내게 친구가 되어주고 힘의 원천이 되어준다. 홀로 있는 가운데 나는 스스로를 더 잘 알게 되었고 내 안의 고향을 발견했다. 마음의 고향에서 출발하여 삶의 좋은 것들과 연결해나가는 일은 즐겁다.

______ 나를 지탱해주는 토대

마음의 고향은 언제든지 찾아갈 수 있는 장소다. 우리는 온전히 혼자 됨의 오아시스로 늘 새롭게 도피한다. 모든 시간에 마음으로부터 나오는 강력한 평화를 느끼고 그 평화가 우리의 삶에 흐르게끔 할 수는 없지만, 마음속에 그런 평화가 있음을 안다. 고독이 스며드는 순간이건, 일상의 분주하고 힘든 시간이건, 사람들로 북적이는 공간이건 마음의 고향은 힘의 근원이 되어줄 수 있다.

마음의 고향에서 출발하면 외롭고 슬프거나 우울한 시간들, 위기의 순간들, 과제 앞에서 소심하게 망설이는 시간들도 (좋다고까지는 할 수 없지만) 삶의 일부로 '오케이' 할 수 있다. 자신에게 연민을 느낄 수 있다. 우리는 이미 많은 것들을 경험했고 앞으로 더 많은 것들을 경험할 것이며, 이런 경험은 삶에 달콤한 깊이를 부여해줄 것이다.

나아가 우리는 혼자 있을 때에도 혼자가 아님을 깨닫는다. 마음의 고향에서 우리는 개인을 초월하는 커다란 전체와 결속되어 있음을 안다. 마음은 우리가 존재하고, 살고, 사랑하도록 우리를 지탱해주는 토대다. 때로는 내면으로 주의를 기울이자마자 이런 토대를 느끼고, 어떤 때는 든든한 토대를 느끼는 데 좀 더 오래 걸린다. 모든 소용돌이가 잠잠해지고 일상이 들어오기까지 며칠 걸릴 수도 있다. 하지만 이런 토대를 느끼자마자 우리는 그곳에 도달한 상태가 되어, 스스로를 신뢰할 수 있고, 마음을 다해 관계 속으로 나아갈 준비가 된다. 그 밖에 자신과의 고요하고 열린 대화를 통해 개인 생활과 직업 활동, 내면생활에서 진로를 새롭게 설정하고 싶은지 스스로를 점검할 수 있다.

외롭다고 느끼면, 자기 자신에게로 가라. 당신이 찾고, 바라던 힘, 당신에게 필요한 힘을 자신 안에서 발견할 수 있을 것이다.

노인들이 가장 외롭다고들 한다. 혼자 사는 노인이 많기 때문이다. 그러나 노인들은 경향적으로 혼자 잘 살아낸다. 자기 자신과 함께하는 경험을 축적했기 때문에 외부에 그렇게 많이 의존하지 않는다.

그보다 더 걱정되는 이들은 젊은 남성들이다. 어려서부터 스마트폰을 달고 살았고 헬리콥터 부모들에 의해 양육된 이들은 혼자 있는 능력을 배울 기회가 거의 없었기 때문이다. 혼자 있는 능력이 부족하다.

계속해서 함께 놀고, 이야기하고, 확인받고, 이끌어주고, 의욕을 북돋아주는 누군가를 필요로 하는 경우 그걸 의존 상태라고 부를 수 있을 것이다. 이런 의존 상태에서는 내적인 자원들이 이용되지 않은 채 그냥 묻혀 있게 된다. 창조성을 발휘하기가 힘들어지며, 자신이라는 진정한 친구를 발견하는 건 생각할 수 없는 일이다. 하지만 현재와 앞으로의 삶에서 혼자 있는 시간들을 피할 수는 없는 법. 그에 대해 준비하고, 스스로가 이런 상황에 건설적으로 대처하도록 기회를 부여하는 것이 중요하지 않겠는가? 그러지 않는다면, 인간의 본질적인 힘의 원천 중 하나를 잃어버리게 될 것이다.

▽ 때로 힘들게 하는 것들

혼자 있는 걸 좋아하기는 하지만 내가 삶을 충분히 누리고 있는 건지 의심이 들 때도 있다. 많은 생각과 요구가 몰려와서, 나의 세계를 혼탁하고 우울하게 그려 보이는 날들이 있다. 걱정들이 올라오고, 두려움이 잇따른다. 다행히 나는 이제 내가 이런 마음에서 벗어나리라는 것, 종종은 빠르게 그렇게 하리란 것을 신뢰할 수 있다. 외로움을 느낄 때면 다시금 내면에서 생명의 목소리를 듣고, 내적인 풍요로움을 지각하고, '놀라운 힘들'이 주는 보호와 안전을 느낄 수 있도록 자신을 향해 가고자 한다.

자신에 대한 충실함도 필요하다. 자신 외에는 그 누구와도 나눌 수 없는 소중한 개성에 충실하라. 조용히 혼자 살아가는 사람은 외부에서 보면 약간 칙칙해 보이고, 지루해 보이고, 슬퍼 보일지도 모른다. 외향적이고 신체적인 눈으로만 보는 사람들에게는 그렇게 보인다. 그들에게는 섬세한 안테나가 없기 때문이다. 그러나 혼자 사는 사람의 내적인 시각으로 보면 그의 삶은 생각, 느낌, 경험, 지식, 예감의 영역이 조화롭게 진동하는 가운데, 상당히 풍요롭고 다채로울 수 있다.

▽ 더 나은 싱글 라이프를 위한 팁

홀로 있음과 내적 고요를 힘의 원천으로 활용하는 것을 배우기 위해 그것에 특화된 장소로 나아갈 수도 있다. 전문적인 세미나에 참여할 수도 있고, 침묵 피정이나 요가 프로그램에 참석할 수도 있다. 그런 곳에서는 몸은 혼자 있지 않지만, 자신만의 시간을 가질 수 있다. 그런 장소에 들어감으로써 자신과 공명하고 스스로를 강하게 만드는 경험을 해봐도 좋겠다. 그런 곳의 프로그램은 쓸데없는 생각들을 떨쳐버리고 순간에 주의를 기울이도록 짜여 있다. 다른 데에 한눈팔기를 지양하고, 모든 행동은 (무엇보다 행동을 하지 않음으로써) 자신과 고요와 영성에 집중된다.

20 모든 생명과 새롭게 결속되다

혼자 있는 것에 익숙한 사람들은 생명에 대한 새로운 결속으로 나아가는 선구자들이다. 오늘날 우리에게 꼭 필요한 부분이다.
마음의 고요를 누리고 다른 사람들의 방해를 받지 않고 생명력과 결속되어 있음을 느끼는 것은 놀라운 일이다. 이는 인류 전체에게도 소중한 일이다. 지금 우리는 중요한 전환점에 놓여 있다. 많은 영적 교사들은 본질적인 의식의 변화가 있어야 인류가 생존할 수 있다고 강조한다. 어떤 모습으로 현현되건 간에, 생명 그 자체를 느끼고, 주목하고, 사랑하는 것으로 나아가야 한다. 일시적으로 외로움을 느낄 때 이런 시기에도 자신이 사랑의 장에 동참하고 있음을 상기하면 굉장히 힘이 된다.

▽ 살아 있는 모든 것이 선물로 다가오다

비 오는 일요일 아침이다. 나는 이날을 아늑하게 보내기로 한다. 파바로티가 동경에 가득 찬 목소리로 부르는 눈물 젖은 아리아를 들으며 소파에 반쯤 누워 하늘을 쳐다본다. 내 마음이 서서히 아름다움에 열린다. 마음이 힘들 때도 아름다움은 사라지지 않는다. 감사가 나를 채운다. 좋을 때나 나쁠 때나, 내가 나 자신으로 존재할 수 있음이, 여태껏 그렇게 살아올 수 있었음이 감사하다.

어느 날 다음과 같은 생각이 커다란 선물처럼 찾아왔다. '늘 나를 보살피는 사람이 있다. 그는 그 누구보다 내게 가까이 있다. 내가 바로 그 사람이다. 그러나 이 사람은 그를 구성하는 것보다 더 크고 넓다. 안달복달하는 우리 삶의 모습보다 더 크다. 그것은 창 앞의 나무들에 부는 미풍과 태양과 달과 잇닿은 생명이다.' 무한한 내면으로 귀를 기울일 때, 밀려드는 생동감은 이른 아침의 숲에서 느껴지는 생동감과 같다. 여기 나의 소파에 앉아 나는 사랑을 느낀다. 힘들게 또 애써서 여기까지 이르러, 이 순간을 맛보고 있음이 얼마나 좋은지. 모든 것이 내 가슴에 넉넉히 깃드는 순간이다.

혼자 있음이 내게 준 가장 아름답고 거룩한 선물은 이런 커다란 것, 말로 형언할 수 없는 것, 생명 자체에 대한 절절하고 놀라운 관계다. 그것을 (유감스럽게도) 늘 느끼지는 못한다. 하지만 점점 자주 느낀다. 이것은 나의 모든 동요와 질문, 노고, 간구에 대한 생명의 응답이기도 하다. 이런 대답은 때로 순식간에 주어진다. 감정과 창조적인 생각, 공간의 부드러운 향기, 누군가의 때 맞춤한 메일, 길 위에 떨어진 새의 깃털, 지나가는 행인들의 대화 파편, 내게 말을 거는 듯한 공원의 관목들, 어떤 이유에선지 내가 장에서 빼어 든 CD나 책. 불안한 순간에 눈앞을 스쳐 간 별똥별……. 이런 모든 놀라운 대화와 선물은 내가 많은 시간을 홀로 보내지 않았더라면 의식하지 못했을 것들이다.

커뮤니케이션학자 바바라 메틀러 폰 마이봄은, '처음엔 바람직하지 않은 감정으로 느껴지겠지만 고독에 접근하여 고독을 친구로 삼는 것은 중요하다'고 했다. 그러면 고독은 우리에게 사랑에 대해 알려준다는 것이다. 파트너에 대한 사랑, 스킨십과 나눔의 사랑이 아니라, "모든 창조물, 모든 대상을 받아들이고, 스스로 그 모든 것 안에 연결되어 있음을 알고 느끼는 사랑이다. 나 자신, 주변 사람들, 식물, 동물뿐 아니라 전 우주와 잇닿아 있는 사랑이다."[114]

한 인간을 사랑하는 것은 놀라운 일이다. 많은 사람들을 사랑하고, 래브라도 견을 사랑할 수도 있다. 그 역시 좋은 일이다. 하지만 생명에 대한 사랑 자체로 이어지지 않는 사랑은 단기간만 우리를 충만케 할 뿐이다. 생명에 대한 사랑은 종종 구체적인 사랑의 상대 즉 '너' 없이도 우리 마음을 온전히 채우고, 넘쳐흐른다. 삶의 모든 것이 조화를 이루고, 연결되고, 인도되고, 의미를 얻게 된다.

______ 더 크고 높은 차원으로 도약하다

라이너 마리아 릴케의 시가 떠오른다. "나는 날로 커가는 링 가운데 살아가리." 우선 각 사람은 주변 사회에 둘러싸여 있다. 주변 사회와 씨름하고, 그것을 점점 의식 깊숙이 끌어들인다. 하지만 사회는 그를 온전히 채우지 못한다. 충만함을 얻으려면 한 걸음 더 나가야 한다.

주변 사회보다 더 커다란 차원이 있다. 우선은 다른 사회들이 있어 인류 공동체를 형성한다. 글로벌 시대에 이런 차원은 우리 의식 속으로 상당히 깊이 들어왔다. 그다음 '링'은 자연이며, 우리 삶의 토대를 이루는 전체의 물질이다. 모든 동식물 역시 지구의 거주민이라는 것을 잊지 말아야 한다. 그들은 우리와 마찬가지로 지구에 속한다. 다음으로 지구 자체가 온다. 우주 안의 파란 기적. 그리고 이제 무수한 별들을 동반한 우주가 있다.

하지만 거기서도 그치지 않는다. 이 모든 차원이 불가해한 영적인 것들, 초월적인 것들, 신적인 것들에 둘러싸여 있다. 의식 자체에 둘러싸여 있다. 모든 것을 하나로 묶어주고, 생명에 생기를 불어넣는 것에 둘러싸여 있다. 릴케와 더불어 깨어 있는 의식으로 나아가는 가운데 우리는 바로 이런 링을 만난다.

역사의 기나긴 과정 어디에선가 우리는 모든 존재와 결속된 느낌을 잃어버렸다. 개인적, 집단적으로 우리는 커다란 전체와의 하나 됨으로부터 떨어져 나왔다. 오늘날 우리가 처한 위기의 뿌리는 바로 생명과의 분리, 우리 자신과 다른 사람, 다른 생명들에 깃든 생명에 대한 둔감함이다.

하지만 우리는 이런 합일과 하나 됨을 끊임없이 찾는다. 그런데 종종 지속적이지 않은 관계에서 합일을 찾는다. 예컨대 이상화된 사랑의 파트너에게서 말이다. 사랑하는 파트너와의 하나 됨은 무수한 노래와 이야기에서 떠들어대듯이 우리의 가장 내밀한 목표처럼 되었다. 그러나 오늘날 이런 이상은 이제 종말을 맞고 있다. 이별에 동반되는 헷갈림 속에서 이미 다음 걸음이 우리 앞에 다가온다. 모든 생명과의 관계 가운데 살아가는 것 말이다. 모든 생명이 우리의 파트너가 될 수 있고, 만남과 닥친 일, 기쁘고 힘든 순간들에 우리와 함께한다. 우리의 전기를 이루는 수많은 작은 우연들을 배열한다. 그렇게 보면 우리의 삶은 살아 있는 모든 것, 생명 자체와의 결속에 이르는 과정이라고 할 수 있다

바로 이런 길에서 홀로 있음은 우리에게 굉장히 도움을 줄 수 있다. 많은 싱글들이 경험하듯, 구속력을 발휘하는 인간 파트너가 없기에 '커가는 링들'이 우리에게 더 가까이 다가올 수 있다. 고독감이 우리를 자연, 다른 존재들, 신적인 것과의 결속으로 인도할 수 있다. 나의 경험에서 볼 때 그렇게 살 때만이 지속적인 싱글 라이프가 가능하다. 그럴 때 고독은 우리로 성장의 길로 밀어 넣는 선물이 될 수 있다. 철학자 노르베르트 코프라이(Norbert Copray)는 더 이상 다른 사람에게 공생적으로

매여서 살지 않는 성숙한 싱글들은 "자기 자신을 더 크고 더 높은 현실에 참여하는 주체로 이해한다"라고 했다. "자신과 타인, 지구, 자연을 소중히 대하는 것은 더 높은 현실에 대한 결속 가운데 누리는 자유에 대한 보답이다."[115]

이렇듯 자기를 초월하는 차원으로 도약하지 못하면, 홀로 있음은 참지 못할 정도로 우리를 힘들게 할 수 있다. 하지만 페터 쉘렌바움의 말을 빌리자면, 홀로 있음을 통해 "충만한 고독과 생명 에너지의 충일에 이를 수 있으며, 이런 에너지를 통해 관습과 기존 질서에서 벗어나 성장할 수 있다."[116] 그런 의도만으로도 아픔이 감소된다.

개별화 그리고 새로운 우리

우리 시대는 싱글로 사는 사람이 늘고, 가족 안에서 외로움을 느끼는 사람이 더 많아지는 시대인 동시에, 닥친 문제를 해결하기 위해 '우리'라는 새로운 연대감이 급박하게 필요한 시대다. 이런 동시성이 새로운 '우리'에 이르기 위해 혼자 있음을 활용하라고 요구하는 건 아닐까?

오늘날 세계를 더 평화롭고 건강한 곳으로 만들고 후세에 좋은 환경을 물려주기 위해 다양한 방식으로 노력하는 단체들이 곳곳에 많이 생겨나고 있다. 이런 이니시어티브(initiative)와 네트워크는 많은 경우, 사람 각자가 느끼는 외로움에서 생겨난다. 특히나 민감하고 깨어 있어 뭔가 정상 범위를 벗어났다고 느끼는 사람들에 의해서 말이다.

오늘날과 같은 개인주의 시대에 극단적으로 개별화되다 보면 사람들은 더 이상 생존이 불가능할 정도로 공동체에서 이탈될 수도 있다. 자연에서 독립하기 위한 인류의 노력도 비슷했다. 사람들은 정확히 이렇게 자연을 소외시킨 것이 인류의 멸망을 야기한다는 것을 서서히 깨닫고 있다. 처음에는 자연이 희생양이 되는 것 같았지만, 결국 피해는 인간에게 돌아올 것이다. 자연을 소외시키는 과정에서 우리의 생물학적 능력이 지탱할 수 없을 정도로 우리 삶의 조건이 변화하기 때문이다.

우리 모두 외로울 때는 다시금 다른 사람들과 결속될 필요가 있듯이, 인류도 생명 자체와의 새로운 결속이 필요하다. 이것은 개개인이 자신 안에서 일깨울 수 있는 것이기도 하다. 나의 경험에 따르면 '더 빨리, 더 멀리, 더 많이'라는 사회적 흐름이 만들어내는 소용돌이에서 빠져나오기는 혼자일 때 더 수월하다. 그럴 때 사람은 선구자나 선각자에게 영감을 받아 약간 다르게 하고 싶고 할 수 있다는 느낌을 받는다. 고요 속에서 탄생하는 깊은 숙고 속에서, 마음이 주변의 모든 생물에게 열릴 때 느껴지는 사랑 속에서, 개개인은 비슷한 경험을 하는 다른 사람들과 협력하여 생명을 보존하는 영역으로 나아갈 수 있다.[117]

우리 모두 안의 전체성

전인적인 자신이 되는 것은 우리가 만나는 모든 것을 우리 자신 속에서 발견하고 의식하는 과정이다. 우리 안에는 깨어나고 싶어 하는 춤꾼의 우아함도 있고, 성공한 직장인의 거슬리는 자기 과시도 있다. 폭군의 미움과 공격성도 내재되어 있다. 긍정적이건 부정적이건, 모든 것이 우리 안에 살아 있어 구원을 기다린다. 구원이란 우리의 관심을 받는 것이다. 많은 사람들은 다양한 방식으로 그런 면들을 처리한다. 그리고 모두가 그런 면에서 대표성을 띤다.[118]

전인적인 자신이 되고 자신의 전체성을 일깨우는 것은 바람직하지만 그와 반대로 한 가지 면만을 드러나게 하는 것은 위험하다. 내적으로 고립된 사람들, 생물학자이자 철학자 안드레아스 베버(Andreas Weber)가 말하는 "결속된 주체들"[119]로 살아가지 않는 사람들이 바로 이렇게 치우친 행동을 한다. 그들은 원수로 삼은 다른 사람들에게 공격성을 발산한다. 베버는 이런 치우친 행동을 예방하고 전인성을 되찾는 방법으로 "느낌을 경험하는 것"을 추천한다. 자신 안과 주변의 것들을 진정으로 느껴보는 것이 온전한 새로운 존재로 나아가는 열쇠라는 것이다. 이것은 우리의 시급한 과제 중 하나다. 이런 느낌에 이어 공감과 책임을 동반하는 새로운 종류의 행동이 따를 수 있기 때문이다.

원래 모든 사람은 자신과 다른 생명 안에서 살아 있음을(생명력을) 느끼는 존재다. 이것을 느끼지 못하는 것은 우리가 우리 자신의 지각을 신뢰하는 것을 잊어버렸기 때문이다. 자신의 지각을 신뢰하는 대신, 다른 사람들이 세상에 대해 설명해주는 말들을 받아들인다. 부모, 교사, 언론, 회사, 친구들의 말을 믿는다. 성과를 내고 경쟁을 해야 한다고 믿는다. 지속적으로 투쟁을 해야 한다고 믿는다. 하지만 원래의 느낌, 원래의 지각은 계속해서 우리 안에 살아 있고, 다른 사람들이 덮어씌운 표상들에서 벗어나기를 기다리고 있다. 그럴 때 우리는 다시금 자신과 다른 사람 안에 깃든 생명력으로, 애타게 필요한 이런 생명력으로 나아간다. 그와 더불어 모든 것이 변한다. 의식적인 홀로 있음은 이런 여정의 좋은 출발점이다.

외로움을 느낀다면, 당신이 개체로서 생존 투쟁을 해야 한다는 옛 표상과 결별하라. 고요 가운데, 당신이 그 모든 것의 일부임을, 그 모든 것과 함께 진동

하고, 모든 것이 당신과 함께 진동함을 느끼라. 평화가 당신 안에 거하도록 허락할 때, 그 기운이 얼마나 고요히 확산되는지를 느껴보라.

▽ 때로 힘들게 하는 것들

우리는 늘 다시금 일상으로 복귀한다. 개인적인 걱정, 현실적인 어려움에 매몰되다 보면 나를 움직였던 아름다운 감정을 잊어버리기 십상이다. 감동을 자아냈던 깨달음은 김빠진 말로 다가올 뿐, 더 이상 우리 안에서 울리지 못한다. 그러면 또다시 고독감이 찾아온다.

영적인 것은 아픔을 잊게 해줄 뿐 아니라 아픔을 유발하기도 한다. 동시에 늘 새롭게 일깨워야 하는 것이다. 외로움과 고독까지 모든 것을 감싸 안는 커다란 것을 의식하는 일은 순간적으로 다가온다. 그러나 노력이 필요하다. 부단히 생명과 관계 맺는 연습을 하라.

▽ 더 나은 싱글 라이프를 위한 팁

생명 자체와 결속된 가운데 사는 연습은 두 가지 방향을 갖는다. 하나는 우리가 한 걸음 나아가는 것이고, 하나는 이어 삶이 응답하는 것이다. 그 길은 주변 모든 것 안의 생명력을 의식하는 일로 시작될 수도 있다. 매일 아침 하루를 시작하기 전에 잠시 멈추어 주변의 생명력에 인사를 해보라. 자연의 힘, 하늘과 땅, 4원소, 동물과 식물……. 하루 일과나 어떤 일을 이렇게 시작하면 힘이 생기고, 마음에 질서가 잡힌다.

하루를 시작하며 생명력을 환영하는 명상을 무수히 많이 실행해본 끝에 나는 이런 연습 속에서 더 심오한 일이 일어나기도 한다는 걸 깨달았다. 볼프디터 슈토를에 따르면 우리가 자연을 필요로 하는데 자연은 우리를 필요로 하지 않는다고 보는 것은 전적으로 잘못된 생각이다. "자연과 동식물도 우리를 필요로 한다. 우리의 관심, 경탄, 사랑을 필요로 한다. 그들은 우리의 동료 피조물이거나 혹은 인디언들의 이야기처럼 '우리의 친척'이다. 우리의 애정 어린 관심이 그들에게 생명의 영약이 되고, 그들을 번성하게 한다. (…) 우리 스스로 자연이다. 자연 안에서 자연이 스스로를 의식하는 것이다."[120] 이런 의미에서 동식물뿐 아니라 산, 바위, 모든 풍경, 나아가 저 높은 곳의 별들도 사랑의 대상이다. 그냥 개인적인 선호가 아니라, 모든 것에 깃든 생명력을 주의 깊게 존중하고 진정으로 느끼는 것이다.

명상 가운데 의식적으로 생명의 힘과 결속되어 있으면, 그것은 우리를 강하게 해줄 뿐 아니라 생명 자체를 북돋운다. 의식과 생명력이 이어져 있기 때문이다.

우리는 여기서 말로는 잘 표현할 수 없는 영역들에 이른다. 하지만 그 영역을 느낄 수 있고, 매일 더 새롭고 더 깊게 탐구할 수 있다. 이것을 리추얼로 만들고, 홀로 있음(독일어에서 홀로 있음을 뜻하는 단어 Alleinsein을 All-Ein-Sein으로 분해하면 모두-하나-존재라는 뜻으로 모든 것이 하나 되는 존재라고 할 수 있다-옮긴이)의 경험 영역으로 만들고 싶지 않은가?

21 숭고한 고요함 속에서 거듭나는 시간

우리는 혼자 있을 때 순수한 존재에, 모든 것이 하나가 되는 존재에, 커다란 충만에 다가갈 수 있다.
우리가 스스로를 더 능동적으로 열 수 있는 은총의 순간들이 있다. 모든 영적 과정과 명상 기법의 목표는 현실에 완전히 잠기고, 커다란 하나됨을 경험하고, 의식의 커다란 흐름에 녹아드는 것이다. 홀로 있는 것에 익숙한 사람은 이런 숭고한 고요함에 이르기가 더 쉽다. 사람들 속에서도 이런 혼자만의 시간에 접근할 수 있다. 다른 사람들에게 끊임없이 확인받고 격려받는 게 아닌, 모든 것이 하나 됨 가운데 혼자 있는 상황에서 우리 자아는 더 쉽게 스스로 변화할 수 있다.

▽ 내 안의 현자를 일깨우다

일 년의 마지막 날. 혼자. 다시금 혼자다. 모임에 오라는 걸 사양했다. 한 해의 마지막 날을 고요히 보내며 새해를 기쁘게 맞이하기 위해서다. 하지만 날이 저물자 우울감이 슬슬 밀려온다. 혼자 있는 것 때문이 아니라, 다른 사람들이 우리 집에 불이 켜져 있는 것을 보고는 '에그, 싱글이 오늘도 혼자 보내는구나' 하고 생각할까 봐서다.

하지만 나는 안셀름 그륀의 제안을 따르기로 한다. 안셀름 그륀은 홀로 있는 시간에 구조를 부여하고 그 시간들을 잘 계획하는 것이 얼마나 중요한지를 강조한다. 이제 나는 촛불로 장식해놓은 나의 집에서 만족스럽게 식사를 하고, 힐데가르트 폰 빙엔(Hildegard von Bingen)의 음악을 듣는다. 행복하다. 새로운 기분이 든다. 이런 느낌은 처음이다. 모든 세포 깊숙이 고요와 평화를 호흡한다. 나의 작은 부분들이 하나하나 부드럽게 열리고, 생명에 대한 사랑, 신에 대한 사랑으로 가득 채워진다. 혼자 있음이 선사하는 감미로움이다. 바로 그것이다. 많은 시간 혼자 있어 모든 것과의 합일을 경험하는 사람들만이 이런 감미로움을 세상 속으로 전달할 수 있다. 이것을 배우는 데 오래 걸렸다. 아직도 계속 배워나가는 중이다.

______ 커다란 '너'와 함께, 하늘 아래 홀로

내가 가장 좋아하는 생의 감정을 바로 '하늘 아래 홀로'라는 말로 칭할 수 있으리라. 무엇보다 여행을 할 때 이런 경험이 가장 진하게 다가온다. 하루 종일 현지에서 만나는 사람들하고만, 이 여행이 끝남과 동시에 나의 삶에서 사라질 사람들하고만 접촉을 하는 가운데 말이다. 계속적인 만남과 헤어짐.

행사나 주말 세미나, 친구나 지인을 만나고 밤에 홀로 텅 빈 고속도로를 달려 집으로 향할 때도 그런 느낌이 든다. 이제 이런 커다란 '너'와 결속된 가운데 나 홀로만 이 세상에 존재한다. 애틋하고 찌릿찌릿한 느낌이 밀려온다. 살아 있음에 대한 깊은 감동이다. 모든 가능성들, 시간과 영원과 깊이 결속되어서 말이다. 이런 커다란 '너'는 동시에 어떻게 보면 나 자신이기도 하다. 나는 이런 경험에 대해, 앞으로 할 경험들에 대해 깊은 감사를 느낀다. 삶이 나에 대해 앞으로 무슨 계획을 가지고 있는지 나는 알지 못한다. 하지만 나는 삶이 호의를 베풀 거라는 걸 느낀다. 처음에 파블로 피카소를 빌려 이야기했던 '보이지 않는 별', 이것이 거기에 있다. 그 별은 부드럽고 감미롭게 나를 끌어당긴다.

외로움에서 벗어나는 외적인 길과 내적인 길이 있다. 외적인 길은 사람들과 진한 만남을 갖거나 창조적 행위를 통해 의미를 얻게끔 한다. 내적인 길은 홀로 있음을 배우는 치료적인 길일 수도 있고, 내면을 더 파고들어 자신의 가장 깊은 중심까지 이르는 길일 수 있다. 여기서 1장에서 제기했던 과제, 즉 홀로 있음이 우리에게 부여해준 과제는 완결된다.

몇 년 전, 오스트리아 가수이자 작가 페니 맥린(Penny McLean)이 쓴 책의 한 구절이 (당시로서는 무슨 뜻인지 제대로 이해할 수 없었으면서도) 내 마음을 상당히 사로잡았다. 어느 현자가 그녀에게 "이 지상에서 혼자 있을 수 있다는 것은 정말 영예이며, 나아가 상이라는 걸 모르느냐"고 물었고, 그녀는 그것을 "만유와 하나 되기를 원하는 사람에게 삶은 이런 과제를 더 잘 수행할 수 있도록 외로움을 허락하는 것이 아닐까"[121]라고 해석했다.

첫 장에서 시작된 원은 헤르만 헤세의 다음과 같은 말로 완결된다. "선택된 사람은 아주 외로워야 한다. 자신의 가장 내밀한 자아로 침잠할 만큼 외로워야 한다. 그러고 나면 갑자기 더 이상 혼자가 아니게 된다. 우리의 내밀한 자아는 영이고 신적이며 나뉠 수 없음을 발견하게 되고 그로써 다시금 세상 가운데 있게 된다. 자신의 다면성에 개의치 않게 된다. 자신의 내밀한 곳에서 한 존재가 모든 존재와 하나가 된다는 것을 알게 되기 때문이다."[122]

클라우스 오이리히는 이렇게 말한다. "명상 가운데 내면에 귀를 기울이는 인간은 영원한 안식에 가까이 가게 된다. 여기서 그는 개인으로서 우주로서 스스로를 새로이 발견하고 경험한다. 자신의 요구, 기대, 투사와 밀어지는 연습을 할 수 있다. 영원과 접촉하게 된다. (…) 나아가 아무런 설명이나 변호가 필요 없이 이런 자애로운 포용 가운데, 의식적인 유한자(유한한 자)에게 동반되는 형이상학적인 고독을 극복할 수 있다."[123]

현대의 은자들

모든 시대에 신적인 것에 대한 사랑과 열망이 큰 사람들이 있었다. 종교가 생기기 이전부터 시작해 훗날 기독교, 수피즘(이슬람 신비주의), 동방종교 가운데 그들은 신비주의자로 살았다. 하지만 오늘날에도 신비적 성향을 가진 사람들이 있다. 종종 그들은 자신이 그런 소질을 가지고 있다는 것을 오랫동안 알지 못한다. 우리 시대는 초월적인 것에 관심을 두는 분위기가 아니기 때문이다. 하지만 초월성을 지향하는 사람은 언젠가는 초월성에 의해 발견된다. 혼자 있음이 초월성으로 인도해주기도 한다.

각 종교의 수사와 수녀는 오늘날까지 이렇듯 '주님을 위해 비운(Vacare Deo)' 삶을 산다. 세속적인 인간들을 대리하여 그런 삶을 살아가고, 세상을 위해 명상하고, 기도하고 활동한다. 예로부터 그들 중 은자의 삶을 택하는 사람들도 있었다. 그런 사람들은 은거해 사는 가운데 초월적인 힘에 최대한 다가갔다. 그들의 활동은 분주하고 혼란스럽고 자연을 거스르는 세상에 균형을 맞추어주는 힘으로서, 세상에 대한 사랑과 기도 속에서 세상과 결속되어 있다.

하지만 종교와 무관한 은자들도 있다. 도시 한가운데 살아가기도 하는 현대의 은자들이다. 세상 한가운데에서 영성에 관심을 가지고 그 길을 걸어가며, 주변 인간들과의 관계보다 초월자와의 관계에 늘 우선순위를 두는 사람들이다. '내적 은자들'이라고 해야 할까. 이들이 스스로 선택한 진한 홀로 있음은 고요에 더 수월하게 접근하게 해준다.

바로 이것이 우리 각자에게 해당한다. 누군가 끊임없이 우리가 수행해야 할 역할을 환기해주는 일 없이 혼자 시간을 보낼 때 우리는 스스로를 경험하기가 더 수월하다. 인간으로서, 전인격적인 존재로서, 몸을 가진 영혼으로서 말이다. 누가 계속해서 우리의 자아를 확인해주는 일이 없으면, 커다란 전체에 더 수월하게 녹아들 수 있다.

그럴 때 생각은 잠잠해지고, 우리는 순수한 의식에 열린다. 생각이 고요해지면 기쁨이든, 슬픔이든, 분노든, 동경이든, 모든 것이 있는 그대로 존재한다. 그리고 그 배후에 사랑이 있다. 모든 것과 결속되고자 하는 동경, 그것은 혼자 있음 가운데 더 강해지며, 그 안에서 채워질 수 있다. 그러고 나면 고독과 외로움은 끝난다. 생각 속에 있으면 나는 혼자다. 그러나 고요와 안식 속에서 나는 신과 함께다.

외로우면 단순한 존재의 고요로 가라. 단순해지라. 호흡을 하고, 느끼라. 모두가 하나 되는 차원으로 나아가라.

▽ 때로 힘들게 하는 것들

톨스토이는 이렇게 쓴다. "최고의 의식 단계에서 인간은 혼자다. 이런 고독은 특별하고, 예외적이고, 어렵게 보일지도 모른다. 어리석은 사람들은 이런 숭고한 장소로부터 더 낮은 장소로 도망하기 위해 여러 가지 기분 선환거리들을 동원하여 고독과 외로움을 피하려 든다. 반면 현자들은 기도를 통해 이런 정점을 지킨다."[124] 그렇다. 우리는 종종 어리석다. 현자는 우리 마음 깊숙이에 숨어서 졸고 있다. 현자를 일깨우는 과정은 잠에 취한 아침, 자꾸만 자명종 버튼을 누르고 다시금 꿈나라로 가버리는 형국과 비슷하다. 하지만 어느 순간 일어나야 할 때가 온다. 알람을 끄고 당신 안의 현자를 일깨우라.

▽ 더 나은 싱글 라이프를 위한 팁

이를 위한 도구는 단 한 가지, 명상 내지 묵상이다.

매일 아침 또는 저녁 고요히 앉아 초월적인 것에 귀를 기울여보라. 일상을 보내며 기억이 날 때마다 고요와 여유, 광활함과 신적인 것을 의식해보라. 모두를 하나로 아우르는 존재로 나아가기만 한다면, 형식은 그리 중요하지 않다.

마치며

이토록 풍요로운 여행, 혼자만의 시간을 만끽하라

우리는 홀로 있음의 좋은 점이라는 주제로 여행을 나섰고, 현실 속에서 창조성을 발휘하고 배우고 성장하고 성숙하라는 생의 다정한 요구에 응하는 것으로 출발한 바 있다. 이제 홀로 있음이 나를 이만큼 이끌어준 것에 대한 감사로 이 여행에 임시 종지부를 찍고자 한다. 내가 홀로 있음을 허락하고 그 가운데 성장하여, 나 자신을 만나고, 생명 자체와 많은 좋은 힘들을 내밀히 만날 수 있었음이 감사하다.

이 책을 통해 독자들도 나와 비슷한 여행을 한다면, 또 그들이 이미 이런 여행길에 들어섰으며 이 여행이 정말로 가치 있는 것임을 의식할 수 있다면 정말 기쁘겠다. 이 책의 종점이 독자들에겐 새롭고, 아름답고, 풍요로운 홀로 있음의 출발점이 되었으면 한다.

홀로 있음에 대해 나누는 것은 정말 특별한 일이다. 내가 다시금 나만의 시간에 흠뻑 빠지기 전에, 내가 소개한 21가지 이유를 자신을 위해 활용하도록 독자들을 초청한다. 이 중 3가지가 도움이 될지, 17가지가 도움이 될지 모르겠다. 단 한 가지 이유만 도움이 되더라도 상관이 없다. 자신에게 소중하게 여겨지는 것을 받아들이길 바란다. 시간이 흐르면서 혼자 있는 것이 좋은 자신만의 이유가 생겨날 것이다.

이 길에서 늘 신비를 잊지 말기를 바란다. 아무도 정말 혼자는 아니라는 사실을 명심하라!

참고 문헌

Alborch, Carmen: Allein sind wir stark. Wie unabhängige Frauen ihr Leben selbstbewusst meistern können, Oesch Verlag 2001

Aron, Elaine N.: Sind Sie hochsensibel? Wie Sie Ihre Empfindsamkeit erkennen, verstehen und nutzen, mvg 2005

Beer, Ulrich: Alleinsein, Centaurus 2011

Bordt, Michael: Die Kunst sich selbst auszuhalten. Ein Weg zu innerer Freiheit, ZS Verlag 2015

Burger, Jerry M.: »Individual Differences in Preference for Solitude«, in: Journal of Research in Personality 29, 1995, p. 85-87

Byron, Katie: »Kehr es um«. Wie The Work unser Leben verwandeln kann, DVD, Tao Cinemathek 2011

Byron, Katie: Lieben was ist. Wie vier Fragen Ihr Leben verändern können, Arkana 2002

Cacioppo, John T. / Patrick, William: Einsamkeit. Woher sie kommt, was sie bewirkt, wie man ihr entrinnt, Springer Spektrum 2011

Cain, Susan: Still. Die Kraft der Introvertierten, Goldmann 2013

Coplan, Robert J. / Bowker, Julie C. (Hrsg.): The Handbook of Solitude, John Wiley & Sons Ltd. 2014

Copray, Norbert (Hrsg.): Zeit und Geist 5. Lieber allein?, Im Sog der Single-

Gesellschaft, Kösel 1991

Deml, Sonja: Singles in der Moderne. Ursachen und vermeintliche Ursachen des Single-Phänomens, VDM 2007

Döring, Dorothee: Glücklich allein. Ohne Partner in die reifen Jahre, mvg 2007

Donath, Orna: Regretting Motherhood. Wenn Mütter bereuen, Knaus 2016

Dorner, Maximilian: Einsam, na und? Von der Entdeckung eines Lebensgefühls, btb 2015

Dowrick, Stephanie: Zu zweit allein. Über Nähe und Distanz, Frauenoffensive 1991

Eichler, Astrid: Es muss was Anderes geben. Lebensperspektiven für Singles, SCM Brockhaus 2014

Eurich, Claus: Aufstand für das Leben. Vision für eine lebenswerte Erde, Via Nova 2016

Gamma, Anna: Schön, wild und weise. Frauen auf dem Weg zu sich selbst und in die Welt, Theseus 2015

Gerberding, Eva / Holst, Evelyn: Wer sagt, dass Männer glücklich machen?, Südwest 2013

Grözinger, Gerd (Hrsg.): Das Single. Gesellschaftliche Folgen eines Trends, Leske & Budrich 1994

Grün, Anselm: Stille im Rhythmus des Lebens. Von der Kunst, allein zu sein, Gütersloher Verlagshaus 2013

Hagenberg-Miliu, Ebba: Allein ist auch genug. Wie moderne Eremiten leben, Gütersloher Verlagshaus 2013

Holst, Evelyn / Sandmeyer, Peter: Wenn Märchenprinzen lästig werden. Die neue Leichtigkeit männerloser Frauen, Scherz 2004

Hoffmann, Monika: Solo aufs Parkett. Anleitung fürs Glück allein, Bildung und Wissen 2006

Hradil, Stefan: Die Single-Gesellschaft, Beck 1995

Illouz, Eva: Warum Liebe weh tut, Suhrkamp 2011

Jaeggi, Eva: Ich sag mir selber Guten Morgen. Single – eine moderne Lebensform, Piper 1994

Kaufmann, Jean-Claude: Singlefrau und Märchenprinz. Warum viele Frauen lieber allein leben, Goldmann 2006

Kottler, Jeffrey: Kraftquelle Alleinsein. Unsere ganz privaten Augenblicke. Unser geheimes Selbst, Kabel 1996

Kreps, Bonnie: Abschied vom Märchenprinzen. Eine Abrechnung mit der romantischen Liebe, Fischer 1994

Leenen, Maria Anna: Einsam und allein? Eremiten in Deutschland, Aschendorff 2006

Leenen, Maria Anna: Sich Gott aussetzen und standhalten. Eremitisches Leben heute, Aschendorff 2009

Lendt, Holger / Fischbach, Lisa: Treue ist auch keine Lösung. Ein Plädoyer für mehr Freiheit in der Liebe, Pendo 2012

Marletta-Hart, Susan: Leben mit Hochsensibilität. Herausforderung und Gabe, Aurum 2009

Mary, Michael: Fünf Lügen, die Liebe betreffend, Hoffmann und Campe 2001

McLean, Penny: Einsamkeit ist eine Sehnsucht, Peter Erd 1989

Mettler-von Meibom, Barbara: Einsamkeit in der Mediengesellschaft, LIT 1996

Mikutta, Petra: Die bessere Hälfte schenk ich mir. Singles aus Leidenschaft, Rowohlt 2000

Müller, Wunibald: Gönne dich dir selbst. Von der Kunst, sich gut zu sein, Vier-Türme-Verlag 2001

Muri, Franziska: Alles, was mich glücklich macht. Das ganz persönliche Buch der Lebensfreude, Integral 2016

O'Donohue, John: Anam Cara. Das Buch der keltischen Weisheiten, dtv 2010

Piroué, Susi und Katja: Vom Vergnügen, mit sich selbst zu reisen, Piper 2007

Rösinger, Christiane: Liebe wird oft überbewertet. Ein Sachbuch, Fischer 2012

Rosin, Hanna: Das Ende der Männer und der Aufstieg der Frauen, Berlin Verlag 2013

Sartorius, Mariela: Die hohe Schule der Einsamkeit. Von der Kunst des Alleinseins, Gütersloher Verlagshaus 2006

Schaef, Anne Wilson: Die Flucht vor der Nähe. Warum Liebe, die süchtig macht, keine Liebe ist, dtv 1992

Scholz, Lucia: Nutze die Kraft deiner Gefühle. Das einfache Ritual für mehr Gelassenheit, innere Freiheit und Lebensfreude, Gräfe und Unzer 2014

Storch, Maja: Die Sehnsucht der starken Frau nach dem starken Mann, Goldmann 2010 (2000)

Storr, Anthony: Schöpferische Einsamkeit. Das Geheimnis der Genies, Zsolnay 1990

Stüwe, Klauß: Kraftquelle Einsamkeit. Vom Mut, sich selbst zu begegnen, Claudius 2008

Tolle, Eckhart: Eine neue Erde. Bewusstseinssprung statt Selbstzerstörung, Arkana 2005

Tudor-Sandahl, Patricia: Verabredung mit mir selbst, Herder 2005

Wagner, Ursula: Die Kunst des Alleinseins, Theseus 2005

Walser-Biffiger, Ursula: Heilrituale in der Natur. Die Wahrnehmung verfeinern, persönliche Rituale gestalten, die Selbstheilungskräfte stärken, AT 2012

Wieland-Burston, Joanne: Einsamkeit. Zeiten des Rückzugs, Zeiten der Entwicklung, Kreuz 1995

Winnicott, Donald Woods: »Über die Fähigkeit, allein zu sein«, in: Zeitschrift für Psychoanalyse 12 (06), 1958

Woodward Thomas, Katherine: Lass uns in Frieden auseinandergehen, Integral 2016

Zangen, Britta: 50 plus und endlich allein, Bücken Sulzer 2005

주

1 Patricia Tudor-Sandahl: Verabredung mit mir selbst, Herder 2005, p. 12.

2 Anselm Grün: Stille im Rhythmus des Lebens, Gütersloher Verlagshaus 2013, p. 63.

3 Carlo Zumstein: Reise hinter die Finsternis, Ariston 1999, p. 13.

4 앞의 책 p. 14.

5 Richard Rohr: Reifes Leben, Herder 2012, p. 185.

6 Jean-Claude Kaufmann: Singlefrau und Märchenprinz, Goldmann 2006, p. 95.

7 Christiane Rösinger: Liebe wird oft überbewertet, Fischer 2012, p. 194.

8 Meike Winnemuth: Das große Los, Knaus 2013, p. 13.

9 Hans-Peter Hempel: »Allein-sein-Können kommt nicht von allein«, Interview in: Psychologie heute, September 2003, p. 29.

10 Bella DePaulo: »Single in a Society Preoccupied with Couples«, in: Robert J. Coplan / Julie C. Bowker (Hrsg.): The Handbook of Solitude, John Wiley & Sons Ltd. 2014, p. 302-305.

11 다음 책 전체가 그런 내용을 다룬다. Dan Killey: Die Einsamkeit zu zweit, Kabel 1991.

12 Jan Eckhard: »Der sozialstrukturelle Kontext der zunehmenden Partnerlosigkeit in Deutschland«, in: Zeitschrift für Soziologie, Jahrgang 43,

Heft 5, Oktober 2014, p. 341-343.

13 Alan R. Teo, Kyle W. Stufflebam, Takahiro A. Kato: »The Intersection of Culture and Solitude. The Hikikomori Phenomenon in Japan«, in: Robert J. Coplan / Julie C. Bowker (Hrsg.): The Handbook of Solitude, John Wiley & Sons Ltd. 2014, p. 445-447.

14 Ulrike Schlicht: Selbsterweiterungsprozesse alleinlebender Frauen, Dissertation, Waxmann 2002. 여성들의 상황에 대한 역사적 언급에 대해서는 다음의 탁월한 책을 참조하라. Carmen Alborch: Allein sind wir stark, Oesch Verlag 2001.

15 Heiko Ernst: »Endlich allein! Warum Sie mehr Zeit für sich selbst brauchen«, in: Psychologie heute, September 2003, p. 25.

16 다음을 참조하라. Luc Goossens: »Affinity for Aloneness in Adolescence and Preference for Solitude in Childhood. Linking two Research Traditions«; in: Robert J. Coplan / Julie C. Bowker (Hrsg.): The Handbook of Solitude, John Wiley & Sons Ltd. 2014, p. 150-152.

17 Jerry M. Burger: »Individual Differences in Preference for Solitude«, in: Journal of Research in Personality 29, 1995, p. 85-87.

18 앞의 책 p. 89에서 재인용. Abraham Maslow: Motivation and Personality, Harper & Row, 1970.

19 Dorothea Krüger: Alleinleben in einer paarorientierten Gesellschaft, Centaurus 1990.

20 Elke Hartmann-Wolf: Die große Freiheit, in: Focus 25/2015, p. 94-96.

21 Einsamkeit & Gemeinsamkeit in Deutschland. Eine Studie von Harris Interactive und Wahlverwandtschaften e.V., 2014.

22 미국에서 장기 연구를 수행했던 대니얼 러셀(Daniel Russell)도 그것을 확인했다. Ines Possemeyer: »Einsamkeit«, in: GEO, 10/2002, p. 46.

23 다음 책을 참조하라. Patricia Tudor-Sandahl: Verabredung mit mir selbst,

Herder 2005.

24 Bella DePaulo: ≫Single in a Society Preoccupied with Couples≪, in: Robert J. Coplan / Julie C. Bowker (Hrsg.): The Handbook of Solitude, John Wiley & Sons Ltd. 2014.

25 https://de.statista.com/statistik/daten/studie/173640/umfrage/lebenseinstellung---single-aus-ueberzeugung/, letzter Aufruf Herbst 2016.

26 Susan Cain: Still, Goldmann 2013, p. 14.

27 Susan Cain: Still, Goldmann 2013, p. 228-230. 이 책에는 내향성/외향성에 대한 자세한 설명이 실려 있다.

28 앞의 책 p. 250.

29 다음 책은 이를 국제적인 시각에서 조명했다. Hanna Rosin: Das Ende der Männer, Berlin Verlag 2013.

30 앞의 책 p. 95-97을 참조하라.

31 다음 책을 참조하라. Christiane Rösinger: Liebe wird oft überbewertet, Fischer 2012, p. 37. 저자는 이와 관련해 심리학자이자 수면과학자인 미하엘 H. 비간트(Michael H. Wiegand)의 말을 인용한다.

32 Jerry M. Burger: ≫Individual Differences in Preference for Solitude≪, in: Journal of Research in Personality 29, 1995, p. 88. 제프리 코틀러(Jeffrey Kottler)는 그의 책에서 사회적 통제 없이 홀로 있는 시간에 대해 많은 지면을 할애한다. Jeffrey Kottler: Kraftquelle Alleinsein, Kabel 1996.

33 다음 책도 참조하라. Britta Zangen: 50 plus und endlich allein, Bücken Sulzer 2005.

34 Peter Bieri: Wie wollen wir leben?, Residenz 2011, p. 33.

35 Jerry M. Burger: ≫Individual Differences in Preference for Solitude≪, in: Journal of Research in Personality 29, 1995, p. 85-87.

36 독일의 유명 사회학자 하르트무트 로자(Hartmut Rosa)는 다음 강연을 비롯한 여러 강연에서 이런 연관을 누누이 설명한 바 있다. ≫In welchen Zeiten

leben wir?≪, Auditorium Netzwerk 2016.

37 이에 대해 더 자세히 알고 싶은 경우 에크하르트 톨레(Eckhart Tolle)의 책과 강연 DVD를 참조하는 것이 가장 좋을 것이다.

38 Heiko Ernst: ≫Endlich allein! Warum Sie mehr Zeit für sich selbst brauchen≪, in: Psychologie heute, September 2003, p. 27.

39 다음을 참조하라. Ines Possemeyer: ≫Einsamkeit≪, in: GEO, 10/2002, p. 37.

40 Jerry M. Burger: ≫Individual Differences in Preference for Solitude≪, in: Journal of Research in Personality 29, 1995, p. 88.

41 Leo Tolstoi, 다음 책에서 재인용. Martin Tamcke: Tolstojs Religion, Insel 2010, p. 64.

42 Martin Hecht: ≫Zum Glück allein≪, in: Psychologie heute, Dezember 2015, p. 18.

43 Andrew Smart: Öfter mal auf Autopilot, Goldmann 2014, p. 7.

44 Hans-Peter Hempel: ≫Allein-sein-Können kommt nicht von allein≪, Interview in: Psychologie heute, September 2003, p. 29.

45 세대를 거슬러 올라가는 "정리 작업"에 대해서는 베라 그리베르트 슈뢰더(Vera Griebert Schröder)가 다음 책에서 좋은 제안들을 하고 있다. Eine Reise zu den Ahnen, Allegria 2015, Taschenbuch 2016.

46 다음 책을 보고 쉽게 따라 할 수 있다. Hedy Lötscher-Gugler: Das Daumenhoch-Prinzip, AT 2009. 이 방법은 EMDR이라는 이름으로 더 잘 알려져 있다.

47 우리가 스스로를 즐겁게 돕는 방법에 대해서는 나의 책 『나를 행복하게 하는 것들(Alles, was mich glücklich macht)』(Integral 2016)에 설명해놓았다. 이 책을 통해 당신의 아름다운 기억과 인생의 보석들을 발굴할 수 있을 것이다.

48 Susan Cain: Still, Goldmann 2013, p. 119.

49 앞의 책 p. 144-146 참조.

50 Mihaly Csikszentmihalyi: Flow und Kreativität, Klett-Cotta 2015 (1997), p. 100.

51 앞의 책 p. 177.

52 앞의 책 p. 274.

53 Anna Gamma: Schön, wild und weise, Theseus 2015, p. 141-143. 그곳에 인용한 다음 책도 참조하라. Inge Stephan: Das Schicksal der begabten Frau, Kreuz 1990.

54 Dan Killey: Die Einsamkeit zu zweit, Kabel 1991, p. 146.

55 Nach Mihaly Csikszentmihalyi: Flow und Kreativität, Klett-Cotta 2015 (1997), p. 347.

56 Reinhold Messner: »Wer bist du, wenn du mit dir allein bist?«, Interview mit Norbert Copray, in: Zeit und Geist 5. Lieber allein?, Kösel 1991, p. 80-82.

57 이 주제와 관련하여 자세히 알고 싶은 독자들에게 다음 책을 추천한다. Maitreyi Piontek: Das Tao der Frau, Heyne 2008 (1996) und Weibliches Manifest, Heyne 2013 (2009).

58 Volker Elis Pilgrim in: Zeit und Geist 5. Lieber allein?, Kösel 1991, p. 47-49.

59 마이트레이 피언텍(Maitreyi Piontek)도 남녀 관계에도 중요한 영향을 미치는 여성성을 치유하는데 관심이 많다. 다음 사이트를 참조하라. www.maitreyipiontek.com.

60 Bella DePaulo: »Single in a Society Preoccupied with Couples«, in: Robert J. Coplan / Julie C. Bowker (Hrsg.): The Handbook of Solitude, John Wiley & Sons 2014, p. 302-304.

61 다음에서 인용. SuperTV 32/2016, p. 98.

62 Donald W. Winnicott: »Über die Fähigkeit, allein zu sein«, in: Zeitschrift für Psychoanalyse 12 (06) 1958.

63 Barabara Pachl-Eberhart: Warum gerade du?, Integral 2014, p. 108.

64 Heiko Ernst: »Endlich allein! Warum Sie mehr Zeit für sich selbst brauchen«, in: Psychologie heute, September 2003.

65 Paul Ferrini: Das Geheimnis deiner neun Lebenszyklen, Ansata 2016, p. 161.

66 Eva Jaeggi: Singles–gesellschaftliche Pioniere oder Narzissten, Auditorium Netzwerk 1993, Track 5.

67 Bonnie Kreps: Abschied vom Märchenprinzen, Fischer 1994.

68 Britta Zangen: 50 plus und endlich allein, Bücken Sulzer 2005.

69 Peter Schellenbaum in: Zeit und Geist 5. Lieber allein?, Kösel 1991, p. 5.

70 Maja Storch: Die Sehnsucht der starken Frau nach dem starken Mann, Goldmann 2010, p. 114.

71 Petra Mikutta: Die bessere Hälfte schenk ich mir, Rowohlt 2000.

72 Christiane Northrup: Frauenkörper, Frauenweisheit, Arkana 2010 (1994).

73 다음을 참조하라. Bonnie Kreps: Abschied vom Märchenprinzen, Fischer 1994.

74 게랄트 휘터(Gerald Hüther)는 이를 다음 강연에서 언급했다. ≫Wie man sein Gehirn optimal nutzt≪, 2 CDs, Auditorium Netzwerk.

75 Michael Nast: Generation beziehungsunfähig, Edel Germany 2016, p. 237.

76 이에 대해서는 다음을 참조하라. Michael Mary: Die Beziehungs-Trickkiste, Gräfe und Unzer 2013.

77 Rebecca Niazi-Shahabi: Ich bleib so Scheiße, wie ich bin, Piper 2013.

78 ≫Frauen wissen heute sehr genau, was sie wollen≪, Interview in: Brigitte 15/2016.

79 Maja Storch: Die Sehnsucht der starken Frau nach dem starken Mann, Goldmann 2010.

80 다음을 참조하라. Eva Illouz: Warum Liebe weh tut, Suhrkamp 2011; und auch Hanna Rosin: Das Ende der Männer, Berlin Verlag 2013.

81 Antje Joel: ≫Herzstillstand≪, in: Süddeutsche Zeitung Magazin 51, 18. 12. 2015, p. 34.

82 Stephan Hradil: ≫Der Single≪, in: Stephan Moebius, Markus Schroer (Hrsg.): Diven, Hacker, Spekulanten. Sozialfiguren der Gegenwart, Suhrkamp 2010, p. 349.

83 Susi Piroué: Vom Vergnügen, mit sich selbst zu reisen, Piper 2007, p. 14.

84 Eva Gerberding / Evelyn Holst: Wer sagt, dass Männer glücklich machen?, Sudwest 2013, p. 125.

85 Jürgen vom Scheidt: ≫Wonnen der Einsamkeit≪, in: Zeit und Geist 5. Lieber allein?, Kösel 1991, p. 120.

86 릴리트에 관해 더 자세한 것은 다음 책들을 참조하라. Hannelore Traugott: Lilith, Edition Astrodata 1995. Anna Gamma: Schön, wild und weise, Theseus 2015.

87 Barbara Fredrickson: Bis hin zu Liebe, DVD, Auditorium Netzwerk 2014, Vortrag Teil 1.

88 Bella DePaulo: ≫Single in a Society Preoccupied with Couples≪, in: Robert J. Coplan / Julie C. Bowker (Hrsg.): The Handbook of Solitude, John Wiley & Sons 2014, p. 302-304.

89 Dalai Lama / Howard Cutler: Die Regeln des Glücks, Herder 2012, p. 116.

90 Carmen Alborch: Allein sind wir stark, Oesch Verlag 2001, p. 250.

91 안나 감마는 자신의 책에서 이런 면을 묘사한다. Anna Gamma: Schön, wild und weise, Theseus 2015.

92 Hans-Peter Hempel: ≫Allein-sein-Können kommt nicht von allein≪, Interview in: Psychologie heute, September 2003, p. 29.

93 Jack Kornfield: Das innere Licht entdecken. Meditationen für schwierige Zeiten, Arkana 2011, 3 CDs.

94 Eckhart Tolle: Jetzt, Kamphausen 2003, Hörbuch, CD 5, Track 2.

95 Zeit und Geist 5. Lieber allein?, Kösel 1991, p. 16.

96 Holger Lendt / Lisa Fischbach: Treue ist auch keine Lösung, Pendo 2012, p. 286.

97 Erica Jong: Keine Angst vor fünfzig, zitiert nach Eva Gerberding / Evelyn Holst: Wer sagt, dass Männer glücklich machen?, Südwest 2013, p. 89.

98 Hanna Rosin in einem Interview im Spiegel vom 31.12. 2012.

99 이 시는 상당히 긴데 여기서는 간단하게 소개했다. 시 원문은 다음을 참조하라. www.sein.de/wenn-du-die-welt-veraendern-moechtest-liebe-einen-mann/ (letzter Aufruf Oktober 2016).

100 Eckhart Tolle: Jetzt, Kamphausen 2003, Hörbuch, CD 6, Track 4.

101 Sophie Fontanel: Das Verlangen. Wie ich mir eine sexuelle Auszeit nahm-und die Lust neu entdeckte, Kailash 2012, p. 19. 이 책은 자전적 보고처럼 읽힌다. 하지만 저자는 인터뷰에서 이 책이 자전적 성격을 지닌 소설이라고 강조했다. 소설의 여주인공이 의식적으로 금욕을 선택했을 때, 저자도 저절로 그렇게 되었다. 자신의 신체가 더 이상 이전의 방식을 원하지 않았기 때문이다.

102 Eric Julian Manalastas: An Exercise to Teach the Psychological Benefits of Solitude. The Date with the Self, Philippin Journal of Psychology, 2010, 44 (1), p. 95-97.

103 나의 책 『나를 행복하게 하는 것들』에 여러 제안들이 실려 있다.

104 Eva Illouz: Warum Liebe weh tut, Suhrkamp 2011, p. 270-272.

105 이에 대해서는 다음 책들에서 시의적절하게 기술하고 있다. John A. Sanford: Unsere unsichtbaren Partner, Ansata 1986, Anselm Grün: Lebensmitte als geistliche Aufgabe, Vier-Türme-Verlag 2009.

106 Manfred Stelzig: Keine Angst vor dem Glück, Ecowin 2008, p. 117-119.

107 Katherine Woodward Thomas: Lass uns in Frieden auseinandergehen, Integral 2016, p. 122.

108 Laurie Penny: Fleischmarkt, Nautilus Flugschrift 2012, p. 9.

109 내면의 아이에게 상처가 많고 스스로 내면의 아이를 사랑스럽게 대할 수 없다면 그와 관련한 독서가 도움을 줄 수 있을 것이다. 대표적인 책으로 이 책을 추천한다. Erika J. Chopich und Margaret Paul: Aussöhnung mit dem inneren Kind, Ullstein 1993.

110 다음을 참조하라. Gerald Hüther: Etwas mehr Hirn, bitte, Vandenhoeck &

Ruprecht 2015, p. 35.

111 Bruce Lipton im Vorwort zu James D. Baird: Glücksgene, Integral 2010, p. 11.

112 Wolf-Dieter Storl: Ur-Medizin, AT 2015, p. 247.

113 Claus Eurich: Die heilende Kraft des Scheiterns, Via Nova 2014, p. 130.

114 Barbara Mettler-von Meibom: Einsamkeit in der Mediengesellschaft, LIT 1996, p. 225.

115 Norbert Copray: »Vorwärts zu den Wurzeln oder: Aus Freiheit geboren«, in: Zeit und Geist 5. Lieber allein?, Kösel 1991, p. 118-119.

116 Peter Schellenbaum in: Zeit und Geist 5. Lieber allein?, Kösel 1991, p. 6

117 이에 대해서는 베라 그리베르트 슈뢰더와 내가 공저한 책에서 루퍼르트 쉘드라케를 참조하여 상세히 기록해놓았다. 다음 책을 참조하라. Großstadtschamanismus: Wie wir zu uns finden, wenn die Welt sich immer schneller dreht.

118 다음을 참조하라. Albrecht Mahr: Von den Illusionen einer unbeschwerten Kindheit und dem Glück, erwachsen zu sein, Scorpio 2016, p. 216-218.

119 Andreas Weber: »Das Schweigen der Pflanzen«, in: Evolve. Magazin für Bewusstsein und Kultur; 11/2016, p. 36. 안드레아스 베버는 깨달음, 즉 계몽 다음 단계로서의 "살림(Enlivenment)" 운동을 주도한다. '살림'은 "생각하는 인간의 해방뿐 아니라, 느끼는 인간의 해방, 나아가 모든 생명의 해방을 목표로 한다." p. 35, p. 9.

120 Wolf-Dieter Storl im Vorwort zu Marianne Ruoff: Löwenzahn und Löwenkraft, AT 2017.

121 Penny McLean: Einsamkeit ist eine Sehnsucht, Peter Erd 1989, p. 167.

122 Hermann Hesse: Lektüre für Minuten, Frankfurt 1975, p. 90.

123 Claus Eurich: Das Gute im Bösen, Via Nova 2010, p. 127-129.

124 Zitiert nach Martin Tamcke: Tolstojs Religion, Insel 2010, p 65.

옮긴이
유영미

연세대학교 독문과와 동 대학원을 졸업하고, 전문 번역가로 활동하고 있다. 옮긴 책으로 『왜 세계의 절반은 굶주리는가』 『감정사용설명서』 『가문비나무의 노래』 『불확실한 날들의 철학』 『안녕하세요, 시간입니다』 『부분과 전체』 『영혼을 치유하는 의사』 『불행 피하기 기술』 등이 있다.

혼자가 좋다

1판 1쇄 펴낸 날 2018년 5월 28일
1판 3쇄 펴낸 날 2018년 12월 1일

지은이 | 프란치스카 무리
옮긴이 | 유영미

펴낸이 | 박경란
펴낸곳 | 심플라이프
등　록 | 제2011-000219호(2011년8월 8일)
주　소 | 경기도 파주시 광인사길 3층
전　화 | 031-941-3887, 3880
팩　스 | 031-941-3667
이메일 | simplebooks@daum.net
블로그 | http://simplebooks.blog.me

ISBN 979-11-86757-09-25-3　03330

• 이 도서의 국립중앙도서관 출판시도서목록(CIP)은 서지정보유통지원시스템 홈페이지(http://seoji.nl.go.kr)와 국가자료공동목록시스템(http://www.nl.go.kr/kolisnet)에서 이용하실 수 있습니다.(CIP제어번호: 2018012963)